Kej Hielscher, Renate Hücking
Pflanzenjäger

W0029977

Zu diesem Buch

Hortensien, Mohn und Frauenschuh, Lilien und Pelargonien – die reiche Beute von Pflanzenjägern verwandelte europäische Gärten in blühende Paradiese, brachte Exoten in Gewächshäuser und Wintergärten. Ohne diese Mitbringsel sähen unsere Fensterbänke und Balkone trostlos aus. Wer waren diese Männer und Frauen, die auf ein bequemes Leben verzichteten, statt dessen unter Lebensgefahr und großen Strapazen unerforschte Regionen jenseits der Ozeane durchkämmten, um neue Pflanzen zu entdecken? Die beiden Autorinnen zeichnen farbige Porträts großer Pflanzenjäger, die aufbrachen, um »grünes Gold« zu erbeuten. Sie erzählen, was kaum jemand weiß: Daß der Gelehrte Alexander von Humboldt, dem wir die Dahlien verdanken, mehr als 6000 Pflanzen aus Südamerika nach Hause schickte. Oder daß der Dichter Adelbert von Chamisso den Samen des kalifornischen Mohns fand. Der Augenarzt Franz von Siebold schmuggelte Pflanzen wie die Fetthenne oder den Blauregen aus Japan heraus und wurde schließlich als Spion ausgewiesen ...

Kej Hielscher studierte in London Garden-Design. Sie veröffentlichte zum Thema Garten zahlreiche Aufsätze in Zeitungen und Magazinen.
Renate Hücking promovierte in Frankfurt in Literaturwissenschaften, war TV-Journalistin und arbeitet heute als freie Autorin.
Beide lieferten Beiträge zu der Ausstellung »Grünes Gold« in Frankfurt / Main und leben in Hamburg. Zuletzt erschien von ihnen »Oasen der Sehnsucht. Gärten im Verborgenen«.

Kej Hielscher
Renate Hücking
Pflanzenjäger

In fernen Welten auf der Suche nach dem Paradies

Mit 64 Abbildungen

Piper München Zürich

Kej Hielscher hat die Kapitel zu Alexander von Humboldt, Adelbert von Chamisso, Philipp Franz von Siebold und Georg Schweinfurth verfaßt, Renate Hücking die Einleitung sowie die Kapitel zu Paul Hermann, Amalie Dietrich, Wilhelm Micholitz und Curt Backeberg.

Ungekürzte Taschenbuchausgabe
1. Auflage Juli 2004
2. Auflage Februar 2005
© 2002 Piper Verlag GmbH, München
Umschlag / Bildredaktion: Büro Hamburg
Isabel Bünermann, Friederike Franz,
Charlotte Wippermann, Katharina Oesten
Umschlagabbildungen: akg-images, Berlin
(»Jagd in Brasilien«, Stahlstich von Payne) und
The Natural History Museum, London / See Terms
and Conditions overleaf (»Passionsblume / passiflora aurantia«)
Satz: EDV-Fotosatz Huber / Verlagsservice G. Pfeifer, Germering
Druck und Bindung: Clausen & Bosse, Leck
Printed in Germany   ISBN 3-492-24163-8

www.piper.de

Inhalt

Von Pflanzenjägern und »Biopiraten«

Einleitung

Sie landen mit dem Flugzeug in den Tropen. Vor Ort sind sie mit Geländefahrzeugen unterwegs. Die besten Landkarten und Navigationssysteme weisen ihnen den Weg durch den Busch, und das »Handy« hilft, wenn es brenzlig wird: Pflanzenjäger heute! Statt mit Botanisiertrommel und Pflanzenpresse rücken sie mit Kamera, Mikroskop, Analyse- und Bodenprobenset an, und zum Abtransport ihrer Beute dienen Kühlbox und Folie.[1]

Pflanzenjäger – ein zwiespältiger Begriff: In dem Wunsch, »Beute zu machen« und eine Pflanze »zur Strecke zu bringen«, beinhaltet er auch Gewalt und Zerstörung. Andererseits – welches Übermaß an Schönheit, welche Vielfalt an Pflanzen, Farben und Formen ist durch die Pflanzenjäger aus fremden Ländern und fernen Kontinenten zu uns gekommen.

Nur die jagdbesessenen und gartenvernarrten Engländer konnten den Begriff des *plant hunters* erfinden, um damit Menschen (fast ausschließlich männlichen Geschlechts) zu bezeichnen, die keine Strapaze und keine Gefahr gescheut haben, um den ungeheuren Pflanzenschatz der englischen Gärten zu beschaffen. Männer wie Sir Joseph Banks und Sir Joseph Dalton Hooker, David Douglas, Ernest Wilson und Francis Mason werden noch heute in

Großbritannien wie Helden gefeiert, und die abenteuerlichen Reisen dieser schillernden Persönlichkeiten sind der Stoff zahlreicher Bücher.

Mittlerweile gärtnern auch die Deutschen zu Hunderttausenden mit Leidenschaft – im Garten oder auf dem Balkon, im Gewächshaus, Wintergarten oder auf der Fensterbank. Aber wer weiß schon, woher Clematis, Geranie, Orchidee oder Kaktus kommen? Wer hat sie uns gebracht? Waren auch Deutsche unterwegs? Wir fanden sie in großer Zahl. Doch führen sie ein Schattendasein. Ihre Werke und Aufzeichnungen, ihre Biographien oder die Bruchstücke davon schlummern in Bibliotheken und Archiven. Dort warteten sie eigentlich nur darauf, entdeckt zu werden. Dies haben wir getan – zumindest für acht dieser Sammler und Jäger.

Seit Menschengedenken werden Pflanzen gesammelt – als Nahrungsmittel, Heilkräuter oder für religiöse Zeremonien. So entsandte beispielsweise die ägyptische Herrscherin Hatschepsut 1500 v. Chr eine Expedition ins Land Punt (Somalia), um sich Weihrauchsträucher für ihre Tempelanlage bringen zu lassen. Fast 3400 Jahre später, am Ende des 19. Jahrhunderts, entdeckte der Botaniker Georg Schweinfurth Reste dieser Pflanzen in den Kult- und Grabstätten der Pharaonen. Auch Alexander der Große hielt auf seinem Feldzug nach Kleinasien Ausschau nach reizvollen Pflanzen und begegnete beispielsweise im persischen Babylon in den *Hängenden Gärten der Semiramis* einer überaus reichen, uralten Gartenkultur. Schon damals galten exotische, unbekannte oder seltene Pflanzen in Europa als Luxus und Statussymbol, waren die Länder nördlich der Alpen doch vergleichsweise artenarm, weil die Eiszeiten viele wärmeliebende Pflanzen vernichtet hatten.

Mit den römischen Besatzern kamen der Wein, Edelkastanien, Christrosen und die Küchenschelle nach Mitteleuropa und England. Als Portugiesen, Spanier und Holländer die Küsten fremder Kontinente erreichten und von dort Pflanzen mitbrachten, waren das Staunen und die Begeisterung über deren Vielfalt groß. Hundert Jahre später tat sich die Welt mit der Entdeckung des Seewegs nach Indien und der Gründung der mächtigen britischen und niederländischen Handelsgesellschaften bis in den Süden Afrikas und nach Südostasien weiter auf. Häufig sammelten die Ärzte auf den Überseeseglern die fremden Pflanzen, denn Mediziner waren durch ihre Kenntnisse über die Heilpflanzen gut gerüstet, die unbekannten Arten zu begutachten und in den nach 1543 entstehenden Botanischen Gärten der Universitäten anzupflanzen.

Paul Hermann ging Mitte des 17. Jahrhunderts als Arzt der Niederländischen Ostindien-Kompanie auf Pflanzenjagd. Zunächst begegnete er in Südafrika einer völlig unbekannten Flora, ein paar Monate später entdeckte er in Sri Lanka wieder ganz andere Gewächse. Mußte ihm die Natur nicht als eine unerschöpfliche Quelle erscheinen? Sein ganzes Leben lang sammelte er exotische Pflanzen und widmete sich als Professor der Medizin ihrer Erforschung.

Im 18. Jahrhundert löste sich die Pflanzenlehre von der Medizin. Damit begann eine rasante Entwicklung. Das Zeitalter der Aufklärung brachte eine große Zahl wissenschaftlicher Entdeckungsreisen und eine Flut unbekannter Pflanzen und Arten. Allein Alexander von Humboldt brachte über 6000 Pflanzen aus Süd- und Mittelamerika zurück. Davon waren mehr als die Hälfte in Europa unbekannt. Um diese Flut an Neuheiten wissenschaftlich zu bearbeiten, brauchte es ein einheitliches System, nach dem alle Wissenschaftler arbeiten und die Pflanzen benennen konnten. Carl von Linné hat diese Nomenklatur geschaffen, die bis heute international gültig ist.

Die Pflanzensammler und Botaniker dieser Zeit waren Pioniere und – Besessene: sammeln, sammeln, sammeln ...! Dafür riskierten sie ihr Leben, dafür hängten sie ihre bürgerliche Existenz an den Nagel, verzichteten auf Frau und Kinder, fristeten ein wenig luxuriöses, strapaziöses Dasein, und manche gaben ihr gesamtes Vermögen für die Pflanzensuche aus. »Guter Gott«, rief Linné aus, »wenn ich das traurige Schicksal so vieler botanischer Jünger bedenke, bin ich versucht zu fragen, ob Männer, die für ihre Liebe zum Pflanzensammeln ihr Leben und alles andere so verzweifelt aufs Spiel setzen, nicht bei Trost sind.«[2]

Da viele der großen Entdeckungsreisen ökonomische Ziele hatten, war die Pflanzenjagd meist Nebensache und den Kapitänen lästig. So wurde der Dichter und Botaniker Adelbert von Chamisso auf dem Schiff regelrecht schikaniert: Die Landaufenthalte waren so kurz bemessen, daß er nur in Küstennähe Pflanzen sammeln konnte. Obendrein vernichtete die Unachtsamkeit der Schiffsbesatzung einen Teil seiner mühsam gesammelten Beute.

Einige Reisende führten Tagebuch oder schrieben Briefe, die in der Heimat veröffentlicht und mit Interesse gelesen wurden. So war Humboldt auch ein Meister der Feder. Mit seinen Erlebnisberichten aus der Neuen Welt blieb er, trotz fünfjähriger Abwesenheit, in den Berliner Salons immer im Gespräch. Die Beschäftigung mit der Wissenschaft lag im Trend der Zeit, und das Botanisieren entwickelte sich zu einer Lieblingsbeschäftigung der guten Gesellschaft. Schon in der Schule lernte man den Umgang mit getrockneten Pflanzen, und Chamisso gab in einem Schulbuch genaue Anleitungen zur Herstellung von Herbaren. Die Naturforscherin Amalie Dietrich ernährte ihre Familie durch den Verkauf selbst gesammelter und gepreßter Pflanzen, bis sie schließlich von Cesar Godeffroy, einem naturwissenschaftlich interessierten Hamburger Kaufmann, als Pflanzenjägerin angestellt wurde. Zehn Jahre lang botanisierte sie in Australien und schickte kistenweise Herbarmaterial für das Privatmuseum des Handelsherren, der mit den Dubletten einen schwunghaften Handel betrieb.

Gleichzeitig wuchs gegen Ende des 18. Jahrhunderts die Freude an der Präsentation farbiger Blumen, und das Sammeln exotischer Pflanzen kam in Mode – eine Bewegung, die von England ausging. In geschützten Beeten am Haus wurden die bunten Exoten aus Südamerika und Afrika angepflanzt. In den Landschaftsparks pflanzte man die hauptsächlich aus Amerika eingeführten Gehölze als Blickpunkte.

Nach der Jahrhundertwende wurde das Gärtnern immer populärer. Ob reich, ob arm – alle griffen zum Spaten. Pflanzen eroberten das Zimmer. Grün wucherte in Erkern und Veranden. Glashäuser wurden gebaut. Der Hobbygärtner war geboren. Gartenmagazine rieten dies oder jenes. Die Zahl der Gartenbaubetriebe wuchs, auch das Wissen um die erfolgreiche Kultivierung der kälteempfindlichen Gewächse.

Die Nachfrage stieg, und zunehmend wurden bezahlte Sammler in die Welt geschickt, um für Nachschub zu sorgen: Die Pflanzenjagd wurde zum Beruf. Der Profi wollte nicht mehr die Vielfalt der Flora wissenschaftlich erkunden, sondern suchte gezielt nach attraktiven Gewächsen für den heimischen Markt. Hochspezialisiert waren beispielsweise die Orchideenjäger, die wie Wilhelm Micholitz mit genauen Instruktionen ihrer Arbeitgeber ganze Landstriche absuchten und häufig auch total » abräumten«.

Mit Ostasien eröffnete sich den Pflanzensammlern im 19. Jahrhundert ein ganz neues Jagdgebiet. Über Handelsstützpunkte verschafften sie sich Zugang nach Japan und China, die sich bis dahin der Erforschung durch Fremde verschlossen hatten. So schickte Philipp Franz von Siebold, der als Arzt auf der japanischen Insel Dejima arbeitete, Zierpflanzen aller Art nach Europa, bis er wegen Spionage des Landes verwiesen wurde.

Deutsche Sammler waren vielfach im Auftrag anderer Länder unterwegs: Hermann und Siebold für die Niederländer, Chamisso für den russischen Grafen Romanzoff, Micholitz für die englische Orchideenfirma Sander. Zwar konnten vermögende Gelehrte wie Alexander von Humboldt und Georg Schweinfurth ihre Forschungsreisen selbst finanzieren, doch irgendwann ging auch ihnen das Geld aus. Zahlreiche Pflanzensammler verbrachten nach ihren Expeditionen noch Jahrzehnte ihres Lebens an Universitäten oder im Staatsdienst damit, ihre Funde wissenschaftlich zu bearbeiten.

Eine Angelegenheit von nationalem Interesse wurde das Pflanzensammeln in Deutschland erst gegen Ende des 19. Jahrhunderts mit dem Erwerb eigener Kolonien. Dabei waren vor allem Nutzpflanzen wichtig, denn die Überseegebiete sollten die Rohstofflieferanten des Kaiserreichs werden. Ohne sich für diese nationalen Interessen einspannen zu lassen, befürwortete der Botaniker Georg Schweinfurth die Kolonisierung Afrikas.

Später, nachdem das Deutsche Reich den Ersten Weltkrieg und seine Kolonien verloren hatte, erhielt das Bild vom Pflanzenjäger eine deutlich nationalistische Variante. Dementsprechend posierte der Kakteenjäger Curt Backeberg gern als mutige, keine Gefahr scheuende deutsche Entdeckernatur, die in Mittel- und Südamerika auf abenteuerliche Pflanzenjagd geht.

Zu allen Zeiten waren Pflanzenjäger gierig – die einen aus wissenschaftlichem Eifer, die anderen aus Gewinnsucht. Darüber hinaus mußten sie dem drohenden Verlust ihrer Beute vorbeugen, denn zu Tausenden gingen die Gewächse auf den Monate dauernden Transporten ein. Sie vertrockneten, erfroren, wurden über Bord gespült oder vom Salzwasser zerfressen – es gab viele Ursachen für das Pflanzensterben auf See. Erst die Erfindung des Dr. Ward brachte Abhilfe. Der englische Arzt baute 1829 einen luftdichten Glaskasten, die *Wardsche Kiste,* in der die Pflanzen durch das Kondenswasser feucht gehalten wurden, nach außen aber geschützt waren, und deshalb ihre Zielorte sehr viel häufiger frisch und unversehrt erreichten.

In den seltensten Fällen wurde die Sammelwut der Jäger und der Export ihrer Beute durch gesetzliche Bestimmungen eingeschränkt. Ausnahmen waren kommerziell wertvolle Nutzpflanzen wie Gewürze, Kautschuk oder Tee. Das war das »grüne Gold«, und die Kolonialmächte setzen alles daran, Monopole zu errichten. Dagegen waren Zierpflanzen, oder was Europäer dafür hielten, vogelfrei. Für Pflanzenjäger waren das paradiesische Zustände. Erst im 19. Jahrhundert regten sich besorgte Stimmen, die vor dem Raubbau beispielsweise bei bestimmten Orchideenarten warnten.

Das Bewußtsein, daß die natürlichen Ressourcen nicht beliebig ausbeutbar sind, ist allerdings erst langsam gewachsen. Auslöser war die Großwildjagd auf Raubkatzen und Elefanten, die zu Tausenden wegen ihrer Felle oder ihrer Stoßzähne getötet wurden. Das erste internationale Abkommen zum Handel mit bedrohten Arten (CITES)[3] wurde 1973 in Washington geschlossen. In dem als Washingtoner Artenschutzübereinkommen bekanntgewordenen Regelwerk werden Export und Handel mit den aufgelisteten Tier- und Pflanzenarten je nach dem Grad der Gefährdung grundsätzlich verboten oder nur staatlich kontrolliert zugelassen.[4] Diese Regeln gelten auch für Touristen und Hobbysammler.

Da heute die meisten exotischen Pflanzen in Gewächshäusern kultiviert werden, steht ein massenhafter Wildpflanzenexport nicht mehr auf der Tagesordnung. Doch für Pflanzenjäger gibt es noch viel zu entdecken. Soeben hat ein Botaniker eine neue Schätzung veröffentlicht, wonach es weltweit rund 422 000 Arten von Blütenpflanzen gibt, etwa 100 000 mehr als bislang angenommen. Das vermutete Potential an noch unerforschten Eigenschaften und Wirkstoffen der Gewächse beflügelt die Phantasie der Pflanzenzüchter und Genetiker, vor allem in der Saatgut-, der Pharma- und Kosmetikindustrie.

Da durchstreift ein Duftjäger den Regenwald, um die betörenden Düfte exotischer Pflanzen einzusammeln.[5] Pharmakonzerne fordern ihre Mitarbeiter auf, von Dienst- und Urlaubsreisen ungewöhnliche Pflanzen mitzubringen, die dann im hauseigenen Labor auf brauchbare Gene untersucht werden.[6] Bei einem Medizinmann in der Kalahari-Wüste stieß man auf die Hoodia, eine wasserspeichernde Pflanze, die appetitzügelnd wirkt, und aufgrund der vielversprechenden kommerziellen Aussichten ließ sich eine britische Genschmiede die Pflanze patentieren.[7] Schon hat ein US-Konzern ein weitreichendes Patent auf Basmati-Reis, der seit Jahrhunderten in Indien angebaut wird. Angesichts solcher Entwicklungen fürchten die Betroffenen in den Ursprungsländern eine neue Form der kolonialen Enteignung.[8] Die Auseinandersetzung um die Kontrolle über Pflanzen und deren genetische Codes durch die modernen »Biopiraten« hat längst begonnen. Doch das ist eine andere Geschichte.

Hamburg, im Juli 2002 Renate Hücking

» Wie lieb ist Dein Name den Pflanzen...«

Paul Hermann
(1646–1695)

Ein Sommertag im Jahr 1688. Plötzlich erhebt sich ein ungeheures Rauschen über dem Park von Versailles. Aus unzähligen Fontänen schießt Wasser in den Himmel. Brunnen, Becken, Vasen und Parterres werden lebendig. Es fließt und sprudelt, spuckt und speit und rinnt und rauscht. Der Oberintendant der königlichen Gärten von Versailles hat alle Fontänen und Wasserspiele in Gang gesetzt. Welch ein Getöse, wenn die Wassermassen ins Brunnenbecken stürzen, wobei in der Gischt die Putten auf ihren Schwänen reiten. Wasser fällt wie ein Schleier über gestufte Marmorsockel, rieselt an vergoldeten Obelisken hinab und ergießt sich über Kaskaden in Schalen und Becken – ein imposantes Schauspiel fast unerschöpflicher Wassereffekte, ein rauschendes Willkommen, das fürstlichen Besuchern am Hof des Sonnenkönigs und politischen Gesandten vorbehalten ist. Wer denn da zu Besuch sei, will Ludwig XIV. wissen, und erhält zur Antwort, das Wasser sprudele zu Ehren eines Fürsten – eines Fürsten der Botanik! Dem Sonnenkönig gefällt diese Erklärung, und leutselig begrüßt er den deutschen Gast aus den Niederlanden, wobei dem bescheidenen Paul Hermann diese Zeremonie eher unangenehm gewesen sein soll.

Hermann, damals 42 Jahre alt, ist auf dem Höhepunkt seiner Laufbahn – ein wohlbestallter Professor der Medizin und Botanik, der *seinen* botanischen Garten in Leiden als Schaufenster exotischer Gewächse international berühmt gemacht hat. Sein Name gilt etwas unter den Gelehrten und Pflanzenliebhabern Europas. Briefe gehen hin und her. Viele Botaniker hat er persönlich kennengelernt. Sie schätzen seine Gelehrsamkeit ebenso wie seine Pflanzensendungen. Er gilt als Spezialist für die begehrten Exoten aus Südafrika und Südindien, denn nach dem Studium ist er für die Niederländische Ostindien-Kompanie als Arzt auf Sri Lanka gewesen und hat das Kap der Guten Hoffnung besucht. An beiden Orten ist er auf Pflanzenjagd gegangen, hat viele neue Arten entdeckt und nach Europa geschickt. Noch warten die Botaniker allerdings auf eine Veröffentlichung, in der er seine Entdeckungen wissenschaftlich beschreibt. Doch das Leben dieses rührigen und umtriebigen Mannes dauert nicht lange genug, als daß er alles hätte schaffen können, was er sich vorgenommen hatte.

Der Organistensohn

Von seiner Existenz erfahren wir erstmals auf Seite 429 im Taufregister der St. Ulrichskirche in Halle an der Saale: » 1 July Johann Hermann Organisten dieser Kirchen ein Sohn von M[agister] Oleario getauft, heißt Paulus.«[1] Das war 1646, und da damals, zumal in Kriegszeiten, Kinder sofort am Tag nach ihrer Geburt getauft wurden, läßt sich der Geburtstag des Organistensohns auf den 30. Juni 1646 festlegen.

Noch wütet der Dreißigjährige Krieg, und das Heilige Römische Reich deutscher Nation liegt am Boden: Seit drei Jahrzehnten ziehen Söldnerheere mordend, brandschatzend und plündernd durchs Land; Städte sind in Flammen aufgegangen; Äcker liegen brach; Seuchen und Hungersnöte haben gewütet; Millionen sind gestorben, und in manchen Gegenden ist die Bevölkerung um die Hälfte dezimiert worden – Deutschland ist eine Wüstenei ohne Mittelpunkt und ohne Hauptstadt, zerfallen in lauter Provinzen.

Keine Zeit für Blumen und Botanik? Der kaiserliche Feldherr Wallenstein findet sogar Muße, für sein Anwesen Springbrunnen und Wasserparterres zu planen. Doch zahlreiche prächtige Gärten fallen dem Krieg zum Opfer. So die Anlage des Grafen von Nassau am Schloß Idstein oder der phantastische Blumengarten des Fürstbischofs von Eichstätt, Konrad von Gemmingen. Sein durch den Maler Basilius Besler berühmt gewordener *Hortus Eystettensis* wird in einen Gemüsegarten umgewandelt, und die seltene, für damalige Verhältnisse exotische und kostbare Blumenpracht geht unwiederbringlich verloren.

Der Vater Organist in St. Ulrich, die Mutter Tochter des Pfarrers von St. Ulrich – Paul Hermann wächst in einem frommen Haus auf. Kein Wunder, daß der Junge Theologe werden soll. Doch schon der Knabe hat sich »aus eigenem Antrieb und mit angeborenem Eifer mit der Beobachtung von Pflanzen beschäftigt« und setzt sogar wegen einer schönen Wasserlilie sein Leben aufs Spiel: »Von Anfang an aber standen die Vorzeichen für seine spätere Zukunft als botanischer Forscher günstig: im Eifer, Pflanzen zu untersuchen, wäre er nämlich beinahe als zehnjähriger Knabe ertrunken, wenn Gott ihn nicht wie durch ein Wunder aus dem gefahrvollen Strudel gerettet hätte.«

Studiosus medicinae

Gehorsam beginnt Hermann in Wittenberg ein Theologiestudium. Doch schon bald wechselt er zur medizinischen Fakultät, um sein Lieblingsfach studieren zu können. Alle großen Botaniker des 16. und 17. Jahrhunderts sind Ärzte, denn die Pflanzenkunde ist ein wissenschaftlicher Zweig der Medizin, und der botanische Garten mit seinen Kräutern und Heilpflanzen ist ein Lehrgarten für Medizinstudenten.

Neun Jahre lang studiert Hermann an den besten Universitäten Europas und lernt bei den hervorragendsten Professoren. Im Wintersemester 1664 fällt der Student in Leipzig seinem Botaniklehrer Paul Amman auf: »An den großen Eifer, mit dem er [Her-

Gärtner mit ihren exotischen Schätzen – Gemälde um 1745 von Anton Joseph Högler und Johann Thalhofer (hinten rechts eine panaschierte Pelargonie)

mann] diese Wissenschaft betrieben hat, erinnert man sich noch heute. Damals noch ein Anfänger, machte er den alten Studenten der Botanik die Palme streitig. Wie, streitig? Nein, er entwand sie ihnen. «

Danach verbringt Hermann etwa ein Jahr im italienischen Padua, an einer Universität, die auch nördlich der Alpen einen hervorragenden Ruf hat und eine internationale Studentenschar anzieht. Hier lernt der Medizinstudent im ersten botanischen Garten Europas zum Beispiel die Aromapflanzen kennen. Und hier erlangt Hermann 1670 seinen Doktor der Medizin und der Philosophie, wobei er vor der philosophischen Fakultät über den Begriff »Substanz« referiert, vor der medizinischen einen Vortrag über die »Cholera nigra« hält.

Im Jahr darauf schreibt sich der frischgebackene Doktor bei den Medizinern im niederländischen Leiden ein. Wieder hat er eine berühmte Universität ausgesucht – hier gibt es eine vortreffliche

Bibliothek, sechs Auditorien und eine hervorragende Buchdruckerei. Botanik, Medizin und Rechtskunde genießen hohes Ansehen, und Hermann besucht »als eifriger Hörer den hochgelehrten Unterricht des weltberühmten Drelincurtius«, eines Anatoms und praktischen Mediziners, dessen Abteilung wegen ihrer vielen Skelette und Präparate immer wieder Aufsehen erregt.

Doch Hermanns Liebe gehört den Pflanzen: »Man bewunderte seine reichen Gaben, seine Bildung und vor allem seine staunenerregende Kenntnis in der Botanik.« Auch dem Direktor des botanischen Gartens, Arnold Syen, sind Hermanns Talente aufgefallen, und er schlägt vor, den jungen Mann als Arzt mit der Niederländischen Ostindien-Kompanie in die Tropen zu schicken. Sicherlich nicht ohne den Hintergedanken, daß der begabte und botanisch interessierte Medicus den Reichtum und den guten Ruf des akademischen Gartens in Leiden durch die Übersendung vieler exotischer Pflanzen mehren könnte.

Die Monopolkompanie

1602 hatten die Niederländer die »Vereenigde Oostindische Compagnie« (VOC) ins Leben gerufen, um sich nach der Gründung der Britischen Ostindien-Kompanie auf den Ozeanen behaupten zu können. Als Hermann in den Dienst der VOC tritt, ist die Aktiengesellschaft eine der mächtigsten Institutionen der Welt, mit der die Vereinigten Niederlande in das »goldene Zeitalter« einer wirtschaftlichen und kulturellen Blüte segeln.

Das Ziel der VOC ist das lukrative Monopol über den südindischen und südostasiatischen Gewürzhandel. Und obwohl die Aktionäre ausschließlich an den Dividenden aus dem Handel mit Muskat, Nelken, Pfeffer und Zimt interessiert sind, hat die Kompanie in den Überseegebieten auch staatliche Funktionen übernommen. Ihre Beamten kontrollieren alles – von den Löhnen der Arbeiter bis zu den Lebensmittelpreisen; sie machen Gesetze, setzen lokale Machthaber je nach Kollaborationsbereitschaft ein oder ab; ihre Soldaten schlagen Revolten nieder und halten mit Gewalt

Gewürzpreise und Produktionsmengen niedrig. Auch an Hermanns Einsatzort, in Sri Lanka, das damals noch Ceylon heißt.

Dort also, wo der Pfeffer wächst, soll sich Paul Hermann ab 1672 um die gefährdete Gesundheit der Mitarbeiter der Ostindien-Kompanie kümmern. Im Hafen von Texel, einer friesischen Insel, wo die Segelschiffe auf günstigen Wind warten, geht er an Bord. Vermutlich muß er schon bald seine ärztliche Kunst unter Beweis stellen, denn viele der als Soldaten angeworbenen Männer treten die monatelange Reise schon krank oder unterernährt an. Dazu kommen die katastrophalen hygienischen Bedingungen und das miserable Essen auf den berüchtigten Ostindienfahrern, so daß nicht selten die Hälfte der 300 bis 400 Menschen an Bord stirbt. Welche Erleichterung, wenn man nach vier qualvollen Monaten endlich das Kap der Guten Hoffnung erreicht und an der Südspitze Afrikas für ein paar Tage an Land gehen kann!

Das wiedergefundene Paradies

Meist bleiben die Schiffe etwa zehn Tage in der Bucht am Tafelberg, um »Kräuter, Fleisch, Wasser und andere notwendige Vorräte zu beschaffen – damit sie ihre Kranken heilen konnten«. Also nicht viel Zeit für Hermann zum Botanisieren! Welch ein Jammer – hat doch vor ihm noch nie ein ausgebildeter Botaniker die Südspitze Afrikas betreten. Hermann kommt aus dem Staunen gar nicht mehr heraus: Welch ungewöhnliche Gewächse!

Seltsame, ja einzigartige Sukkulenten, vorher nie gesehene Mittagsblumen- und Dickblattgewächse wie aus einer anderen Welt! Über der steil ansteigenden, zerklüfteten Wand des Tafelbergs liegt ein silberner Schleier, und Hermann begegnet einer äußerst fremdartigen blühenden Pflanzenfamilie, den vor allem in Südafrika (und Australien) wachsenden Proteaceen. Am Fuß des Tafelbergs zeigt der Silberbaum (*Leucadendron argenteum*) zwischen seinen haarig silbrigen Blättern sonnig-gelbe Blüten. Die unterschiedlichsten Pelargonien leuchten in aufsehenerregenden Farben zwischen pink und purpur. Dornige Strauchdickichte, daneben eine unglaubliche

Die Vielfalt der Kapflora,
dargestellt von Laurens de Vinne der Jüngere (1712–1742)

Vielzahl von Eriken. In den Wiesen Gladiolen, Klebschwertel (*Ixia*), scharlachrote Blutblumen *(Haemanthus coccineus)* mit großen Blüten und die kleinblütigen blauen Lobelien (*Lobelia erinus*). Elegant wiegt sich die schlohweiße Zimmercalla (*Zantedeschia aethiopica*) im Wind, neben Fackel- und afrikanischer Schmucklilie (*Kniphofia* und *Agapanthus umbellatus*) und den artenreichen farbenfrohen Zwiebelpflanzen – welch überwältigende, unvergleichliche Vielfalt!

Fast ein Zehntel aller heute bekannten Blütenpflanzen wächst in Südafrika – etwa 24 000 Arten und Unterarten, mehr als in ganz

Europa. »Gütiger Gott! Wie viele, seltene und wunderbare Pflanzen boten sich Hermann an einem einzigen Tag!« Der berühmte Botaniker Carl von Linné gerät noch 75 Jahre später ins Schwärmen: »In wenigen Tagen entdeckte Hermann allein und ganz auf sich gestellt mehr neue afrikanische Pflanzen als alle Botaniker der Welt, die vor ihm das Licht der Welt erblickt haben!«[2]

Fasziniert untersucht der Forscher die Sukkulenten, diese wasserspeichernden Überlebenskünstler, von denen es über 3000 Arten in Südafrika gibt. Er staunt über die vielfältigen, oft kurios aussehenden Mittagsblumengewächse (*Mesembryanthemaceae*). Eine ganz neue Pflanzenwelt tut sich auf, und in das neugierige Staunen des Wissenschaftlers mischt sich Ehrfurcht, denn wenn jedes Pflänzchen ein Werk Gottes ist, dann ist diese unglaubliche Pflanzenvielfalt ein eindrucksvoller Beweis für die Großartigkeit der Schöpfung. Hermann glaubt fest daran, an der Südspitze Afrikas ein Stück des Garten Edens wiedergefunden zu haben, der nach dem Sündenfall in alle Winde verstreut worden war.

In Europa unternehmen Botaniker, aber auch pflanzenbegeisterte Privatleute große Anstrengungen, diese versprengten Teile wieder einzusammeln, um so ein Stück des Paradieses zurückzuerobern. Darüber hinaus aber sollen die exotischen Neuheiten sie erfreuen und ihre Gärten schmücken, in denen noch nicht allzu viele Blumen blühen. Bis zum Beginn des 17. Jahrhunderts waren, von Gemüse abgesehen, fast ausschließlich medizinische Kräuter kultiviert worden. Dann kamen mit den Türken vor den Toren Wiens die Zwiebelpflanzen aus dem Vorderen Orient: Tulpen, Narzissen, Hyazinthen und Kaiserkronen wurden zu Höchstpreisen gehandelt und in den Gärten als Raritäten ausgestellt. Pflanzen aus Südafrika waren nur ganz vereinzelt aufgetaucht. Hier eine blaue Schmucklilie, dort eine rote Nerine in den Patriziergärten; eine *Kleinia anteeuphorbia* in Brüssel, eine *Watsonia iridifolia* sowie zwei Mittagsblumen in den Niederlanden und die allererste Pelargonie (*Pelargonium triste*) in Paris – das waren Zufallsfunde. Erst mit Paul Hermann beginnt die systematische Erkundung der Kapflora.

Gierig grast der Pflanzenjäger die Gegend am Fuße des Tafelbergs ab. Er sammelt Samen, schneidet Stecklinge, gräbt Wurzeln und Knollen aus, und bevor der Kapitän die Anker lichten läßt, hat Hermann 800 neue, bis dahin völlig unbekannte Gewächse gefunden. Welche haben Chancen, die Seereise zu überleben? Welche lassen sich auch in Mitteleuropa kultivieren? Welche kann er nur als Herbarbeleg konservieren? Das Risiko wird verteilt: Ein Teil der Pflanzen wird getrocknet und gepreßt, ein anderer im Garten der Ostindien-Kompanie ausgepflanzt, und ein dritter wird verpackt, um mit dem nächsten Schiff nach Europa zu gehen: »Von dort schickte Hermann

»Hottentotten-Feige«, Carpobrotus eludis – Zeichnung von Paul Hermann im »Catalogus...« von 1687

mehr neue Pflanzen als irgendein anderer vor ihm in das Lager der Flora«, schreibt Linné, »Pflanzen, die bis auf den heutigen Tag die Gärten Europas schmücken. So erwarb dieser große Entdecker ewigen Ruhm. «[3]

Was Hermann schließlich an lebenden Pflanzen, an Samen, Früchten und Stecklingen, an Knollen, Wurzeln und Zwiebeln verschifft hat, was in Europa unbeschadet angekommen und dann auch noch in Beeten oder Töpfen angegangen ist, wissen wir nicht genau. Aber der leidenschaftliche Pflanzenjäger wird so viele Kisten und Kästen an Bord geschleppt haben wie der Kapitän erlaubte, und das erst recht, als er sich zehn Jahre später auf der Rückreise nach Europa befindet und den Transport persönlich überwachen kann. Später jedenfalls, als Hermann Leiter des Botanischen Gartens in Leiden geworden ist, gedeihen dort mehr als fünfzig Arten von Kappflanzen. Die Mehrheit gehört zur riesigen Familie der Sukkulenten – darunter auch die sogenannte Hottentotten-Feige (*Carpobrotus edulis*) mit ihren schmackhaften fleischigen Früchten, die Vögel so gern fressen. Die haben auch dafür gesorgt, daß die Pflanze sich allmählich an den Küsten der gemäßigten Zonen verbreitet. In unseren Gärten kennen wir die einjährigen Mittagsblumen (*M. criniflorum*), die den ganzen Sommer blühen, in der Sonne ihre kleinen, farbenfrohen Blüten öffnen, sie aber im Schatten und bei Regen sofort schließen.

Pelargonien, die wohl populärsten Pflanzen aus Südafrika, haben ebenfalls durch Paul Hermann den Weg nach Europa gefunden. Umgangssprachlich nennen wir die veredelten Nachfahren der wilden Kapländer »Geranien«. Millionenfach stehen sie heute neben den blauen Lobelien in Töpfen und Balkonkästen und sind uns so geläufig, daß wir gar nicht mehr nach ihrer Herkunft fragen. Etwa fünfzig verschiedene Pelargoniumarten findet man heute rund ums Kap, darunter besonders auffällig das kapuzenblättrige Pelargonium (*P. cucullatum),* ein bis zu zwei Meter hoher Strauch, dessen Blüten an den Berghängen bei Kapstadt im Oktober, November purpurn leuchten. Ein Exemplar dieser farbenprächtigen Pflanze schickt Hermann seinem Freund Jacob Breyne, einem Danziger Kaufmann, der zugleich Botaniker und enthusiastischer

Exotensammler ist. Breyne veröffentlicht 1678 das Pflanzenbuch *Exoticarum Plantarum Centuria Prima*. Das Frontispiz schmückt eine Mittagsblume, und innen hat der stolze Besitzer nicht nur Hermanns kapuzenblättrige Pelargonie abgebildet, sondern auch das kletternde *P. gibbosum*. Die auch Gichtperlargonie genannte Pflanze hat nur unscheinbare gelblich-grüne Blüten, wird im Barock aber wegen ihres angenehmen nächtlichen Dufts gelobt. Eine dritte Art, die damals schon den Weg nach Danzig gefunden hat, ist die zarte, kriechende, myrrhenblättrige Pelargonie (*P. myrrhifolium*).

Fünf Weise bestaunen eine südafrikanische Mittagsblume –
Illustration aus Jacob Breynes Pflanzenbuch

Die Welt der Pflanzen- und Gartenliebhaber ist in der zweiten Hälfte des 17. Jahrhunderts noch überschaubar, fast könnte man sagen, jeder kennt jeden: »Blumenentdecker, Blumenpfleger und Blumenhändler bildeten einen internationalen Freundeskreis, dessen Mitglieder miteinander korrespondierten und Samen, Zwiebeln und Pflanzen von Wien bis London und Paris hin- und herschickten.«[4] Dabei ist der Pflanzentransport, zumal aus Übersee, mit vielen Risiken verbunden: Ratten und anderes Ungeziefer; extreme Temperaturschwankungen oder Salzwasser, Fäulnis oder Vertrocknen – den empfindlichen Exoten drohen viele Gefahren, und die Pflanzenliebhaber dies- und jenseits des Ozeans zerbrechen sich die Köpfe über die richtige Verpackung. Ob Kiste, Faß oder Ochsenblase, feuchtes Moos oder ausgekochtes Werg – gegen die Vernichtung der Raritäten durch rücksichtslose Schiffsmannschaften, durch Schiffbruch oder Piratenüberfälle sind die Pflanzenjäger machtlos. So berichtet Jacob Breyne in seinem Buch *Exoticarum Plantarum*, daß Samen und Wurzeln von 17 Pflanzen, die Hermann nach Leiden verfrachtet habe, dort nie angekommen seien, weil Piraten das Schiff bei St. Helena aufgebracht und die botanischen Schätze vernichtet hätten. Zu seiner großen Überraschung findet Hermann Jahre später im Botanischen Garten von Oxford ein paar Pfirsichbäumchen (*Prunus persica*) aus der verloren geglaubten Pflanzensendung und darf ein Exemplar für den Garten in Leiden mitnehmen.

Obwohl die Verschiffung so unsicher ist, setzt Hermann alles daran, Freunde und Kollegen jedes Jahr mit lebenden Pflanzen oder Saatgut zu versorgen. Mit den Kapgewächsen klappt das besser als mit den tropischen Schönheiten aus Sri Lanka. Gerade die Feuchtigkeit speichernden Sukkulenten und die genügsamen Pelargonien können die viermonatige Schiffsreise mit etwas Glück überstehen. Die Fahrt von Sri Lanka nach Europa aber dauert doppelt so lange, und außerdem reagieren die tropischen Pflanzen viel empfindlicher auf Trockenheit und Kälte: »Daß keine eigentlichen Tropengewächse heimgebracht wurden, versteht sich ganz von selber; sie vertrugen weder die unendliche Schiffahrt noch, ohne warme Einrichtungen, die europäischen Winter«, schreibt Gregor Kraus, der 1894 die Einführung fremder Gewächse nach Europa untersucht hat und mit Blick auf die Kappflanzen fortfährt: »Am raschesten verbreiteten sich diejenigen, welche am wenigsten wählerisch in ihren Lebensbedingungen, durch große Zähigkeit oder leichte Vermehrbarkeit sich auszeichnen.«[5]

Sammeln auf Ceylon

»Die Mördergrube der holländischen Soldaten« nennt der Söldner Christoph Schweitzer seinen Einsatzort Ceylon und behauptet, es seien immer mehr Soldaten im Krankenhaus gewesen als in der Garnison.[6] Viel Arbeit also für den 26jährigen Paul Hermann, der bald ranghöchster Sanitätsoffizier in Colombo wird. »Inwendig der Stadt«, so Schweitzer, »ist auch ein wohlgebauter Hospithal, darein die krancke Holländer gelegt, von darzu bestelten Barbieren und Sclaven mit Medicamenten und Pflagen ordentlich bedienet werden. Der darüber bestellte Ober-Inspector war Dr. Hermannus.«[7]

Doch was kann der Stabsarzt gegen Ruhr, Malaria, Wassersucht, Blattern und Pocken ausrichten? Bei der Behandlung der Tropenkrankheiten und schweren Infektionen tappen die Ärzte noch so sehr im dunkeln, daß von den zehn- bis zwölftausend Europäern, die Mitte des 17. Jahrhunderts bei der Kompanie beschäftigt sind, weniger als die Hälfte zurückkehrt. Und trotzdem ziehen die Tropen die Europäer in ihren Bann: das warme Licht, die satten Farben, die fremdartigen Düfte und Laute, die Exotik der farbigen Völker, die unbekannte Flora und Fauna – nur wenige können sich dieser Faszination entziehen. Paul Hermann bleibt sieben Jahre auf Sri Lanka, das wie eine Perle am indischen Subkontinent hängt.

»Von all den vielen Pflanzen, die der gelehrte Botaniker Hermann vorher in Europa gesehen hatte, findet er in Ceylon kaum drei wieder, aber er erblickte alle neuen«, schreibt Carl von Linné,

Herstellung von Palmwein – Zeichnung von Paul Hermann

als er etwa 70 Jahre später das umfangreiche Herbarium des Pflanzensammlers wissenschaftlich auswertet. Dabei muß Hermann sich beim Sammeln auf Colombo und einen schmalen Küstenstreifen beschränken, denn die Herrschaft der Kompanie reicht kaum weiter als ihre Kanonen. Und doch wartet auch hier das botanische Abenteuer. Pfeffer und Ingwer, Zimt und Kardamom, Gewürzrinde und Gelbwurz – »die ganzen unbekannten Gewürzpflanzen, welche die Europäer auf endlosen Reisen, unter Gefahren und Kosten aus Indien erwerben und zu teuren Preisen verkaufen, beobachtet er hier zuerst in üppiger Fülle«, schreibt Linné, die Pflanzen in Hermanns Herbarium betrachtend, dazu »höchst wertvolle Medizinalpflanzen, lange Zeit nur dem Namen nach bekannt, noch nicht abgebildet und beschrieben!«

Für Hermann ein Feld für Experimente, zum Beispiel mit dem Zimtbaum *(Cinnamomum zeylanicum)*. Seine Rinde ist damals in Europa wegen ihrer angeblichen Wirkung gegen Blähungen begehrt. Hermann mischt Destillate der Wurzel mit ätherischen Ölen aus Rinde, Blättern und Früchten, um daraus Salben und Medikamente mit schmerzstillender Wirkung zu entwickeln.

Auch die Brennpalme (*Caryota urens*), aus deren Früchten Palmwein gemacht wird, interessiert ihn: Die Einheimischen behandeln Schlangenbisse mit dem Öl aus Jungpflanzen; aus dem Palmmark wird Sago und ein grober Zucker gewonnen; schließlich werden die Blattrippen zu Körben und Seilen verarbeitet. Hermann hat nicht nur das Botanische der Palme, deren Blütenstand und die Früchte, exakt gezeichnet. Auch die Saftgewinnung, die Herstellung des Palmweins und die Folgen des übermäßigen Genusses hat er mit Humor zu Papier gebracht.

Regelmäßig versorgt Hermann die Kollegen in Europa mit getrockneten, gepreßten und präparierten Pflanzen und verschafft so der Wissenschaft eine erste Übersicht über die Flora Sri Lankas. Ein Herbarium erhält beispielsweise die Familie Breyne in Danzig.[8] Eine andere Sammlung ceylonesischer Gewächse, »auf das feinste und glänzendste getrocknet und sorgfältig konserviert«, schickt er an Johann Commelin, Chef des Botanischen Gartens in Amsterdam[9], und 1737, lange nach Hermanns Tod, würdigt ein Kollege aus Oxford den fleißigen Sammler: »Hermann ist der einzige Mann, dem wir unsere Kenntnisse ceylonesischer Pflanzen verdanken. Denn alle Pflanzen, die wir von Autoren genannt und beschrieben finden, haben diese mit wenigen Ausnahmen von Hermann übernommen oder von Freunden erhalten, denen er sie geschenkt hatte.«

Der so gelobte Botaniker kommt als Arzt bei seinen Patienten nicht so gut an: »Er brachte kein gutes Lob von den Soldaten und Bohtsgesellen, die unter seinen Händen gewesen, mit hinweg«, und ergänzend weiß der Soldat Christoph Schweitzer wenig Erfreuliches zu berichten: »Er war ein rechter Tyrann über seine Sclaven, mit schlagen und geißlen, wie er dann eines Todschlags an seiner Sclavin, die er in den Hoff hinder sein Haus begraben lassen, beschuldiget, der Ursach etlich Tag in sein Haus in apprehensie [Arrest] genommen, hernachmals wider loß gelassen worden.«[10]

Kollegen schildern ihn eher als freundlich, hilfsbereit, großzügig und bescheiden. Wie war er wirklich? Wie hat er gelebt? Isabella, seine erste Ehefrau, stirbt bei der Geburt des ersten Kindes. In Colombo heiratet er zum zweiten Mal: Anna Gertruda Stumphius, die Tochter eines Pfälzer Predigers, den es nach Jafna, ins Tamilenland, verschlagen hat. Über seine Ehe und seine Ehefrau erfahren wir gar nichts. Wir können allenfalls einen Blick auf das Leben der »Holländischen und Teutschen Weiber« werfen, wie es ein deutscher Soldat − mit einem zugegeben sehr männlichen Blick − schildert: Die Frauen »wollen hier von gantz keiner Arbeit wissen, sondern sitzen den Tag hindurch auff ihren Stühlen und befehlen, und kan eine solche Frauw 3 oder 4 Sclaven zu schaffen gnug geben, damit sie nur recht bedienet werde, und ist also leicht ein Spann Pferde auff der Streue zu halten, als ein dergleichen Weib zu ernehren«. Als Paul Hermann stirbt, leben aus seiner zweiten Ehe zwei Mädchen und zwei Jungen, doch wo sie geboren wurden, ist unbekannt. Zu spärlich sind die Spuren, die Persönliches verraten, und Quellen, die über seinen Charakter Aufschluß geben. Kein Tagebuch, kein Reisebericht, kaum Briefe, noch nicht einmal ein Portrait gibt es von ihm − nur Pflanzen, Pflanzen, Pflanzen!

Die Berufung

Mit 32 Jahren hat Paul Hermann in seinem Lebenslauf einiges vorzuweisen. Seit sieben Jahren arbeitet er als Medicus der Ostindien-Kompanie in Colombo; er ist ein Botaniker aus Leidenschaft, ein erfolgreicher Pflanzenjäger mit Pioniergeist, der die ceylonesische und die Kapflora für Europa entdeckt hat. Der Mann aus Halle an der Saale hat auch das Zeug zu einer wissenschaftlichen Karriere. Deshalb wird am 11. November 1678 im holländischen Leiden folgender Brief aufgegeben: »Wenn Ihr auch noch so weit von uns entfernt seid, und wir durch einen großen Teil der Welt getrennt sind, so blieb dennoch der Ruf Eurer tiefen Gelehrsamkeit in botanischen Dingen und der Kenntnis der Pflanzen nicht nur auf eine Stelle beschränkt, sondern hat uns durch glückliche Umstände vor kurzem erreicht.« Paul Hermann wird zum Professor der Medizin und Botanik berufen: »Wir verfielen auf Eure Gaben, berühmter Mann, und wir haben Euch einstimmig als denjenigen gewählt, der am besten geeignet ist, das Amt auszufüllen und zu ehren.« Tausend Gulden im Jahr soll der Professor in Leiden verdienen, ein »genügend geräumiges Haus« für sich und seine Familie gibt es mietfrei dazu. Weiterhin stellen die Kuratoren der Universität verschiedene Nebeneinnahmen in Aussicht, und nicht zuletzt sollen »auch die Privilegien und Freiheiten, die Professoren gewöhnlich genießen«, einen Mann locken, »der unter den Reichtümern des Orients lebt«[11].

Etwa acht Monate sind Briefe damals zwischen den Niederlanden und Colombo unterwegs, so daß es prompt ist, wenn Hermann am 23. Oktober 1679 freudig zusagt. »Denn nichts Willkommeneres und Wünschenswerteres konnte ich mir vorstellen in meiner Seele.«[12] Schließlich trifft seine mit Artigkeiten gespickte Zusage im Sommer 1680 in Leiden ein – übrigens mit dem selben Schiff wie der Berufene. Für die beschwerliche Überfahrt erhält er 250 Gulden extra. Der Herr Professor ist 34 Jahre alt, als er am 24. August 1680, zu Beginn des Wintersemesters, »unter gewaltigem Beifall seine Antrittsvorlesung über den Nutzen der Gärten und den dadurch erzeugten Genuß« hält. Die Natur zum Nutzen der Menschen und die Freude der Menschen an Blumen und Gärten – im Barock ist das kein Gegensatz mehr.

Der Hortus academicus

Leiden ist zu jener Zeit eine wohlhabende Stadt, die von der Tuchherstellung lebt. Eine zeitgenössische Reisebeschreibung nennt den Ort »eine der allerneuesten Städte Europas, wohl gebauet, habend unterschiedlich breite Gassen und Grachten oder gemauerte Wassergräben mit Reihen von Bäumen geziert, dadurch das Wasser zwischen hinlaufet«.

Außerdem wird von einem alten Kastell, einem sehenswerten Rathaus und von einem kleinen, aber »mit Pflanzen und Gewächsen sehr wohl versehenen« Botanischen Garten berichtet.

Botanischer Garten der Universität Leiden zur Zeit von Carolus Clusius

Dessen Eingang schmückt, seit Hermann der *Praefectus Horti* ist, die Haut einer *Cobra Capello* aus Sri Lanka.

Erster Leiter des Hortus Academicus war der berühmte Charles de l'Ecluse (1526–1609), besser unter seinem latinisierten Namen Carolus Clusius bekannt. Der hatte sich in Wien mit der Einführung der frühblühenden Zwiebelpflanzen aus dem Vorderen

Orient einen Namen gemacht, und als er 1593 nach Leiden kam, hatte er seine eigenen Tulpenzwiebeln im Gepäck. Doch mußte er erleben, daß gleich im ersten Winter die meisten seiner kostbaren Exemplare aus den Beeten gestohlen wurden.

Der Garten war, wie damals üblich, ein von Mauern umgebenes Rechteck und noch als Sinnbild des Paradieses zu verstehen:

An einem zentralen Punkt beginnen vier kreuzförmig angelegte Wege, die den Garten in vier Abteilungen gliedern, die wiederum aus einer Vierergruppe von Beeten bestehen: Vier Flüsse, so die Symbolik im Mittelalter, entspringen im Paradies, das aus den vier Teilen des Universums besteht. Die allerdings haben inzwischen durch die damals bekannten vier Erdteile Europa, Afrika, Amerika und Asien eine ganz konkrete Bedeutung erhalten.

Im Sommer versammelt Hermann seine Medizinstudenten morgens um acht Uhr im Botanischen Garten, um sie an den lebenden Pflanzen zu unterrichten. In Grüppchen stehen sie an den Beeten, lernen die Pflanzen anhand bestimmter Merkmale zu unterscheiden und pauken ihre medizinische Wirkung. Der Herr Professor führt sie durch die Vegetation der damals bekannten Welt, und sein Vortrag ist wie das Blättern in einem lebendigen Nachschlagewerk der Schöpfung.

Dieser enzyklopädische Anspruch wird dadurch unterstrichen, daß Hermanns »Museum Indicum«, seine Kuriositätensammlung aus Sri Lanka, ebenfalls im Botanischen Garten ausgestellt ist: Edelsteine, Mineralien und vor allem in Spiritus eingelegte Tierpräparate. »Es waren die Schränke, darinnen diese Sachen standen, in allem sieben an der Zahl, mit gläsernen Türen, war auch alles ziemlich ordentlich nummeriert und nach dem Katalog wohl zu finden«, berichtet ein Reisender. »Über das ist alles in sauberen krystallenen Gläsern, so zum Teil mit Fleiß zu diesen Sachen geblasen worden.« Gekonnt präpariert schweben Insekten, Eidechsen und Schlangen in der Mitte des Glases, so daß die Studenten sie von allen Seiten betrachten können.

Hermanns Hauptsorge aber gilt der Pflanzensammlung. Sie auf der Höhe der Zeit und in Ordnung zu halten, also die Pflanzen zu pflegen und den Bestand ständig zu erweitern, gehört zu seinen Hauptaufgaben als Professor der Botanik. Vieles weiß man damals noch nicht: Wie wollen die Exoten behandelt werden, damit sie in Mitteleuropa überleben und gut gedeihen? Wie vermehrt man sie? Wie bringt man sie zum Blühen, damit sie Samen produzieren? Die Gewächse durch Züchtung gezielt zu verändern ist noch kein Thema, doch die Botanik hat begonnen, sich von der Medizin zu emanzipieren: Sie studiert die Pflanze an sich und nicht mehr nur ihre medizinische Wirkung.

Stolz ist Hermann auf sein (noch ziemlich primitives) Gewächshaus, in dem kälteempfindliche Blumen überwintern können, und großzügig stellt er es den Blumenliebhabern zur Verfügung. Die schleppen im Herbst zahlreiche Töpfe, Wannen und Holzkübel herbei, so daß bald kaum noch Platz zum Überwintern der akademischen Sammlung ist. Das führt schon kurz nach Hermanns Amtsantritt zu einer Beschwerde der Kuratoren: Der Herr Direktor möge dafür sorgen, daß nur noch Pflanzen des Botanischen Gartens im Schutz des Pflanzenhauses unterkämen. Das platzt bei Hermanns Vorliebe für Exoten trotzdem bald wieder aus allen Nähten, und ein paar Jahre später prahlt der Hausherr voller Stolz, daß zusätzliche Glashäuser gebaut wurden, und »besonders die neuen Sukkulenten, die vom Kap der Guten Hoffnung eingeführt wurden, fanden darin einen guten Schutz«.[13]

Alle Gartenarbeit muß Hermann mit Hilfe nur eines Gärtners erledigen. Erst 1686 kommt ein zweiter als Verstärkung hinzu, denn der Praefectus soll für eine Gehaltszulage von 200 Gulden zusätzlich noch praktische Medizin unterrichten. Außerdem nimmt die Zahl der Gewächse ständig zu, und Hermann setzt die Vergrößerung des Gartens auf das Dreifache durch. Bei dieser Gelegenheit sorgt er für eine bessere systematische Anordnung der Pflanzen, denn er sieht die »Verzweiflung« der Studenten über die Vielfalt, und »so war es seine Hauptsorge, die verwöhnten Herzen der Jünglinge zu gewinnen. Er meinte, sie seien dadurch, daß man es ihnen angenehm und leicht mache, zu fassen, und er könnte sie in kurzer Zeit unterrichten, wenn sie bei kunstvoller Methode, ohne es recht zu merken, die Verwandtschaftsmerkmale erarbeitet hätten.«

Hermann gehört zu den sogenannten Fructisten, die die Pflanzen nach den Früchten ordnen, und ein ehemaliger Schüler lobt die Vorlesungen des »gefeierten« Mannes, der alle seine Pflanzen in eine Ordnung gebracht habe, »durch die die Pflanzenfreunde in die übrigens schwierige und umfangreiche botanische Kunst sehr leicht eindringen und sie in der Praxis glücklich betreiben können«.

Als engagierter Lehrer, auch als Systematiker, besonders aber als leidenschaftlicher Pflanzensammler erweist sich Paul Hermann als Glücksgriff für Leiden, denn – das gibt sein Nachfolger neidlos zu – schon in den ersten Jahren seiner Tätigkeit hat er »mehr und schönere Dinge« für den Garten herbeigeschafft als alle seine Vorgänger. Doch Hermann ist unzufrieden mit der finanziellen Ausstattung seines Lehrstuhls und kritisiert, »daß die Kuratoren unserer Akademie jährlich für die Pflege und Kultur der ausländischen Pflanzen nur hundert Reichstaler zur Verfügung stellen«. Weiter klagt er in dem Brief an seinen Freund Johann Böhm in Venedig: »Wenn nun etwas von mir verausgabt wird, das über diese

Leuchterblume, Ceropegia variegata – Zeichnung von Paul Hermann
im »Catalogus…« von 1687

Summe hinausgeht, muß dieses aus meiner eigenen Geldtasche, die (ich will Euch das aufrichtig bekennen) schmächtig ist, bezahlt werden. Ich habe nun in meinen jährlichen Rechnungen festgestellt, daß ich nur für die Pflanzen und Samen, die ich aus beiden Indien habe kommen lassen, die bisher jährlich festgesetzte Summe aufgebraucht habe. Was ich für das Übrige ausgegeben habe, werdet Ihr selbst leicht beurteilen können.«

Stolz präsentiert Hermann der botanischen Öffentlichkeit 1687 den reichhaltigen Bestand des Leidener Gartens in einem dicken gedruckten und illustrierten Katalog. Dieser *Horti Academici Lugduno Batavi catalogus…* verzeichnet 3029 verschiedene Arten, die er in seinen ersten sieben Amtsjahren kultiviert hat – darunter die schon erwähnten 50 südafrikanischen Arten mit den Pelargonien und Mittagsblumengewächsen. Dazu kommen, um nur einige zu nennen, Gloriosa, auch Ruhmeskrone genannt, Amaryllis, Wandelröschen (*Lantana*) oder Gewürzpflanzen wie Gelbwurz (*Curcuma longa*), ceylonesischer Zimt (*Cinnamomum zeylanica*) und Ingwer (*Zingiber*).

Diesmal wissen die Kuratoren den Einsatz des Leiters ihres akademischen Gartens zu schätzen und bewilligen ihm für die Herausgabe des Katalogs zusätzlich 315 Gulden. Ermutigt baut der ehrgeizige Sammler den Bestand des Gartens auf 4000 Arten aus: »Täglich vermehrte er sie [die Pflanzen] um neue Formen von überall her. Es ist unmöglich zu sagen und unglaublich, wie viel Aufwendungen er machte, wie viel Reisen er ausführte, wie viel Exkursionen er unternahm, wie viel Briefe er schrieb, auf wie viel Art er kaufte und tauschte, wie viel Tafeln er malen ließ, um durch ständigen Erwerb neuer Schätze den Glanz der Universität zu mehren.«

Es ist die Kapsammlung, die unter Hermann ihren Höhepunkt erreicht, und nach der Veröffentlichung des *Catalogus* wird Leiden neben Amsterdam zum europäischen Verteilungszentrum für die Flora Südafrikas. Sie nimmt »von den holländischen als Muttergärten ihren Weg über den Continent«, und bald gibt es »keinen Garten mehr, in dem nicht ein paar Pelargonien, einige Aloen und Mesembryanthemaceen und andere Succulenten, auch wohl einige Compositen und Capsträucher waren«[14]. Um die wachsende Nachfrage zu befriedigen, bedarf es fleißiger Pflanzenjäger. Da sind zum einen die Gouverneure vor Ort, vor allem aber Heinrich Bernhard Oldenland, ein Schüler Paul Hermanns: 1663 in Lübeck geboren, hat er bei Hermann in Leiden Medizin studiert und ist dann mit der Ostindien-Kompanie ans Kap gegangen. Als Obergärtner des »Company Garden« in Kapstadt schickt er ab 1692 lebende und getrocknete Pflanzen an seinen früheren Lehrer.

Der interessiert sich mittlerweile auch für nordamerikanische Stauden, Sträucher und Bäume und fährt im Auftrag des Botanischen Gartens nach London und Paris, denn seit die Engländer Virginia und die Franzosen Kanada eingenommen haben, kommen nordamerikanische Pflanzen über diese beiden Städte nach Europa. Zweimal reist Hermann nach Großbritannien, besucht den Chelsea Physic Garden, den Lehrgarten der Universität in Oxford, und lernt den Bischof von London, Henry Compton, mit seinem berühmten Garten kennen. Von einer der Reisen bringt er annähernd 200 Pflanzen mit, und bald wachsen Knollenstrauch (*Erythrina corallodendron*), Schneeball (*Viburnum grunifolium*) und Geißblatt (*Lonicera sempervirens*) ebenso im Leidener Garten wie Sumpfzypresse (*Taxodium distichum*) und Platane (*Platanus occidentale*). Die Buchhaltung der Universität hält fest, daß Hermann 323 Gulden und 13 Stiber für die Reise und den Pflanzeneinkauf ausgegeben hat.

Mehr als doppelt soviel genehmigt die Universität nach der Veröffentlichung des *Catalogus* für eine Italienreise des Professors. Doch Hermann fährt statt dessen nach Frankreich, und die Reise wird nicht nur wegen des rauschenden Empfangs in Versailles ein Erfolg. Der »Fürst der Botanik« kauft Dutzende exotischer Pflanzen, knüpft Kontakte zu allen wichtigen französischen Kollegen und erntet, zurück in Leiden, mehr als nur Lob: In den 700 Gulden Reisekosten ist eine persönliche Gratifikation von 155 Gulden enthalten.

Privat reist Hermann immer wieder nach Deutschland, um in Nürnberg, Leipzig oder Danzig seine zahlreichen Briefpartner zu besuchen, ihre Gärten anzuschauen und Pflanzen zu tauschen. In den Briefen von und nach Leiden werden Sendungen mit Samen, Wurzeln und Stecklingen angekündigt oder erbeten; da werden Erfahrungen, Pflegetips oder Hinweise zur Vermehrung einzelner Gewächse ausgetauscht. Ein Kollege erhält die gewünschten Anleitungen zur Konstruktion eines Glashauses. Mit anderen werden botanische Neuerscheinungen oder Medizinisches diskutiert – Krankheitsverläufe, neue Heilmethoden und, ein Thema, das Hermann am Herzen liegt, die Verbesserung der Überlebenschancen der Menschen auf den Ostindienfahrern.

Doch auch Persönliches kommt zur Sprache. Ein Brief an den Arzt Johann Böhm in Venedig enthüllt, daß Hermann guten Schnupftabak liebt, denn er bittet um eine besondere Mischung mit zartem Jasmin- und Zitronenduft und entschuldigt sich gleichzeitig, daß er den Freund mit einer » fast schmutzigen Sache « belästige. Im gleichen Brief lernen wir Hermann als Musikenthusiasten kennen, der bestens über die neuesten Werke Corellis und anderer italienischer Zeitgenossen Bescheid weiß und kaum erwarten kann, die Partituren zu erhalten. Doch die Botanik wird darüber nicht vergessen: » Ich wurde heftig bewegt, als ich hörte, daß meine indischen Samen heil zu Euch gekommen sind, ich werde aber noch glücklicher sein, wenn Ihr schreibt, daß alles nach Eurem Wunsch gekeimt hat und gewachsen ist. Das werdet Ihr erreichen, wenn Ihr die Samen einer wärmenden Decke übergeben und – wenn nötig – hinter Fenstern geschützt habt. «

Der Nachlaß

Gespannt, aber vergeblich wartet die internationale Botanikergemeinde zu Hermanns Lebzeiten auf die wissenschaftliche Bearbeitung seiner umfangreichen Herbarsammlung. » Ich werde in der Tat von so vielen Geschäften erdrückt, daß ich recht in Verlegenheit bin, was ich zuerst und zu zweit tun soll! « Diesen Stoßseufzer äußert Hermann wenige Monate vor seinem Tod in einem Brief an Böhm, und so bleibt die mehrfach erwähnte Bestandsaufnahme des Botanischen Gartens von Leiden Hermanns einzige

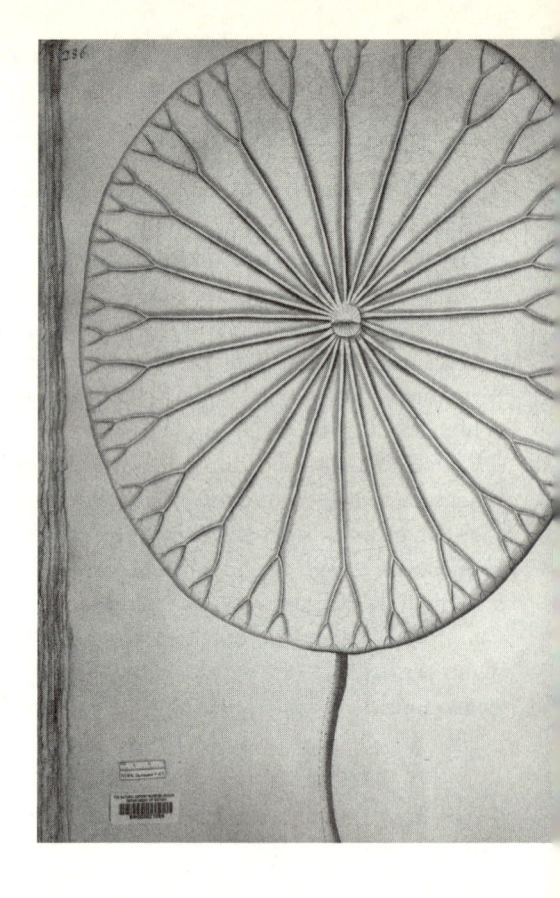

Lotusblume,
Nelumbo nucifer –
Zeichnung von
Paul Hermann aus
seinem fünfbändigen
Herbarium

Publikation. Anfang 1695 erkrankt der vielbeschäftigte Mann an einer Lungenentzündung und stirbt am 29. Januar. Er ist keine 49 Jahre alt geworden.

Sein Nachlaß enthält unveröffentlichte Manuskripte, ein großes Herbarium sowie das »Museum Indicum«, seine Mitbringsel aus Sri Lanka. Mehr als 237 Nummern werden in einem handgeschriebenen Katalog aufgeführt, und eigentlich will die Universität die Sammlung, die 12 000 Gulden wert gewesen sein soll, kaufen. Doch wegen finanzieller Engpässe erwirbt sie nur die besten Stücke. 1711 reiste Zacharias Conrad von Uffenbach, ein junger, naturwissenschaftlich interessierter Frankfurter Kaufmann,

durch die Niederlande. In Amsterdam besucht er die bekannte Maria Sybilla Merian. In Leiden sieht er sich bei Hermanns Witwe um und drängt, daß auch die anderen Teile der Sammlung bald verkauft werden, denn »es ist nicht genug zu beklagen, daß die liederliche Frau schier alles verderben läßt, indem in den meisten Gläsern der Spiritus vini verflogen, weil sie nicht aufgefüllt worden. Sie pflegt den Branntwein lieber selbst zu trinken, als diese Gläser damit aufzufüllen. «

1711 gelingt es, Hermanns Herbarien zu versilbern: Die Kappflanzen erwirbt der Apotheker James Petiver für den berühmten Londoner Arzt und Naturkundler Sir Hans Sloane, der die Stücke als Band 75 in seine riesige Herbarsammlung aufnimmt. Das große Herbarium mit Pflanzen aus Sri Lanka wird über einen Mittelsmann an den preußischen König verkauft, für nur 300 Gulden, »welches eine Schande-Geld ist« für eine Kollektion, die zehnmal mehr wert gewesen sein soll, bevor sie vernachlässigt wurde.

Für die Bearbeitung der Manuskripte kann die Witwe die fachkundige Unterstützung des Oxforder Botanikers William Sherard erlangen. Er gibt 1698 im Gedenken an Hermann dessen Manuskript *Paradisus Batavus* heraus: ein 273 Seiten dickes Werk mit Pflanzenbeschreibungen und 111 Kupferstichen. Ein paar Jahre später will Sherard ein zweites Werk Hermanns veröffentlichen, den noch zu seinen Lebzeiten geplanten Katalog zu seinem großen Herbarium. Doch Sherard muß feststellen, daß die Aufzeichnungen außerordentlich lückenhaft sind und – schlimmer noch – das Herbarium selbst zusammen mit etwa 400 dazugehörigen Abbildungen »wie von einem Abgrund verschlungen« ist, seit die Witwe es nach Preußen verkauft hat. Trotzdem gibt Sherard (allerdings anonym) 1717 unter dem Titel *Musaeum Zeylanicum* einen 71 Seiten starken Katalog heraus, »eine unverdaute, unbrauchbare Arbeit«, denn die unbekannten Pflanzen aus Sri Lanka werden unter ihren singhalesischen Namen aufgeführt, mit denen niemand etwas anfangen kann.

Das fehlende große Herbarium taucht erst Jahrzehnte später in der Königlichen Bibliothek von Kopenhagen wieder auf, wobei man bis heute nicht weiß, wie es dahin gekommen ist: fünf großformatige Bände, die Bögen etwa 40 mal 50 Zentimeter. Vier Bände enthalten die getrockneten Pflanzen, ein Band die entsprechenden Zeichnungen. Was dann geschieht, darüber gibt es zwei Versionen. Nach der einen schenkt König Frederik V. von Norwegen die getrockneten Pflanzen seinem Hofapotheker August Günther. Der allerdings berichtet in einem Brief vom 7.10.1745, er habe das Herbarium aus dem Nachlaß eines Arzneimittelhändlers in Aalburg gekauft, der die Sammlung wiederum von einem Arzt, »einem Vorgänger im Heilkrauthandel«, erhalten habe.

Dieser Brief ist an den berühmten schwedischen Botaniker Carl von Linné (1707–1778) in Uppsala adressiert und liegt, wie Linné schreibt, einer »erstaunlichen Sammlung indischer Pflanzen in 5 Bänden in forma atlantica« bei, die Günther, »den ich vorher nicht einmal dem Namen nach kannte, [mir] zu dem Zwecke schickte, ich möge die richtigen Namen zu den Pflanzen schreiben, von denen er selbst nicht wußte, von wem und in welchem Teile Indiens sie gesammelt waren«.

Als er dieses Paket aus Kopenhagen erhält, arbeitet Linné, der einflußreichste Botaniker des 18. Jahrhunderts, an seinem neuen System der Pflanzen, dem er die Anzahl ihrer Sexualorgane zugrunde legt. Um dafür einen möglichst umfassenden Überblick über die Pflanzenwelt zu erhalten, ist er an exotischen Gewächsen aus anderen Erdteilen interessiert. Außerdem strebt Linné an, daß Botaniker auf der ganzen Welt unterschiedliche Gewächse in der gleichen Art und Weise benennen, und zwar mit einem zweiteiligen latinisierten Namen: Der erste Namensteil soll die Gattung bezeichnen, in der eng verwandte Pflanzen zusammengefaßt werden (z. B. *Pelargonium*); der zweite Namensteil soll die Art kennzeichnen (z. B. *P. cucullatum* oder *P. myrrhifolium*).

Zunächst vergleicht Linné das aus Kopenhagen eingetroffene Herbarmaterial mit dem *Musaeum Zeylanicum* und dem *Catalogus*. Danach besteht für den Schweden kein Zweifel mehr, daß Hermann der Urheber dieses fünfbändigen botanischen Schatzes ist. Das bürgt für Qualität, und Linné verbringt daraufhin zwei Jahre damit, 657 Herbarexemplare zu beschreiben, zu bestimmen, den Gattungen zuzuordnen und auf den Etiketten Synonyma und Querverweise zum *Musaeum Zeylanicum* zu notieren. Endlich, 1747, erscheint Linnés Darstellung der tropischen Flora aus Colombo und Umgebung, die ausschließlich auf der Sammlung Hermanns beruht.

In dieser *Flora Zeylanica* hat Linné die Pflanzen noch nicht nach seiner neuen Nomenklatur benannt, sondern mit den damals üblichen deskriptiven lateinischen Phrasen. Erst sechs Jahre später führt er die bis heute international gültigen Pflanzenbenennungen ein, und zwar in seinem Hauptwerk *Species plantarum*. Darin bezieht er sich bei vielen Spezies auf Exemplare aus der *Flora Zeylanica*. Für Botaniker bedeutet das, viele der von Hermann gesammelten Herbarstücke sind Belegexemplare für die Erstbeschreibung, nach denen Linné den Pflanzen ihren wissenschaftlichen Namen gegeben hat. Damit sind sie sogenannte Typen für Linnés Benennungen, und das macht noch heute den großen wissenschaftlichen Wert von Paul Hermanns Herbarium aus.

Der letzte Abschnitt des wechselvollen Wegs dieser Pflanzensammlung ist schnell erzählt: Linné schickt die fünf Bände an Günther zurück, der sie dem Grafen Adam Gottlob Moltke vermacht. Nach dessen Tod landet die Sammlung bei einen Professor Treschow in Kopenhagen, der Hermanns Werk schließlich für 75 Pfund an den Koordinator der Pflanzenjagd in den britischen Kolonien, Sir Joseph Banks, verkauft. Mit dessen gesammelten botanischen Schätzen geht Hermanns Herbarium 1827 in den Besitz des British Museum über und wird 1881 der botanischen Abteilung, dem Museum of Natural History, zugeschlagen. Dort geht es den fragilen Pflanzen nach über 300 Jahren in ihren dicken Foliobänden erstaunlich gut. Nur selten wurde die Genehmigung zur Abbildung erteilt, und nur wenige Forscher hatten Zugang zu dieser einmaligen Sammlung.

Das solle sich ändern, beschlossen die Verantwortlichen des Museums und trieben Sponsorengelder auf, um dieses wissenschaftlich bedeutende Herbarium einer breiteren Öffentlichkeit zugänglich zu machen. Blatt für Blatt wurden die fünf Bände mit einer Digitalkamera eingelesen, in einem Computer gespeichert und können nun im Internet betrachtet werden.[15] Ein weiter Weg vom 17. ins 21. Jahrhundert. Und doch geht zu guter Letzt noch der Wunsch eines empathisch dichtenden Professors aus Oxford in Erfüllung, der Paul Hermann posthum in einer Ode verherrlicht hat:

»Wie lieb ist Dein Name den Pflanzen,
In die Rinde geschnitzt wünscht ihn sich jeglicher Baum!
Nie vergehe Dein Ruhm! Welkst nicht wie Blumen dahin!
Sondern wie Marmor bist Du, Jahre festigen ihn,
Zeit seinen Wert nur erhöht, sieh, so wächst auch Dein Werk!«

Abenteuer
in der Neuen Welt

Alexander von Humboldt
(1769–1859)

»Welche Bäume! Kokospalmen, 50 bis 60 Fuß hoch! Poinciana pulcherrima, mit Fußhohem Strauße der prachtvolltsten hochrothen Blüthen; Pisange, und eine Schaar von Bäumen mit ungeheuren Blättern und handgroßen, wohlriechenden Blüthen, von denen wir nichts kennen ... Wie die Narren laufen wir bis itzt umher; in den ersten drei Tagen können wir nichts bestimmen, da man immer einen Gegenstand wegwirft, um einen anderen zu ergreifen. Bonpland versichert, daß er von Sinnen kommen werde, wenn die Wunder nicht bald aufhören.«[1] So schwärmt der überglückliche Alexander von Humboldt in einem Brief an seinen älteren Bruder Wilhelm vom 16. Juli 1799 aus Cumaná in Venezuela.

Sein Traum ist Wirklichkeit geworden. Er hat Südamerika erreicht, das er mit seinem Freund, dem Botaniker Aimé Bonpland, erforschen wird: »Ich will den Puls von Himmel und Erde erfühlen«, schreibt er, »die Formation der Felsen und Schichtungen studieren, die Luft chemisch analysieren: ihren Druck, die Temperatur, die elektrische Ladung messen, den Einfluß des Klimas auf die Verteilung von Pflanzen und Tieren, die Stärke des Erdmagnetismus erkunden.«[2]

Ein ehrgeiziges Programm, auf das sich Humboldt jahrelang vorbereitet hat. Schon als Knabe weiß er genau, was er einmal werden will. Berichten zufolge hat Friedrich der Große 1777 die Familie Humboldt auf ihrem Schloß in Tegel besucht. Damals soll der Monarch die beiden Humboldt-Söhne getroffen und mit ihnen folgendes Gespräch geführt haben.

Zuerst fragt Friedrich den älteren:

» Wie heißt du? «

» Wilhelm von Humboldt, Sire. «

» Alter? «

» 10 Jahre, Sire. «

» Ein gutes Alter für eine Kadettenanstalt! Du schüttelst den Kopf? Du möchtest kein Soldat werden? «

» Nein, Sire, ich möchte Karriere in Literatur machen. «

Der König wendet sich an den Achtjährigen:

» Name? «

» Alexander von Humboldt, Sire. «

» Alexander. « Friedrich der Große schürzt die Lippen. » Alexander, das ist ein schöner Name. Ich glaube, ich kenne einen Eroberer mit diesem Namen. Möchtest du ein Eroberer sein? «

» Ja, Sire, aber mit meinem Kopf. «[3]

Die kecken Antworten verraten großes Selbstbewußtsein. Der Vater, Major im Dienste des Königs, erzieht seine Söhne streng, aber ohne Furcht. Die Mutter, eine geborene Französin, achtet auf Vielsprachigkeit, Manieren und Bildung. Die Kinder werden im Schloß von Hauslehrern im Sinne der Aufklärung unterrichtet. So würzt der Autor Heinrich Campe seine Deutschstunden mit der Lektüre von *Robinson der Jüngere* und anderen selbstverfaßten Jugendbüchern. Geographie und Mathematik sind Hauptfächer auf dem Stundenplan. Alexanders enorme intellektuelle Begabung zeigt sich jedoch erst in seinen Jünglingsjahren. Er studiert an der Bergakademie Freiberg Geologie, danach in Frankfurt an der Oder und Göttingen Naturwissenschaften, in Jena Astronomie und in Dresden den Umgang mit astronomischen und meteorologischen Instrumenten. Die Studienjahre sind für ihn ein fortwährendes intellektuelles Fest. Als Zeitzeuge erlebt er eine Epoche, die das Hinscheiden der gekrönten Häupter Europas und den Aufstieg der Helden der Aufklärung sieht.

Humboldts Helden sind schriftstellernde Abenteurer. 1789, im Jahr der Französischen Revolution, trifft er in Göttingen Georg Forster, der schon als 17jähriger mit seinem Vater unter Kapitän Cook an der zweiten Weltumsegelung des Briten teilgenommen hat. Den bewundert er. Humboldt hat Forsters Reisebericht *A Voyage Round The World* verschlungen und ist begeistert, als der ihm vorschlägt, gemeinsam nach England zu reisen. Im Londoner Botanischen Garten wird der deutsche Adelige dem Direktor, Sir Joseph Banks, vorgestellt. Der berühmte Botaniker führt den staunenden Gast durch die weitläufigen Parkanlagen mit Pflanzenschätzen aus aller Welt. Gönnerhaft zeigt Sir Banks die vielen exotischen Pflanzen, die er, Teilnehmer an Cooks erster Weltumsegelung, eigenhändig gesammelt hat.

Es sind diese Begegnungen, die Humboldt keine Ruhe lassen. Als die Mutter stirbt und die Söhne das Familienerbe antreten, ist Alexander wohlhabend. Jetzt steht ihm die Welt offen, er wird sie bereisen und erforschen. Inzwischen ist er zum klar denkenden, selbstbewußten Wissenschaftler herangereift: gutaussehend, sportlich, skeptisch, finanziell unabhängig, gesellschaftlich gewandt und ohne politische Ambitionen. Eine Karriere als Bergwerksdirektor in Franken liegt hinter ihm, seine Publikationen haben in der Fachwelt Aufmerksamkeit erregt, er hat mit Goethe naturwissenschaftliche Dispute geführt und ist korrespondierendes Mitglied wichtiger akademischer Gesellschaften.

Endlich, im Alter von 30 Jahren, kann Humboldt Europa in Richtung Südamerika verlassen. Mit ihm reist Aimé Bonpland, den er in Paris kennengelernt hat. Dort warteten beide, ohne sich zu kennen, auf den Start einer Expedition mit dem französischen Admiral Baudin. Bonpland hatte als Arzt angeheuert, Humboldt wollte als unabhängiger Forscher mitreisen. Als sich das Vorhaben zerschlägt, fragt Humboldt, ob Bonpland nicht als Botaniker in seine Dienste treten und mit ihm nach Südamerika reisen wolle. Ohne zu zögern geht der Franzose auf den Vorschlag ein.

Beide wandern zu Fuß von Frankreich nach Madrid zum Hof des spanischen Königs. Unterwegs vermißt Humboldt die Formation der Berge Nordspaniens und kartographiert sie. Diese Forschungsergebnisse und sein Konzept für eine Reise in die Neue Welt, in dem er auch die immensen Möglichkeiten für das Mutterland Spanien herausstellt, trägt er dem König in der Landessprache vor. Carlos IV. ist tief beeindruckt und gibt Humboldt ein persönliches Empfehlungsschreiben mit. Es soll ihm und seinem Begleiter den Zugang zum mächtigen iberischen Kolonialreich ermöglichen, das von Kalifornien bis nach Feuerland reicht.

In sechs Wochen nach Südamerika

Die beiden Forscher verlassen am 5. Juni 1799 an Bord der Fregatte »Pizarro« den spanischen Hafen Coruña mit dem Ziel, die Länder Venezuela und Kolumbien, Ekuador, Mexiko und Kuba zu erkunden.

Die Segel der »Pizarro« blähen sich im Wind. Im gleichförmigen Rhythmus tragen die Wellen das Schiff auf das »Neue Amerika« zu. In der Nacht vom 5. Juli 1799 erfüllt sich für Alexander von Humboldt der Traum seiner Kindheit: Am sternklaren Himmel entdeckt er das Kreuz des Südens. Von nun an segelt er unter dem Tropengestirn.

Er bringt seine Meßinstrumente in Position: Das Sternenbild befindet sich genau über dem 16. Längengrad. Sorgfältig trägt er die Ergebnisse und Notizen in sein Tagebuch ein. In vielen kommenden Nächten wird Humboldt die Sterne der südlichen Halbkugel beobachten und ihre Bahn beschreiben.

Nach sechs Wochen Seefahrt, auf der sie fliegende Fische sehen, Bonpland seekrank wird und die Pest an Bord ausbricht, kommt endlich die Küste von Venezuela in Sicht. Aufgeregt und erwartungsvoll gehen sie in der kleinen Hafenstadt Cumaná an Land. Feuchte Hitze und lautes Geschrei empfangen die Ankömmlinge. Schwarze Hafenarbeiter wollen ihr Gepäck tragen, laden es auf den Kopf und folgen ihnen. Neugierig werden

*Reiseweg von Humboldt und Bonpland 1799 bis 1804
in Süd- und Mittelamerika*

die beiden Europäer aufgenommen. Sie beziehen ein Haus in
Meeresnähe und packen als erstes ihre wissenschaftlichen Instrumente aus. Unversehrt haben diese die Seereise überstanden,
stellt Humboldt erleichtert fest. Fast zärtlich verteilt er die fünfzig goldblinkenden Geräte auf die Räume: die Chronometer
und Sextanten zur Vermessung der Längen- und Breitengrade,
die Barometer, Thermometer und Hygrometer für die Untersuchung der Atmosphäre, das Teleskop zur Beobachtung der
Gestirne. Drei Jahre mußte Humboldt auf die Präzisionsapparate
warten, die nach seinen Wünschen in London, Paris und Berlin

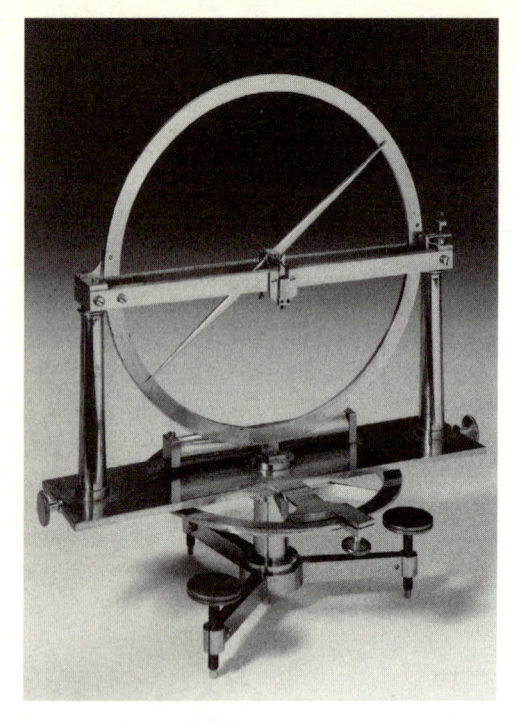

Inklinatorium (Meßgerät von Planetenbahnen),
das Humboldt auf seinen Forschungsreisen benutzte

angefertigt wurden. Bonpland ordnet seine Pressen, Pappen und Papiere, sein Sezierbesteck, die Bücher, Kisten und Kästen, die er für die wissenschaftliche Bearbeitung der gesammelten Pflanzen brauchen wird.

Venezuela: erste Forschungen

Die beiden Forscher können ihren Tatendrang jetzt nicht länger zügeln. Sie wollen die Umgebung von Cumaná erkunden. Eine nie gesehene Welt tut sich ihnen auf: »Wenn ein eben aus Europa angekommener Reisender zum erstenmal die Wälder

Südamerikas betritt, so hat er ein ganz unerwartetes Naturbild vor sich«, staunt Humboldt über die Fülle und Pflanzenpracht. »Es ist, als hätte der mit Gewächsen überladene Boden nicht Raum genug zu ihrer Entwicklung. Überall verstecken sich die Baumstämme hinter einem grünen Teppiche, und wollte man all die Orchideen, die Pfeffer- und Pothosarten, die auf einem einzigen Heuschreckenbaum oder amerikanischen Feigenbaum wachsen, sorgsam verpflanzen, so würde ein ganzes Stück Land damit bedeckt.«

Fast hilflos fühlen sich die Neuankömmlinge im wuchernden Dickicht exotischen Grüns. Wie sollen sie die Pflanzenfülle entwirren und in die gelernte systematische Ordnung bringen? »Dieselben Lianen, die am Boden kriechen, klettern zu den Baumwipfeln empor und schwingen sich mehr als hundert Fuß hoch, von einem zum andern. So kommt es, daß, da die Schmarotzergewächse sich überall durcheinander wirren, der Botaniker Gefahr läuft, Blüten, Früchte und Laub, die verschiedenen Arten angehören, zu verwechseln.«[4]

Bonpland ist glücklich über die riesige Ausbeute ihrer Ausflüge. Botanisiertrommeln füllen sich mit den Exoten, in Taschen- und Leintüchern transportieren die Forscher ihre Schätze zum Haus. Dort sichtet der Botaniker die gesammelten Pflanzen, trocknet und preßt sie. Er versucht, die Arten zu bestimmen und genau zu beschreiben. Dann klebt er die gepreßten, unverletzten Pflanzen vorsichtig auf große Papierbogen und setzt das Sammeldatum, den Fundort und seinen Namen dazu. Damit ist aus der Pflanze ein Herbarbeleg geworden, der, gut aufgehoben, unbeschränkt überleben kann. Außerdem verpackt Bonpland sorgfältig die ersten gesammelten Samen exotischer Gewächse und schickt sie mit dem nächsten Schiff nach Paris. Dort sollen sie in Treibhäusern aufgehen und später als Zierpflanzen in ganz Europa heimisch werden.

Humboldt setzt bei den Expeditionen zum ersten Mal seine kostbaren Instrumente dem Tropenklima aus. Ob sie sich bewähren? Akribisch untersucht er die Zusammenhänge von Klima, Pflanzen und Boden, er analysiert die Atmosphäre und mißt die

Alexander von Humboldt beim Beschreiben tropischer Pflanzen

Luftfeuchtigkeit. Er bestimmt geographische Orte, mit deren Hilfe er eine Landkarte erstellen will.

Abends sitzen Humboldt und Bonpland auf der Terrasse ihres Hauses und genießen die tropischen Düfte, die Wärme und den Sternenhimmel. Humboldt schreibt. Über 30 Briefe in französischer, spanischer und deutscher Sprache verschickt er aus Cumaná an europäische Wissenschaftler, Freunde und Verwandte: »Wir haben seit unserem hiesigen Aufenthalte in dieser Provinz über 1600 Pflanzen getrocknet, gegen 600 größtentheils neue, unbekannte und kryptogamische [wie Flechten und Moose] beschrieben, und die schönsten Muscheln und Insekten gesammelt«[5], berichtet er stolz. Und den Herausgeber der *Monatlichen Correspondenz zur Beförderung der Erd- und Himmelskunde* unterrichtet er ausführlich über seine Beobachtungen der Gestirne. Humboldt kennt die Kraft des geschriebenen Wortes. »Zum schriftstellerischen Handwerk gehört Läuten«, verkündet er schon mit 23 Jahren. Jetzt hofft er, daß die Briefe und Berichte seiner Südamerikareise in Fachzeitschriften und Feuilletons veröffentlicht werden. Geschickt streut er kleine Erlebnisse aus dem Privatleben ein: »Könnten Sie einmal unseren Bällen beiwohnen«, heißt es in einem Brief. Humboldt schildert, wie er und Bonpland »hier fast alle Tage« mit aus der Sklaverei freigelassenen und zu Wohlstand gelangten Schwarzen *Menuett à la Reine* und *Menuett Congo* tanzen.[6]

Es schmerzt die spanischen Mütter mit unverheirateten Töchtern, als die attraktiven Forscher Cumaná verlassen. Humboldt und Bonpland reisen gegen Ende des Jahres 1799 in das 2700 Meter hoch gelegene Caracas. Nach dem feuchten Küstenklima können sie aufatmen. Hier oben ist die Luft wunderbar: Frühling am Morgen, Sommer am Nachmittag, Herbst am Abend und Winter in der Nacht. Humboldt möchte unbedingt den vor Caracas liegenden Bergrücken La Silla besteigen und vermessen. Auf seinem Gipfel, El Avila, ist bisher kein Mensch gewesen. Neugierig macht er sich mit Bonpland auf den Weg. Die Exkursion wird zum gefährlichen Abenteuer. Zwar erreichen sie den Gipfel, und Humboldt ruft seinem Freund zu: »Wir sind, genau gemessen, 2631 Meter über dem Meeresspiegel.« Aber der Abstieg wird fürchterlich. Dunkelheit überrascht die leichtsinnigen Gipfelstürmer. Sie finden keine Pfade, stolpern durch dorniges Gebüsch und stoßen sich an schroffem Gestein. Barfuß, mit zerschundenen Händen und Füßen erreichen sie schließlich Caracas. Dort zeigen die Spanier wenig Verständnis für die Heldentat: Als Herren der Gesellschaft – »todo blanco es caballero« – hätten Weiße hier nicht zu arbeiten und auch keine Berge zu besteigen, um sie zu vermessen. Heute steht auf dem Gipfel das Hotel »Humboldt«. Mit einer der größten Schwebebahnen der Welt ist es von Caracas aus bequem zu erreichen.

In Venezuela gilt Humboldts Forscherdrang vor allem dem Orinoko. Er will den Fluß von der Mündung bis zur Quelle befahren, vermessen und untersuchen, wo er sich teilt. Hat der Orinoko eine natürliche Verbindung mit dem Rio Negro, dem großen Zufluß des Amazonas? Schon seit dem 17. Jahrhundert versucht man diese Frage zu klären. An den Flußufern soll Bonpland nach unbekannten Pflanzen forschen.

Die Fahrten auf Venezuelas Flüssen erweisen sich für die jungen Männer als unvorstellbar strapaziös. Wochenlang sitzen sie eingepfercht in winzigen Booten, zwischen Meßinstrumenten, gesammelten Pflanzen und Lebensmitteln. Ihre indianischen Bootsleute rudern sie durch Stromschnellen oder schleppen die Pirogen zu Land an tief hinabstürzenden Wasserfällen vorbei. Krokodile versuchen die Boote umzukippen, Jaguare lauern an den Flußufern. Bei Vollmond dringt Riesengeschrei aus dem Urwald. Humboldt notiert: »Fragt man die Indianer, warum in gewissen Nächten ein so anhaltender Lärm entsteht, so antworten sie lächelnd: Die Tiere freuen sich der schönen Mondhelle, sie feiern den Vollmond.« Dann setzt er dieser naiven Antwort seine eigene Theorie entgegen: »Der Jaguar verfolgt die Nabelschweine und Tapire, die dicht aneinandergedrängt das baumartige Strauchwerk durchbrechen, welches ihre Flucht behindert. Davon erschreckt, mischen vom Gipfel der Bäume herab die Affen ihr Geschrei in das der größeren Tiere. Sie erwecken die gesellig horstenden Vogelgeschlechter, und so kommt allmählich die ganze Tierwelt in Aufregung.«[7]

Wenn Humboldt und Bonpland es in den Booten nicht mehr aushalten, machen sie Halt und besuchen katholische Missionsstationen. Bei den Padres genießen sie den Luxus eines Betts, auf dem sie sich ausstrecken können. Bonpland reitet zu Pferde ins Landesinnere, um Pflanzen zu sammeln. So besitzen sie bald die sehr schöne Art von *Macronemum tinctorium,* einem Baum, dessen Rinde roten Farbstoff enthält, den *Guaricamoai* mit seinen giftigen Wurzeln und den *Aublets Coumarouna*, der wegen seiner aromatischen Frucht berühmt ist.»In Caracas legt man die Frucht zwischen die Wäsche, während man sie in Europa unter dem Namen Tonca- oder Tongobohne unter den Schnupftabak mischt«[8], weiß Humboldt als Mann von Welt.

Ihm fällt auf, daß die indianischen Flußbewohner je nach Stammeszugehörigkeit unterschiedliche Körperbemalung tragen. Mit rotem Farbstoff aus dem Fruchtfleisch der *Bixa orellana*, den sie mit Schildkrötenöl vermischen, reiben sie sich die Haut ein. Bonpland analysiert die Farben und entdeckt eine Pflanze, deren Blätter ebenfalls einen roten Farbstoff enthalten. Er macht sie später unter dem Namen *Bignonia chica* bekannt. Belustigt verfolgen Bonpland und Humboldt, wie sich die Indios europäische Kleidung, Jacken mit Knöpfen, auf die Haut malen. Im Scherz schmücken die »Rothäute« auch die Gesichter der beiden Weißen. Humboldt rätselt, ob die Indianer die Farbe benutzen, um die Moskitos zu vertreiben, denn die Insekten machen den Reisenden das Leben zur Hölle. Vor ihren schmerzhaften Stichen flüchtet sich Bonpland in unbenutzte Lehmöfen der Indianer. Die beiden Europäer reiben sich die geschwollenen Gesichter mit Erde ein oder versuchen, sich nachts in Sand einzugraben. »Wer die großen Ströme des tropischen Amerikas nicht befahren hat«, klagt Humboldt »kann nicht begreifen, wie man ohne Unterlaß von den Insekten gepeinigt wird, weil die Unzahl dieser kleinen Tiere weite Landstrecken fast unbewohnbar machen kann.«[9]

An Fieber leidend verlassen Humboldt und Bonpland nach 2800 km langer Wasserfahrt den Orinoko. Humboldt hat die Stelle gefunden, an der sich der Fluß teilt, und er kann nachweisen, daß der Orinoko über den Rio Negro mit dem Amazonas verbunden ist. Als Gäste auf dem Landsitz eines wohlhabenden Spaniers erholen sich die Männer. Bonplands Genesung dauert etwas länger, und so nutzt Humboldt den Zwangsaufenthalt, um Skizzen vom Verlauf des Orinoko zu machen. Er zeichnet detailliert dessen kleine und großen Zuflüsse und kartographiert sorgfältig die Stromschnellen und Katarakte. Wieder schreibt er Briefe nach Europa, die in Paris, Madrid, London und Berlin veröffent-

licht werden. Damit bleibt die abenteuerliche Reise Tages-
gespräch in den Salons der Alten Welt, während sich Humboldt
und Bonpland noch jahrelang unter tropischer Sonne bewegen.

Abstecher nach Kuba

Im Februar 1801 treffen die beiden Reisenden auf Kuba ein. Welch
ein Gegensatz zu den Entbehrungen im Urwald; in Havannas
Hafenkneipen gibt es Lustbarkeiten, gutes Essen und Alkohol. Die
ganze Stadt lebt von der Seefahrt. Spanische Schiffe werden mit
Reichtümern aus den südamerikanischen Kolonien beladen: Kaffee,
Kakao, Holz, Tabak, Silber und Gold. Die ansässigen Kaufleute
laden die Wissenschaftler zu abendlichen Gesellschaften ein. Aber in
den prächtigen Häusern gelten sie als Sonderlinge. Welchen wirtschaftlichen Nutzen haben ihre Forschungsziele? Und geht man
nicht in die Kolonien, um möglichst schnell reich zu werden? Auch
die liberale Haltung der beiden gegenüber Schwarzen und Indian-
nern finden die Handelsherren suspekt. Humboldt empört sich
öffentlich über die Haltung von Sklaven auf den Landgütern. »Die
Sklaverei ist das größte aller Übel, welche die Menschheit gepeinigt
haben«[10], schreibt er später in Paris. Er verabscheut, daß Menschen
wie Tiere ein Brandzeichen tragen müssen und ihre Kinder verkauft
werden. Bis ins hohe Alter kämpft Humboldt gegen die Sklaverei.

Aus Havanna verschiffen die jungen Männer ihre bislang gesammelten Pflanzen, Saaten und Manuskripte nach Europa. Viele
Kisten schickt Humboldt dem Direktor des Botanischen Gartens,
Carl Ludwig Willdenow, nach Berlin. Willdenow (1765-1812) ist
ein weltberühmter Pflanzensystematiker. Wie Linné versucht er,
alle Pflanzen zu registrieren. Aus allen Teilen der Welt schicken
ihm Forscher ihre Funde. Humboldt verehrt Willdenow als »viel-
jährigen Freund und Lehrer«. Seinem Mentor schildert Humboldt
in einem ausführlichen Begleitbrief die Abenteuer und Gefahren,
die er mit Bonpland in den letzten zwei Jahren überstanden hat und
die ihn veranlassen, das bisher Gesammelte abzuschicken. »Es ist
sehr ungewiß, fast unwahrscheinlich, daß wir beide, Bonpland und

ich, lebendig zurückkehren«, schreibt er und weiht Willdenow in das Sicherheitskonzept ein, durch welches die beiden Forscher Verluste vermeiden wollen: »Wir haben von unseren Pflanzenbeschreibungen (zwei Bände enthalten heute 1400 Species, bloß seltene und neue) Abschrift genommen und senden sie an Bonplands Bruder nach La Rochelle. Die Pflanzen haben wir in drei Sammlungen verteilt, da wir Dubletten und Tripletten von allen haben. Ein Herbarium in kleinem Format schleppen wir mit uns um die Welt, um zu vergleichen. Ein zweites (Bonpland gehörig, mit dem ich natürlich alles teile) ist bereits nach Frankreich abgegangen, und das dritte (in zwei Kisten mit Kryptogamen und Gräsern, 1600 Species enthaltend) sende ich heute nach London. Durch Vervielfältigung vermindern wir die Gefahr.« Humboldt bittet den Freund in Berlin, der ihn einst für die Botanik begeistert hat: »Du mein Guter wirst meine botanischen Manuskripte unter Bonplands und meinem Namen edieren ... Ich bleibe meinem alten Versprechen getreu, daß alle in dieser Reise gesammelten, mir gehörigen Pflanzen Dein sind. Ich will nie etwas besitzen.« Nicht alles jedoch will Humboldt zu diesem Zeitpunkt an Willdenow geben, darum fährt er vorsichtig fort: »Nur muß ich Dich bitten, da ich mir nach meiner Zurückkunft die Publikation vorbehalte, mein Herbarium vor dieser Publikation oder vor meinem Tode nicht Deiner Sammlung einzuverleiben.«[11]

Willdenow hat sich zuverlässig um die Sendungen seines Freundes aus Südamerika gekümmert. Heute finden wir getrocknete Gräser, Malvaceen, Lobelien, Mimosen, Myrtengewächse, Weiden und Heidekräuter, die Humboldt und Bonpland vor rund 200 Jahren verschifft haben, in der Willdenowschen Sammlung im Botanischen Museum in Berlin. Bei 20 Grad Celsius liegen die Herbare, säuberlich numeriert, in großen Schubladen und sehen aus, als seien die Pflanzen erst kürzlich gepflückt und getrocknet worden. *Solanum humboldtii,* eine Verwandte der Kulturtomate, ist darunter. Auch die erhielt Willdenow damals aus Südamerika. Er gab ihr Humboldts Namen.

Allerdings ist vieles, was die Forscher unter großen Strapazen sammelten, nie in Europa angekommen. So ist Bonpland schon auf Kuba entsetzt, als er sein Material auspackt, um es für die Verschiffung herzurichten: Die Hälfte der Pflanzen ist von Insekten zerfressen oder in der Tropenfeuchtigkeit vermodert. Unter Tränen rettet er die Reste, seziert und trocknet sie. Für botanische Veröffentlichungen zeichnet, koloriert und beschreibt er alle Pflanzen genau, die den Transport nach Europa vielleicht nicht überstehen werden. Humboldt lobt seinen Botaniker gegenüber Willdenow: »Bonpland ist überaus tätig, arbeitsam, sich leicht in Sitten und Menschen findend, spricht sehr gut spanisch, ist sehr mutvoll und unerschrocken – mit einem Worte, er hat vortreffliche Eigenschaften für einen reisenden Naturforscher.« Den Anteil des Franzosen am Erfolg der Arbeit würdigt er: »Bonpland hat die Pflanzen, die mit den Dubletten 12 000 betragen, allein getrocknet. Die Beschreibungen sind zur Hälfte sein Werk. Oft haben wir auch jeder besonders ein und dieselbe Pflanze beschrieben, um der Wahrheit desto gewisser zu sein.«[12]

Kolumbien: kollegialer Austausch

Natürlich möchten Bonpland und Humboldt schon während ihrer Expedition in Südamerika wissen, ob sie ihre bisher gesammelten Pflanzen richtig bestimmt haben. Einen Aufenthalt in der kolumbianischen Hauptstadt Bogotá wollen sie nutzen, um den spanischen Wissenschaftler Don José Celestino Mutis zu besuchen, dessen Ruf als Botaniker bis nach Europa gedrungen war. Wer könnte sie besser beraten?

Schon vor Bogotá werden Humboldt und Bonpland wie Könige empfangen: »Der Erzbischof hatte uns seinen Wagen entgegengeschickt; mit demselben kamen die Vornehmsten der Stadt«, berichtet Humboldt dem Bruder Wilhelm: »Man gab uns ein Mittagessen 2 Meilen von der Stadt und wir zogen mit einem Gefolge von mehr als 60 Personen zu Pferde ein. Da man wußte, daß wir Mutis besuchen kamen, und dieser durch sein hohes Alter, sein Ansehn bei Hofe und seinen persönlichen Charakter in der ganzen Stadt in außerordentlicher Achtung steht, so suchte man seinetwegen unsrer Ankunft einen gewissen Glanz zu geben, und ihn und uns zu ehren.«[13]

Der 72jährige Mutis empfängt seine jungen Kollegen mit großer Herzlichkeit. Er führt sie in ein elegant eingerichtetes Haus, in dem sie seine Gastfreundschaft auf unbegrenzte Zeit genießen sollen. Mutis, der nicht nur Botaniker ist, sondern auch Leibarzt des Vizekönigs war, hat 20 Jahre lang im Auftrag des spanischen Königs in ganz Kolumbien Pflanzen gesammelt. Seine Kollektion umfaßt 20 000 Exemplare. Seit fünfzehn Jahren arbeiten 30 Maler, unter ihnen Indianer, um von über 6000 Pflanzen Farbillustrationen zu schaffen, die schön wie Miniaturgemälde sind. Das dazugehörige schriftliche Werk über die Flora von Bogotá hat Mutis soeben beendet.

Abends genießen die jungen Reisenden den süßen, schweren Duft der weißblühenden *Datura arborea*. Die Indianer nennen die Pflanze »Borrachera« (die Betrunkene) und erzählen, daß Kolumbianer aus dem Samen ein Zaubergetränk brauen, welches Mädchen schlaftrunken und willig mache.

Die botanische Bibliothek des Meisters begeistert Humboldt und Bonpland. Die drei gelehrten Herren tauschen Ideen, Fragen und Entdeckungen aus. Mutis erklärt seine Leidenschaft für die Erforschung des Chincina-Baums, aus dessen Rinde man Chinin zur Bekämpfung von Malaria gewinnt. Er spricht über die Wirkung des Mondes auf das Barometer, wundert sich über den Tag- und Nachtzyklus der Blumen, die, wie die Menschen, nachts schlafen und ihre Blüten erst bei Tageslicht entfalten. Dann lobt er die Flußkarte, die Humboldt vom Rio Magdalena gezeichnet hat, und freut sich, als seine Gäste ihm kolumbianische Pflanzen überlassen, die er nicht kennt. Er ist begeistert über den großen Pflanzenschatz, den sie auf dem Weg nach Bogotá gesammelt haben. Gern übernimmt es Mutis, die Klassifizierung ihrer Materialien zu überprüfen, und als der alte Forscher seine Arbeit beendet hat, weiß er, daß er begabte Nachfolger auf der Welt haben wird. Vor dem Aufbruch in Richtung Ekuador schenkt Mutis seinen Besuchern Herbare aus seiner *Flora de Bogotá*, dazu 60 von seinen besten Malern gemalte Pflanzenbilder.

Der Weg von Bogotá in Ekuadors Hauptstadt Quito ist mehr als beschwerlich. Humboldts Expedition ist auf elf Maultiere angewachsen, drei davon beladen mit Proviant. Zu den Instrumenten kommen neuerdings zwei Betten, ein Feldtisch und ein Nachtstuhl hinzu. Von 4000 Metern Höhe geht es hinab in tropische Täler und wieder auf schneebedeckte Berge. Humboldt wundert sich über die Zähigkeit der menschlichen Natur, die sich dem extremen Wechsel der Temperaturen anpaßt. Sie durchqueren Schluchten mit Wegen so schlammig, daß ihre Schuhe im Morast steckenbleiben. Barfuß wandern sie weiter und verzichten ausdrücklich auf die Dienste der *Cargueros*, der ortsüblichen menschlichen Lastenträger. »Man spricht in diesem Lande vom Reisen auf dem Rücken eines Menschen (*andar en carguero*), wie man anderwärts von einer Reise zu Pferd redet«, lesen wir in Humboldts Tagebuch. Und er beschreibt, wie »Indianer, die ›Cavallitos‹ (Pferdchen) genannt werden, sich jeden Morgen satteln lassen und, auf einen kleinen Stock gestützt und mit vorgeworfenem Körper, ihren Herrn von einem Teil des Bergwerks nach dem anderen tragen«[14].

In Quito stürzt sich der Universalgelehrte Humboldt in die Beobachtung der Vulkane der Umgebung. Hier kann er endlich den Denkschulen der Neptunisten und Vulkanisten auf den Grund gehen, die sich in Europa über den Ursprung geologischer Formationen streiten. Goethe, ein Anhänger der Neptunisten, sieht die Bildung von Tälern und Höhen durch das Meer. Humboldt ist von ihrem vulkanischen Ursprung überzeugt.

In mehrwöchigen Expeditionen besteigen Humboldt und Bonpland die Vulkane bei Quito. Dann wagen sie den Angriff auf einen Berg, den noch nie ein Mensch vor ihnen bestiegen hat: den Chimborazo (6310 m). Damals gilt er als höchster Berg der Welt. Am 23. Juni 1802 gelangen die unerschrockenen Forscher fast bis zum Gipfel. Doch kurz vor dem Ziel müssen sie aufgeben. Sie leiden an Atemnot, Schwindelgefühl und aufgeplatzten blutigen Lippen und stehen plötzlich vor einer unüberwindbaren Schlucht. Der

Humboldt und Bonpland (sitzend) am Chimborazo in Ekuador

Gipfel ist nur knapp 400 Meter entfernt. Nach all den Strapazen werden ihre Erwartungen enttäuscht: »Unser Aufenthalt in dieser ungeheuren Höhe war einer der düstersten und traurigsten. Kein lebendes Wesen, kein Insekt, nicht einmal ein Condor. *Lichen geographius* und *Lichen pustulatus* [Flechten] waren die einzigen Lebewesen, die uns ins Gedächtnis riefen, daß wir uns in einer bewohnten Welt befanden.«[15]

Nach fast sechsmonatiger Konzentration auf Vulkanforschung wollen Humboldt und Bonpland auf der Weiterreise nach Peru noch eine botanische Frage klären. In Loja untersuchen sie eingehend die dort wachsenden ekuadorianischen Arten des Chinarindenbaums. Ist die Chinarinde von Kolumbien mit der von Ekuador identisch? Bilden sich aus den Stümpfen gefällter Bäume von selbst neue Schößlinge, wie Einheimische behaupten, oder braucht man Setzlinge, wie der große Mutis sie zur Anzucht verwendet? Genau notiert sich Humboldt die Bodenbeschaffenheit bei Loja für spätere Anpflanzungen: Der Chinchona wächst auf Urgebirge, besonders auf Gneis und Glimmerschiefer, zusammen mit Andenrosen, Nachtschattengewächsen, Melastoma, Erlen, Aralien und Embothrium.[16]

Die Expedition passiert auf dem Weg nach Lima das Flußtal des Rio Calvas, wo duftende Mimosen, bizarre Kakteen und Wolfsmilchgewächse mit roten Blüten zum botanischen Sammeln verführen.

Aus den heißen Tälern geht es hinauf zu herrlichen Hochebenen, die mit Getreidefeldern, Obst- und Gemüseanbau überraschen. Bis zu den kalten Bergregionen erleben die beiden Forscher ein ständig wechselndes Klima. Dann endlich, von den Höhen der Andenkordilleren, zum erstenmal der Blick auf den Ozean. Kein vorgelagertes Gebirge versperrt die Sicht. »Man glaubt einen alten Freund zu sehen, beim Anblick des Meeres«, schreibt Humboldt in sein Tagebuch, »das Herz öffnet sich, die Vorstellungskraft erfüllt sich mit tausend Gedanken der Gemeinschaft, der Erleichterung, der Hoffnung, Freunde ankommen zu sehen, zu den Seinen zurückzukehren.«[17]

Peru: ein Naturgemälde der Anden

Die peruanische Stadt Lima mit ihren Prachtalleen und herrlichen Gebäuden erinnert die beiden Europäer an Italien. Eine Stadt zum Wohlfühlen. Humboldt läßt von Fachleuten seine Meßinstrumente überprüfen, denn am 9. November 1802 muß er unbedingt den Gang des Merkurs durch die Sonne beobachten. Zum Glück verdunkelt keine Wolke den Himmel. Der Astronom ist glücklich und hält alle Daten genau fest. Begegnungen mit einheimischen Wissenschaftlern geben neue Impulse, und angenehme Empfänge bieten lang entbehrte Zerstreuungen. Allerdings stört Humboldt eine Marotte der peruanischen Weiblichkeit: »Die Damen in Lima fahren in schönen, sehr verzierten Wagen spazieren, mit einer großen, fünf Zoll langen Wurzel, die aus ihrem Mund hängt. Es ist die Wurzel der *Sida fruticosa* (der strauchigen Sammetpappel). Sie saugen an ihr und sagen, daß das die Zähne erhält. Es ist ein schrecklicher Anblick.«[18]

Überraschend ist für Humboldt und Bonpland auch der Anblick von Tausenden von Seevögeln, die auf den kleinen Inseln vor Limas Küste nisten. Ihre Ausscheidungen, Guano genannt, bilden über 30 Meter hohe Ablagerungen und werden von den Eingeborenen zum Düngen ihrer Äcker verwendet. Humboldt macht eine Probeuntersuchung und empfiehlt, den Guano wegen seines außergewöhnlich hohen Stickstoffanteils als Düngemittel zu exportieren. Aber erst 40 Jahre später verkaufen die Peruaner den natürlichen kostbaren Stoff nach Europa.

Weihnachten, nach zweimonatigem Aufenthalt in Lima, schiffen Humboldt und Bonpland sich ein, um an der Küste Südamerikas entlang nordwärts nach Mexiko zu reisen. Humboldt mißt mehrmals täglich die Temperatur des Wassers und seine Fließgeschwindigkeit und stellt eine extrem kalte Strömung fest. Die Meßergebnisse setzt er in Beziehung zum Klima, zu den Bodenverhältnissen und zur Pflanzenwelt und entdeckt die kalte Küstenströmung als Ursache für Perus kühleres Klima. Als die Strömung später nach ihrem Entdecker Humboldtstrom genannt wird, hält der Forscher die Ehre für übertrieben: »Die Strömung war 300 Jahre vor mir allen Fischerjungen von Chile bis Peru bekannt; ich habe bloß das Verdienst, die Temperatur des strömenden Wassers zuerst gemessen zu haben.«[19]

Im Hafen von Guayaquil (Ekuador) müssen die beiden Forscher auf ein Schiff zur Weiterreise warten. Humboldt läßt sich von Indios in einem Kanu auf dem Rio Guayaquil ins Hinterland rudern. Er will den Vulkan Cotopaxi besteigen. Üppige Vegetation säumt die Ufer des Flusses: Bananen, Reis, Kokospalmen, Zuckerrohr. Im Wasser wachsen Aronstab, Wassersalat und Aloe, die Flußbewohner haben ihre Häuser auf Stelzen errichtet, »wie in Venedig«, meint Humboldt. Er entdeckt *Bambusa guadua*, eine wunderschöne Bambusart, und nimmt Beispiele davon für seine Pflanzensammlung mit. Abends verzaubern ihn Mimosenbüsche voller Leuchtkäfer, welche die Ufer erhellen, und er beobachtet, wie »Einheimische die Käfer in ausgehöhlte Kürbisse stecken und sie als Zimmerschmuck benutzen«[20]. Die Idylle trügt. Nur wenige Tage später bricht der Cotopaxi aus und verwüstet weite Landstriche.

An den Kollegen Mutis in Bogotá schickt Humboldt eine Skizze, die er unterwegs gezeichnet hat. Es ist der erste Entwurf seines *Naturgemäldes der Anden*, eine Darstellung der Geographie der Pflanzen in den Tropenländern. Die Zeichnung stellt den Querschnitt des Andengebirges dar. An beiden Seiten wird durch Tafeln die Vegetation in Zonen eingeteilt: nach unterschiedlichem Klima, Höhe, Luftdruck, Temperatur, Niederschlag und elektrischer Spannung. Mit seinem Gefährten Bonpland arbeitet Humboldt später in Paris diesen Entwurf monatelang aus und läßt ihn von dem besten französischen Künstler in Kupfer stechen.

Mexiko: reiche Ernte unbekannter Pflanzen

Im mexikanischen Acapulco finden Humboldt und Bonpland keine Post aus Europa vor. Also wissen sie immer noch nicht, ob ihre Sammlungen die Empfänger daheim erreicht haben. Die beiden beschließen, von nun an alle gesammelten Schätze zu behalten. Kein Herbar, keine Pflanze, weder Saat noch die gesammelten Mineralien oder die Fossilien werden sie im voraus nach Europa schicken. Alle ihre Funde wollen sie selbst dorthin transportieren. Darum setzt sich aus Acapulco eine riesige Karawane in Richtung Mexiko-Stadt in Bewegung. 21 Maultiere brauchen Humboldt und Bonpland, 13 Tiere tragen ausschließlich Gepäck, obwohl zu diesem Zeitpunkt schon 30 Bücherkisten verlorengegangen sind und Humboldt viele Instrumente an Freunde verschenkt hat.

Auf dem Weg von Acapulco in die hochgelegene Hauptstadt fällt den Botanikern auf, daß die Natur in Mexiko, ungeachtet der großen Entfernung, den gleichen Charakter hat wie in den heißen Tälern von Venezuela, Kolumbien, Ekuador oder Peru. Hier wie dort gibt es *Coccoloba* (Traubenbaum), *Bombax* (Flaschenbaum), Mimosen und die *Curatella americana*. Humboldt, der nun das Gesamtbild der Vegetation vergleicht, faßt seine Beobachtungen zusammen: »In den niederen Regionen der Tropen ist die Schönheit der Pflanzenwelt ungleichmäßig; in der Regenzeit reich und dichtbelaubt, in der Trockenzeit verarmt, die Mehrzahl der Bäume ohne Blätter; in den über 900 Toisen [1755 m] hoch gelegenen Gebieten hat die Vegetation im Gegensatz dazu niemals die Majestät und den Reichtum derjenigen des Tieflands, aber sie ist immer frisch und grün, die Bäume verlieren ihre Blätter niemals, weil die Pflanzen mit lederartigen Blättern dort überwiegen, weil die Luft dort immer feucht ist, weil (aus Mangel an Wärme), das Wasser in der Luft immer unvollständig aufgelöst ist, sich leichter niederschlägt, sich von den Blättern leichter anziehen läßt.«[21]

Mexiko-Stadt ist für Humboldt und Bonpland eine Offenbarung. Die Metropole bietet Pariser Eleganz, verträumte Winkel wie in London, breite und saubere Bürgersteige wie in Madrid. Es gibt wunderbare Bibliotheken. Humboldt hat sich für Mexiko sein bisher größtes wissenschaftliches Ziel gesetzt. Er möchte die Geographie und das Staatswesen des Landes untersuchen, Daten über die Bevölkerung sammeln, die Landwirtschaft auf Ertrag prüfen und die Bergwerke auf Rentabilität untersuchen. In Paris entsteht daraus später das fünfbändige Werk *Über den politischen Zustand des Königreichs Neuspanien* (heute Mexiko), welches 1809 in Tübingen in deutscher Übersetzung erscheint.

Von Mexiko-Stadt aus unternimmt Humboldt mit Bonpland Ausflüge ins Land. Überall finden sie die Nutzpflanze Maguey, ein Agavengewächs. In den Archiven der staatlichen Bibliothek ist Humboldt immer wieder auf die Geschichte dieser Pflanze gestoßen. Azteken haben aus ihren Blättern Papier gewonnen und sie zur Verbreitung ihrer Schrift benutzt. Jetzt macht man aus den Fasern Schiffstaue, ihre Dornen werden als Nägel eingeschlagen. Aus der Wurzel der Maguey stellen die Mexikaner eine Heilsalbe gegen Syphilis her, die Blätter kann man essen, und sie dienen als Dachziegel. Schneidet man die Blüten aus den Schäften des meterhohen Gewächses, entsteht ein Hohlraum von 50 cm Durchmesser, in dem sich der süße Saft der Pflanze sammelt, aus dem Pulque, das berauschende Nationalgetränk der Mexikaner, entsteht.

Bonpland gräbt bei den Exkursionen Rosen aus, blaue Lupinen, Veilchen, Sandkraut, Porzellansternchen und weißen, duftenden Heliotrop. Humboldt und Bonpland nehmen die Saaten von immergrünen Eichen und Pinien. An den Hängen des Vulkans Jorulla sammeln sie Saat von wilden Dahlien. Durch Willdenows gärtnerisches Können wachsen später im Botanischen Garten von Berlin-Dahlem wunderschöne rote und gelbe Dahlien heran und erobern von hier aus deutsche Gärten. Aus Mexiko schreibt Humboldt an Willdenow, daß er nun »eine ausgezeichnete Sammlung« von Pflanzen aus ganz Südamerika beisammen habe. »Was ich Dir bringe«, so Humboldt, »sind viele Samen von Melastoma, Psychotria, Kassia, Bignonia, Mimosa (ohne Zahl!), Bougainvilla, Lobelia und ein Halbes Hundert Pakete unbekannter Arten... Ich wünschte gegen Ende dieses Jahres (1803) in Europa zu sein.«[22]

Dazu kommt es nicht. Erst am 7. März 1804 verlassen Humboldt und Bonpland Mexiko und segeln nach Kuba, denn in Havanna haben sie bei ihrem ersten Besuch einen Teil ihrer Sammlung eingelagert. Humboldt entscheidet, vor der Rückkehr nach Europa Thomas Jefferson, den dritten Präsidenten der Vereinigten Staaten von Amerika, zu besuchen, um ihm über die Erfahrungen in Mexiko zu berichten.

USA: Humboldt trifft Jefferson

Am 4. Juni 1804 sitzt Humboldt mit dem 61jährigen Thomas Jefferson im Weißen Haus in Washington in einem Durcheinander aus Büchern, Haushaltsutensilien, Gartengeräten und Geranien zusammen. In einem Vogelbauer zwitschert eine Spottdrossel. Die beiden Männer unterhalten sich über Naturgeschichte, die Bräuche fremder Völker und deren Lebensbedingungen. Humboldt macht keinen Hehl aus seiner Sympathie für Schwarze und Indianer, deren schweres Schicksal ihn auf seiner Südamerikareise so erschüttert hat. Humboldt und der Präsident haben viele gemeinsame Interessen.

So hat sich Jefferson während seiner Zeit als amerikanischer Botschafter in Paris mit Techniken der italienischen Landwirtschaft beschäftigt und selbst einen Pflug entworfen. In Meteorologie und Astronomie kennt er sich gut aus. Ihm gehört die größte Privatbibliothek des Landes, und während seiner Amtszeit gründete Jefferson die Universität von Virginia und die Library of Congress.

Der US-Präsident soll den Deutschen auch auf seinen Landsitz Monticello in Virginia mitgenommen haben. Dort baut er 150 verschiedene Sorten Obst an, züchtet im Gemüsegarten fünfzig verschiedene Erbsen- und mehr als 30 Kohlsorten. Im Blumengarten des Hobbygärtners wachsen weiße Lilien, einjähriger Rittersporn, Nelken, Stockrosen, Iris und Mohn.[23]

Selbst Wein baut Jefferson an. Ein unauffälliger Weinaufzug befördert – zur Überraschung der Gäste – die Flaschen aus dem Keller direkt auf den Tisch. Eine Erfindung des Hausherrn. Den interessieren besonders Humboldts Reiserlebnisse aus Mexiko, das damals noch spanische Kolonie war. Denn ein Jahr zuvor hatten die USA für 15 Millionen Dollar von Napoleon zusätzliches Territorium erworben und damit eine gemeinsame Grenze mit Mexiko erhalten. Weil das südliche Nachbarland den Amerikanern weitgehend unbekannt war, erbittet sich der Präsident Humboldts Forschungsmaterial. Großzügig stellte der seine Informationen zur Verfügung, läßt seine Karten kopieren, und sein statistisches und geographisches Material über Mexiko abschreiben. Als Freund wird er verabschiedet.

Paris: der Wissenschaftler und der Gärtner

Am 30. Juni 1804 segeln Humboldt und Bonpland mit 40 Kisten wissenschaftlicher Ausbeute in Richtung Europa. Die Abenteuer in der Neuen Welt sind beendet. Fünf Jahre hat die Expedition durch Venezuela, Kolumbien, Ekuador, Peru, Mexiko und Kuba gedauert. Humboldt und Bonpland sind gut miteinander ausgekommen. Sie schätzen sich gegenseitig und bleiben ein Leben lang befreundet.

Der Empfang in Paris ist überwältigend. Humboldt und Bonpland werden mit Ehrungen überschüttet. Berühmte Salonieren

wetteifern darum, die erfolgreichen Reisenden bei sich zu empfangen, um von ihren exotischen Abenteuern zu hören. Humboldt sei etwas dicklich geworden und habe von seiner Haarpracht eingebüßt, meinen die Damen. Aber der mitreißende
Erzähler gewinnt ihre Herzen durch seine mit Temperament und
Engagement vorgetragenen außergewöhnlichen Erlebnisse.

Noch im gleichen Jahr nimmt Humboldt, prächtig gekleidet,
an Napoleons Krönung zum Kaiser teil. »Ich bin gezwungen
gewesen, mir für 70 Louisdor samtene gestickte Kleider machen
zu lassen, um mit aller Pracht zu erscheinen«, schreibt er seinem
Bruder. »Man muß nach solcher Reise nicht scheinen, auf den
Hund gekommen zu sein.«[24]

Doch die größte, kaum zu bewältigende Aufgabe liegt noch
vor Humboldt und Bonpland. Über 6000 Pflanzen haben sie
gesammelt, die Hälfte davon ist der Forschung unbekannt.
Pflanzen, deren Saat sie von unterwegs schickten, blühen in den
Gewächshäusern von Paris. In privaten Wintergärten duften
Kamelien und Jasmin. Gewächse tropischer Länder sind der
letzte Schrei. Kavaliere tragen in Gold gefaßte Muskatnüsse an
ihren Uhrenketten.

Bonpland vermacht sein Herbar dem botanischen Garten von
Paris, worauf ihm die französische Regierung ein jährliches Gehalt aussetzt. Humboldts Vermögen ist während der Reise auf ein
Drittel geschmolzen. Trotzdem engagiert er Maler und Kupferstecher, damit sie die kostbaren exotischen Pflanzen zeichnen.
Bonpland überwacht die künstlerischen Arbeiten, beschreibt die
Pflanzen, ordnet und sichtet die auf der Reise angelegten Herbare und bereitet das Werk *Nova Generis et Species* vor, das in sieben Bänden erscheint.

Doch im Gegensatz zu Humboldt wird Bonpland nie ein Mann
des Schreibtischs. Als ihn Kaiserin Josephine, Napoleons Frau,
zum Direktor ihrer Gewächshäuser auf ihrem Landsitz Malmaison
beruft, ist er überglücklich. Mit der Kreolin aus Martinique teilt er
die Leidenschaft für tropische Gewächse. Er hilft ihr mit seinen
auf der Reise gesammelten Erfahrungen, hegt vorhandene exotische Gewächse und experimentiert mit Neuzüchtungen. Er berät

Montezuma-Rose –
Aquarell des Malers Redouté

seine Kaiserin bei der Gestaltung des Rosengartens, in dem bald
die schönsten Rosen aus der ganzen Welt blühen. Eine neue
Kostbarkeit erhält den Namen *Rosier de Montezuma*. Bonpland
und Humboldt haben sie aus den Anden mitgebracht und der
Kaiserin verehrt. Die Blütenpracht des Rosengartens von Malmaison verewigt der Maler Pierre-Joseph Redouté in zauberhaf-
ten Aquarellen. Napoleon zahlt die maßlosen Rechnungen für die
botanischen Extravaganzen seiner Frau nur widerwillig.

Humboldt schmeichelt es zwar, daß Bonpland direkten Zugang
zum Herrscherhaus hat, macht dem Freund aber dennoch Vorhal-

Der ältere Aimé Bonpland

tungen: Er vernachlässige die Auswertung ihres Pflanzenmaterials aus Südamerika zugunsten von Malmaison. Und weil die Arbeit an ihrem Werk *Nova Genera et Species* weitergehen muß, sichert sich Humboldt die Mitarbeit weiterer Botaniker. Willdenow kommt aus Berlin nach Paris, um zu helfen. Nach dessen plötzlichem Tod 1812 engagiert Humboldt Karl Sigismund Kunth. Der junge, ehrgeizige Fachmann vollendet schließlich die Pflanzenbeschreibung. Heute noch verweisen die Abkürzungen H/B/K nach dem lateinischen Pflanzennamen auf ihre Benennung durch Humboldt, Bonpland und Kunth.

Die Quintessenz seiner Beobachtungen über die südamerikanische Pflanzenwelt veröffentlicht Humboldt drei Jahre nach seiner Reise. In Paris erscheint *Ideen zu einer Geographie der Pflanzen, nebst einem Naturgemälde der Tropenländer.* Ein Jahr darauf gibt

Humboldt die *Ansichten der Natur* heraus, die ein Bestseller werden. Der erste Band des großen Reisewerks *Relation historique du Voyage aux Régions équinoxales du Nouveau Continent* von Alexander von Humboldt und Aimé Bonpland erscheint 1814 in französischer Sprache, der 34. und letzte Band elf Jahre später. Goethe ist tief beeindruckt und diktiert seinem Sekretär Eckermann nach einem Treffen in Weimar 1826: »Alexander von Humboldt ist diesen Morgen einige Stunden bei mir gewesen: was ist das für ein Mann! Ich kenne ihn so lange, und doch bin ich von neuem über ihn in Erstaunen. Man kann sagen, er hat an Kenntnissen und lebendigem Wissen nicht seinesgleichen.«[25]

Berlin: der Fürst der Wissenschaft

Preußens König Friedrich Wilhelm III. ernennt Humboldt gleich nach dessen Rückkehr nach Europa zu seinem Kammerherrn und beruft ihn in die Akademie der Wissenschaften. Er zahlt ihm 22 Jahre lang das Entgelt eines Kammerherrn, während Humboldt noch in Paris an seinen Werken schreibt. 1827 beordert der Monarch den inzwischen 58jährigen endgültig nach Berlin. Humboldt, der den Rest seines Vermögens in seine Publikationen gesteckt hat, muß sich dem Willen des Königs beugen. Nach Paris kann er in diplomatischer Mission freilich immer noch reisen – nun im Auftrag des Hofes.

Humboldt hält Vorlesungen an der Berliner Universität, die sein Bruder Wilhelm gegründet hat. Im Konzertsaal des Berliner Schauspielhauses organisiert er den ersten Kongreß deutscher Naturforscher. Karl Friedrich Schinkel überrascht seinen Freund Humboldt mit einer großartigen Kulisse: Er stellt die Namen berühmter Naturforscher in ein Sternenhimmel-Bühnenbild, das er für eine Aufführung im Schauspielhaus entworfen hat. Humboldt arbeitet mehrfach mit Schinkel zusammen: So berät er den Architekten bei Entwürfen zum Palmenhaus und den großen Gewächshäusern im Berliner Botanischen Garten; bei der Pflanzenauswahl für die königlichen Parks und Gärten ist er mit dabei.

Der große Gelehrte ist sechzig, als er sich noch einmal auf eine Forschungsreise begibt. 1829 fordert Zar Nikolaus I. Humboldt auf, das russische Reich auf Bodenschätze zu untersuchen. Denn der inzwischen zum Geheimen Rat beförderte Deutsche hatte der Zarin in St. Petersburg erklärt, daß er eine genaue Vorstellung davon habe, wo in Rußland Diamanten lagern könnten. Begleitet von dem Mineralogen Gustav Rose reist Humboldt bis zum Ural. Es ist eine Expedition im großen Stil. Innerhalb von neun Monaten werden 3500 Meilen zurückgelegt, und die Forscher entdecken etliche Vorkommen von Edelmetall.

Als der Zar Humboldt mit Auszeichnungen überhäuft, beklagt der das Elend von verbannten Intellektuellen, die er in Sibirien gesehen hat. Humboldt ist ein früher Kämpfer für die Menschenrechte: Ob Sklavenhaltung in Amerika und auf Kuba oder Kinderarbeit in den Bergwerken von England, Humboldt weist unermüdlich auf die sozialen Mißstände in der Welt hin.

Talentierte junge Wissenschaftler empfiehlt er in Tausenden von Korrespondenzen den Bekannten aus seinem weltweiten Netzwerk. Doch einem können seine Verbindungen nicht mehr helfen: Aimé Bonpland, der in Südamerika in Haft sitzt. Der alte Gefährte war 1818 nach Argentinien übergesiedelt und hatte im Grenzgebiet von Paraguay Teeplantagen angelegt. Als er mit dem Präsidenten des Nachbarlandes Paraguay in Streit geriet, verwüsteten dessen Soldaten Bonplands Pflanzungen, und der Diktator steckte den Franzosen ins Gefängnis. Trotz aller diplomatischen Bemühungen aus Europa kommt Bonpland erst nach zehn Jahren wieder auf freien Fuß. Fatalistisch baut er seine Farm wieder auf, denn für eine Rückkehr in die Heimat ist es für ihn zu spät. »Dort möchte ich sterben, wo sich mein Grab unter den vielen Bäumen findet, die ich gepflanzt habe«, wünscht er sich und bleibt.

Humboldt ist bis zum letzten Augenblick der urbane Kosmopolit. Er parliert in den literarischen Salons von Paris mit Balzac und Chateaubriand, in Berlin amüsiert er Rahel Varnhagen und Bettina von Arnim mit europäischen Hofnachrichten.

Wie sehr die Welt das deutsche Universalgenie schätzt, zeigt ein Bericht des amerikanischen Weltreisenden Bayard Taylor in

Humboldt in seinem Arbeitszimmer in Berlin

der *New York Tribune.* »Ich ging nach Berlin, nicht um seine Museen und Galerien zu sehen, sondern um den bedeutendsten jetzt lebenden Mann der Welt zu sprechen – Alexander von Humboldt.« Der Amerikaner beschreibt Humboldt zwei Jahre vor dessen Tod: »Sein Haar, obgleich schneeweiß, ist noch reich, sein Gang langsam, aber fest und sein Auftreten tätig bis zur Rastlosigkeit. Er schläft nur vier Stunden von vierundzwanzig, liest und schreibt seine tägliche Korrespondenz von Briefen und läßt sich nicht den geringsten Umstand von einigem Interesse aus einem Teile der Welt entschlüpfen ... Er spricht rasch, mit der größten Leichtigkeit, ohne je um ein Wort im Deutschen oder Englischen verlegen zu sein, und schien es in der Tat nicht zu merken, als er im Laufe der Unterhaltung fünf- bis sechsmal die Sprache wechselte.«[26]

Am 6. Mai 1859, vier Monate vor seinem 90. Geburtstag, stirbt Alexander von Humboldt. Er hat das letzte Kapitel seines Werkes *Kosmos, Entwurf einer physischen Weltbeschreibung* fast beendet.

Beim Staatsbegräbnis im Berliner Dom verneigen sich Professoren und Studenten, Staatsbeamte und Militärs, die Vertreter der Stände, Künstler und Schriftsteller. Der Prinzregent kniet mit entblößtem Haupt am Sarg des »Fürsten der Wissenschaft«. Im Park von Schloß Tegel wird Alexander neben seinem Bruder Wilhelm beigesetzt. Der Weitgereiste findet an seinem Geburtsort die letzte Ruhe.

Auf Pflanzensuche einmal um die Erde

Adelbert von Chamisso
(1781–1837)

»*I*ch bin Franzose in Deutschland und Deutscher in Frankreich; Katholik bei den Protestanten und Protestant bei den Katholiken, Weltmann bei den Gelehrten und Schulmeister bei der feinen Gesellschaft; Jakobiner bei den Aristokraten und bei den Demokraten ein Adliger.« Das gesteht Adelbert von Chamisso 1810 am Tisch der Madame de Staël und beklagt sich: »Niemand will mich, überall bin ich ein Fremder. Ich bin unglücklich, und weil mein Platz für heute abend noch nicht festgelegt ist, erlauben Sie mir, mich in der Loire zu ertränken.«

Solche Gedanken laut zu äußern, würde die Etikette verletzen. Deshalb ist das an die Hausherrin gerichtete Geständnis auf ein Zettelchen geschrieben. Man spielt »Petit postes«, ein beliebtes Gesellschaftsspiel, um »stumm« Galanterien auszutauschen. Madame de Staël antwortet dem Lebensmüden: »Warten Sie noch einen Monat.« Chamisso, der in die weltgewandte Schriftstellerin verliebt ist, fragt zurück: »Was wollen Sie denn aus mir machen?« Die Angebetete schreibt auf das Papier: »Das, was Sie sind: ein Mensch mit Herzenskraft und anmutigen Manieren, traditionsbewußt und zeitgemäß, ungesellig und weltscheu; ein Mann von Stand und Bildung.«[1]

Adelbert von Chamisso – Zeichnung von E. T. A. Hoffmann

Das ist zuwenig für den 29jährigen Chamisso, der mit sich unzufrieden ist. Unruhig sucht er nach einem Lebensinhalt. Seit Monaten gehört er zur Entourage der deutschfreundlichen Germaine de Staël, die, seit Napoleon sie aus Paris verbannt hat, auf Schloß Chaumont residiert. Hier versammelt die streitbare Französin jetzt Literaten und Intellektuelle, darunter den deutschen Dichter August Wilhelm Schlegel, die Pariser Salondame Julie de Récamier und den Übersetzer von Schillers *Wallenstein*, Benjamin Constant.

Chamisso übersetzt Texte über dramatische Kunst und Literatur ins Französische, er schreibt Gedichte. Und obwohl ihn das ziellose In-den-Tag-Hineingenießen nicht ausfüllt, kann er sich von dem opulenten Leben in Madame de Staëls Umgebung nicht trennen.

Und so folgt er seiner Gastgeberin auch nach Coppet bei Genf, als sie nach dem Erscheinen ihres Buchs *Über Deutschland* von Napoleon des Landes verwiesen wird. Der Tagesablauf in der Schweiz ähnelt dem an der Loire. Die Hausgäste sind sich allein überlassen. Erst den Abend verbringt man gemeinsam bei gutem Essen und geistreichen Gesprächen. Und ist Chamisso mürrisch, bleiben die Freunde tolerant. Sie kennen das Schicksal des zwischen Frankreich und Deutschland Hin- und Hergerissenen.

Chamisso, der 1781 auf Schloß Boncourt als Sohn des Comte Louis Marie de Chamisso zur Welt kommt, stammt aus uraltem Adel. Seine unbeschwerte Kindheit zerstört 1789 die Französische Revolution. Der Adel wird vertrieben. Die Mutter flieht mit ihren sechs Kindern über Lüttich, Den Haag, Düsseldorf und Würzburg nach Berlin, wo die vierjährige Odyssee 1796 endet. Chamissos Brüder verdienen den Unterhalt für die Familie als Porzellanmaler in der königlichen Manufaktur, Adelbert wird Page bei Königin Friederike Luise im Charlottenburger Schloß. Die Monarchin läßt den hübschen Jungen von Privatlehrern unterrichten. Am Französischen Gymnasium, von Hugenotten gegründet, darf er anderthalb Jahre lernen. Mit 17 kommt er auf die Kadettenanstalt. Erst wird er Fähnrich, später Leutnant.

Als Chamissos Familie 1801 nach Frankreich zurückkehrt, kann sie Adelbert aus Geldmangel nicht mitnehmen. Der junge Offizier tröstet sich mit Büchern, liest Rousseau und Voltaire und immer wieder Schiller. Er sucht seine Freunde unter Literaten und Diplomaten, denn preußischer Drill ist ihm verhaßt. Besonders quält ihn der Gedanke, daß er vielleicht einmal auf Franzosen schießen müßte. Er bittet deshalb um seinen Abschied und ist erleichtert, als er 1808 in Ehren aus der preußischen Armee entlassen wird.

Der Offizier a. D. wandert zwischen Frankreich und Deutschland und gerät schließlich in den Kreis von Madame de Staël – zwei Jahre hat er in ihrer Nähe verbracht. Im Schweizer Exil der Französin, auf Schloß Coppet, wird ihm bewußt, daß er, als 30-jähriger, immer noch keinen Beruf ausübt. Zwar beschäftigt er sich mit Literatur, lernt Englisch, aber er spürt die Ziellosigkeit seiner Studien, die er oft nur aus Langeweile betreibt.

Da erreicht den mutlosen Chamisso ein Brief aus Frankreich. »Wie kann einer in der Schweiz Englisch lernen«, wundert sich sein langjähriger Freund Louis de la Foye, der in Caën als Botanikprofessor Karriere macht. »Lerne doch lieber die Blumen kennen und lieben«, rät er, »dann bist Du nie wieder allein! Kennst Du keinen Botaniker in Genf? Und könntest Du mir nicht Alpenpflanzen beschaffen – ich gäbe Seepflanzen dafür.«[2]

Der Brief wirkt auf Chamisso wie eine Botschaft. Er klappt die englischen Bücher zu und durchstreift jetzt neugierig seine nächste Umgebung. Wie schön ist die Alpenflora! Doch er kennt kaum eine dieser Pflanzen. Mühsam identifiziert er die Gewächse mit Hilfe von Fachbüchern und lernt ihre lateinischen Namen. Bald sieht man ihn auf Berge klettern und über Hochebenen spazieren. Tagelang ist er unterwegs, um schöne Blumen zu finden. Unlust und Depressionen scheinen sich in der Gebirgsluft aufzulösen. Seinem Freund de la Foye meldet er glücklich, mit Hilfe des Verzeichnisses *Synopsis plantarum in Flora descriptarium* habe er schon ein paar hundert Blumen identifiziert.

Als sich Madame de Staël nach Wien aufmacht, folgt Chamisso ihr nicht mehr. Der Bann ist gebrochen. »Ich bin nun ganz rücksichtslos mein eigener Herr«[3], schreibt er und bricht auf nach Berlin. Dort will er an der Universität Naturwissenschaften studieren. Auf dem Weg nach Preußens Hauptstadt überquert der angehende Student zu Fuß die Alpen, wie ein leidenschaftlicher Botaniker auf der Pirsch nach Pflanzen.

Student in Berlin

Selten findet sich in einem Hörsaal ein so eifriger Student wie der inzwischen 31 Jahre alte Chamisso, der nun keine Zeit mehr vergeudet. Er hat alle Grundkurse der Botanik, dazu Anatomie und Psychologie sowie Zoologie belegt und arbeitet wie ein Besessener. An Wochenenden treibt der Spätzünder seine Studienkolle-

Germaine de Staël (1766–1817), Schriftstellerin

gen hinaus zu Feldforschungen, egal ob es regnet, die Sonne vom Himmel brennt oder die Truppe auf der Jagd nach Pflanzen Seen und Bäche durchwaten muß. Leicht kauzig wirkt Chamisso auf seine Freunde, und sein Kommilitone Dietrich von Schlechtendahl, später sein Vorgesetzter, schildert ihn treffend: »Überall war Chamisso voran, der erste und der eifrigste, von kräftigem Körper und fester Ausdauer. Eine alte schwarze Kurtka [ein polni-

scher Rock] oder eine nicht minder alte, etwas fleckige Sommerkleidung, bestehend aus runder Jacke und langen Beinkleidern
aus demselben olivengrünen Zeuge, eine schwarze Mütze von
Samt oder Tuch auf dem lockigen Haupte, eine mächtige Kapsel
an ledernem Riemen umgehängt, eine kurze Pfeife im Munde,
ein schmuckloser Tabaksbeutel irgendwo angehängt, einige
Lebensmittel aus dem Seitentäschchen der Jacke hervorschielend,
das war der Aufzug, in welchem er auszog und abends, durch
Schweiß und Staub nicht verschönert, oft noch ein kräutergefülltes Taschentuch in der Hand, den geputzten Scharen der Berliner
Sonntagswelt entgegentrat und uns gutmütig neckte, wenn wir
nicht mit ihm den graden Weg durch die Stadt ziehen wollten,
sondern Umwege und Seitenstraßen wählten, um unbemerkter
nach Hause zu gelangen.«[4]

Chamissos Studienglück wird unterbrochen, als sich Preußen
im März 1813 gegen die französische Besetzung des Landes
wehrt und den Befreiungskrieg beginnt. In Berlin wird es nun
für den geborenen Franzosen unsicher. Deshalb bringen Freunde
Chamisso nach Kunersdorf im Oderbruch auf das Schloß des
Grafen Itzenplitz. Der Adelige hat zwei Söhne, die Chamisso in
Französisch und Botanik unterrichten soll. In seiner freien Zeit
botanisiert der Hausgast, er sammelt und studiert die dort wachsenden Laichkräuter (*Potamogeton*). Über diese Wasserpflanzen
verfaßt Chamisso, in lateinischer Sprache, seine erste wissenschaftliche Arbeit. Dieses Werk kennen bis heute nur Fachleute.

Dichter in Kunersdorf

Zum Welterfolg aber wird ein Märchen, das Chamisso zur gleichen Zeit aus der Feder fließt: *Peter Schlemihls wundersame
Geschichte*. Es erzählt vom Schicksal eines Mannes, der seinen
Schatten für einen nie versiegenden Goldbeutel verkauft. Reich,
aber allein, weil jedermann sich vor dem Schattenlosen fürchtet,
wirft er den Beutel schließlich von sich. Nun wieder arm, sucht er
seinen Schatten, wandert durch das Land, und als er eines Tages

Märchenheld Peter Schlemihl – Zeitgenössische Illustration

neue Stiefel braucht, kauft er sich Schuhe, die Siebenmeilenstiefel sind. Mit Riesenschritten führen sie den Peter Schlemihl durch die ganze Welt.

Ahnt Chamisso, während er das Märchen im Schloß vorliest, daß seine Vision bald Realität für ihn werden soll? Daß er die Welt umsegeln wird? Daß er hier im Oderbruch mit *Peter Schlemihls wundersamer Geschichte* Weltliteratur geschrieben hat?

Chamissos Kunstfigur erinnert an sein eigenes Schicksal: So wie Schlemihl seinen Schatten verliert, fühlt sich Chamisso entwurzelt, auf der Suche nach einer Heimat. Der durch den Lauf der Geschichte zwischen Frankreich und Deutschland Hin- und Hergerissene hat sein Lebensgefühl einmal so beschrieben: »Ich hatte kein Vaterland mehr oder noch kein Vaterland.«

Als er zufällig in einer Zeitung liest, daß ein russisches Schiff eine Erdumsegelung plant, glaubt er, einen Ausweg aus seiner europäischen Misere gefunden zu haben. Er bewirbt sich um die Teilnahme als Naturforscher und erhält eine Zusage.

Chamisso gehört damit als Titulargelehrter für Botanik zu einer von dem russischen Grafen Romanzoff finanzierten Expedition. Sie hat das Ziel, am nordöstlichsten Ende Rußlands eine Durchfahrt zum Atlantischen Ozean zu erkunden. Außerdem sollen die Küsten des nördlichen Alaska und der umliegenden Inseln geographisch und geologisch erforscht werden. Die Russen erklären Chamisso, daß bei dem Unternehmen finanziell nichts zu holen sei, als Lohn gelte das Privileg, an einem rühmlichen Unternehmen mitgewirkt zu haben. Die Expedition soll drei Jahre dauern.

Begeistert freut sich Chamisso auf die Reise. Anfang August 1815 hat er sich in Kopenhagen an Bord des russischen Forschungsschiffs »Rurik« einzufinden. In seinem Stammlokal in Berlin läßt der zukünftige Weltumsegler seine angerauchte Pfeife liegen. Er will sie nach seiner Rückkehr zu Ende rauchen. Einem 16jährigen Mädchen gelobt er, daß er es dann heiraten werde.

Über Hamburg und Kiel gelangt Chamisso nach Kopenhagen und ist enttäuscht, als der Zweimaster in den dänischen Hafen einsegelt. Das kleine Expeditionsschiff (180 Tonnen), benannt nach Rurik, dem legendären Begründer des ersten russischen Staatswesens, hat Rußlands Kriegsflagge aufgezogen und acht Kanonen sowie zwei Haubitzen an Bord.

Die Mannschaft besteht aus 20 Matrosen, zwei Offizieren, drei Steuerleuten, zwei Unteroffizieren und einem Koch. Chamisso stellt sich vor und begrüßt die anderen Wissenschaftler, die an der Forschungsfahrt teilnehmen: den Deutschen Dr. Johann Friedrich Eschscholtz, Bordarzt und Zoologe; den Dänen Morton Wormskiold, Botaniker, sowie den russischen Maler Louis Choris, der Reiseskizzen machen wird. Der Kapitän ist Otto von Kotzebue, der Sohn des berühmten deutschen Dramatikers. Er ist jung, untersetzt, bullig und selbstbewußt. Als Kadett hat er bereits an der ersten russischen Weltumsegelung unter Kapitän Krusenstern teilgenommen. Die zweite steht nun unter seinem Kommando. Kotzebue hat die Botaniker ungern an Bord genommen. Er hält nicht viel von wissenschaftlicher Pflanzensammelei.

Darum haben die Gelehrten keinen guten Stand. Sie sind schlecht untergebracht: »Die Kajüte ist beiläufig zwölf Fuß ins Gevierte [12 Quadratmeter]«[5], notiert Chamisso. Die Kojen zu beiden Seiten dienen immer zwei Leuten als Schlafstellen. Darunter sind für jeden vier Schubladen. In der Mitte steht ein Tisch. Hier wird Chamisso mit Eschscholtz und zwei russischen Offizieren speisen und leben. Drei lange Jahre. Sehr ungewohnt für einen, der viel Zeit auf Schlössern zugebracht hat. Und wie er auf so engem Raum Pflanzen trocknen, ein Herbarium zusammenstellen, kurz, vernünftig arbeiten soll, ist Chamisso ein Rätsel.

Von Kopenhagen nach Plymouth

15. August 1815: Der Zweimaster sticht in See. Kopenhagen verschwindet langsam im Dunst. Um das Ausmaß der Reise zu erfassen, treten Eschscholtz und Chamisso neugierig an den Schiffsglobus und fahren mit dem Zeigefinger die Route voraus: vom Anlaufhafen Plymouth in den Atlantik nach Süden Richtung Kanarische Inseln. Weiter, nach Südwesten segelnd, wird der Äquator passiert, der Atlantik überquert, Brasilien angelaufen. Von da nach Süden, um Kap Horn herum, an der chilenischen Küste entlang bis Talcahuano bei Concepcion. Von dort Richtung Westen zur Osterinsel; durch den Tumotu-Archipel. Nordöstlich weiter, ein zweites Mal den Äquator überquerend, zu den Ratak-Inseln. Gen Norden nach Sibirien in die Hafenstadt Petropalowsk, die auf der Halbinsel Kamtschatka liegt. Die »Rurik« wird Mitte Juni 1816 dort vor Anker gehen.

Chamisso ahnt die kommenden Strapazen nicht. Er inspiziert das Schiff. Pfeiferauchend prüft er die technischen Apparate: die nagelneuen Sextanten, Thermometer, Hydrometer, Barometer

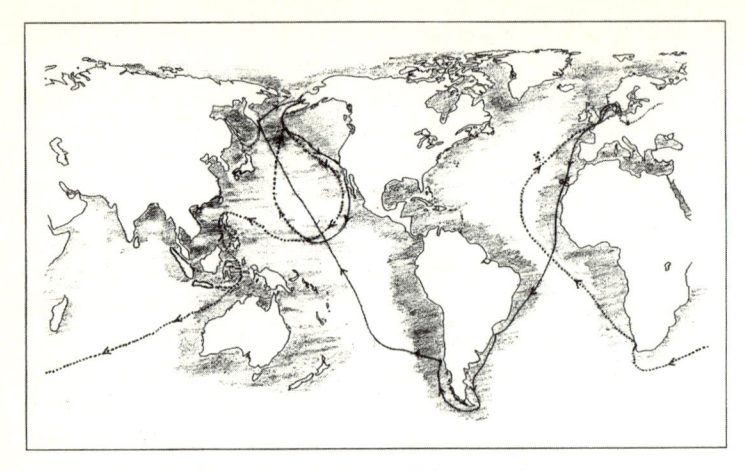

Reiseroute der Romanzoffschen Expedition

und Teleskope. Er besucht den Kapitän, dessen komfortable Kabine das gesamte hintere Schiff einnimmt. An Deck interessiert er sich für die Arbeit der wachhabenden Offiziere.

Die See wird rauh auf der Fahrt nach Plymouth. Bei naßkaltem, windigem Wetter wird Chamisso seekrank und muß tagelang in der stickigen, engen Kajüte liegen. Essen mag er nicht. Schon der Geruch von Speisen ekelt ihn. Doch er beklagt sich nicht, sondern duldet, »um des freudigen Zieles willen, die Prüfung ohne Murren«.

Im Hafen von Plymouth ruft Kapitän Kotzebue Chamisso zu sich. Ärgerlich ermahnt er ihn, sich die Teilnahme an der Expedition noch einmal gründlich zu überlegen, und weist ihn darauf hin, daß Passagiere an Bord eines Kriegsschiffs keinerlei Ansprüche stellen dürfen. Plymouth biete die letzte Gelegenheit, von Bord zu gehen. Betroffen antwortet Chamisso, daß er die Reise unter allen Bedingungen mitmachen wolle.

Was war falsch gelaufen? Mit seiner naiven Neugier hatte Chamisso gegen die ungeschriebene Schiffsordnung verstoßen, denn Besuche in der Kajüte des Kapitäns sind Passagieren nicht gestattet. Rauchen ist außerhalb der eigenen Unterkunft verboten. Der

Aufenthalt an Deck ist nur erlaubt, wenn sich dort weder der Kapitän noch die Offiziere aufhalten. In Zukunft will sich Chamisso möglichst unsichtbar machen und noch mehr anpassen. Obwohl er der Älteste an Bord ist, wird er sich der Hierarchie beugen. Auf der »Rurik« befiehlt nur einer: Kapitän Kotzebue.

Seinen Unmut besänftigt Chamisso bei Spaziergängen an der englischen Küste und sammelt dabei vielerlei Pflanzen. Und als das Expeditionsschiff Plymouth verläßt, hat er bereits seine erste Entdeckung gemacht. In seinem Sammelgut befindet sich *Centaurea nigra*, die schwarze Flockenblume. Sorgfältig trocknet er sie und die anderen Gewächse. Mit den Pflanzen von der britischen Insel beginnt Chamisso sein Reiseherbarium.

Die Fahrt nach Teneriffa verläuft ohne Stürme, und kurz vor der Insel liegt die »Rurik« tagelang in einer Flaute. Während der Windstille macht Chamisso eine bedeutende Entdeckung. Er beobachtet den Generationswechsel bei den Salpen. Die durchsichtigen Weichtiere kommen, von der Sonne angezogen, an die Wasseroberfläche, und Chamisso kann ihre Fortpflanzung phasenweise zeichnen. Später wird ihn die Wissenschaft dafür ehren. Im Augenblick aber heißt es mal wieder gehorchen: dem Kapitän mißfällt Chamissos neuer Schnurrbart. Entweder abrasieren oder kein Landgang, schikaniert Kotzebue den Adeligen. Glattrasiert betritt Chamisso am 28. Oktober die Insel Teneriffa.

Weiche, warme Luft umfängt den Leidgeprüften. Der Naturforscher schreitet durch duftende Zitrushaine, nascht von süßen Weintrauben an sonnigen Hängen, probiert Feigen und zeichnet den Drachenbaum – so wie der große Gelehrte Alexander von Humboldt, der 16 Jahre zuvor auf der Insel botanisierte.

»Ich will nichts hier, als eben in den bezaubernden Tälern mein Leben genießen. So sehe ich mich nun am Fuße der Palmen mit dem Rauch der edlen Nicotiana [der Tabak in Chamissos Pfeife] alle Sorgen unter afrikanischem Himmel aushauchen«[6], schreibt Chamisso seinem alten Freund Eduard Hitzig nach Berlin. Nur drei Tage sind ihm auf der Insel erlaubt. Am 1. November lichtet das Forschungsschiff die Anker.

Die »Rurik« segelt dem Äquator entgegen. Bei gehißter Flagge und unter Kanonendonner aus allen Rohren überquert sie ihn am 23. November 1815 um 20.00 Uhr. Es gibt ein Festmahl: Haifischfleisch und Punsch in reichlichen Mengen.

Am 14. Dezember, nach 45 Tagen auf dem Atlantik, landet das Schiff an der Küste von Brasilien, im Hafen von Santa Katarina. »Hier umfängt eine neue Schöpfung den Europäer«[7], schreibt Chamisso in sein Tagebuch. Er stürmt von Bord und erlebt die Neue Welt ähnlich wie Humboldt und Bonpland, die 1799 nach der Ankunft in Venezuela glaubten, von Sinnen zu kommen, »wenn die Wunder nicht bald aufhören«[8].

Bananenplantagen, Kaffeesträucher, Baumwollfelder und Kokospalmen sieht Chamisso zum erstenmal in seinem Leben. Bereitwillig erklären ihm portugiesische Plantagenbesitzer den Anbau tropischer Nutzpflanzen. Den Pflanzenjäger aber drängt es in die dunklen Wälder. Unerschrocken taucht er in ihre feuchtheiße Wildnis ein und kämpft sich durch mannshohe Gräser und Farne. Fieberhaft sammelt er die wunderbaren Pflanzen: »Hoch auf den Ästen wiegen sich luftige Gärten von Orchideen, Farnen, Ananasgewächsen. Die *Tillandsia usneoides,* der Greisenbart, überhängt das Haupt alternder Bäume mit grauen Silberlocken«[9], schildert Chamisso den Urwald. »Senkt sich die Nacht über diese grüne Welt«, fährt er fort, »entzündet rings die Tierwelt ihr Leuchtfeuer. Luft, Gebüsch und Erde erfüllen sich mit Glanz und überleuchten das Meer; und bei dem märchenhaften Schein erschallt das Gebell und das Gepolter der froschähnlichen Amphibien und der helle Ton der Heuschrecken.«[10]

Viel zu früh für die Jahreszeit setzt plötzlich Tropenregen ein. Heftige Stürme kommen auf. Sie reißen das von der Mannschaft am Kai von Santa Katarina errichtete Zeltlager mit sich fort. Chamisso sieht voller Entsetzen seine Pflanzenpakete im strömenden Regen liegen. Die Matrosen hatten sie im Zelt als Sitzgelegenheit benutzt und sich nicht weiter um sie gekümmert. Eine Katastrophe für den Botaniker. Aufgeregt überprüft Chamisso die beschädigten

Pakete. Später kann er aufatmen, denn es gelingt ihm, den größten Teil des unersetzbaren Pflanzenguts durch nochmaliges Trocknen vor dem Verfaulen zu retten.

Das Weihnachtsfest 1815 feiert die Besatzung der »Rurik« an Land. Chamisso schaut dem fremdartigen Treiben zu. In Brasilien sind die Feiertage nicht nur ein Fest der Kinder, sondern auch der Schwarzen. In Gruppen ziehen sie, phantastisch herausgeputzt, singend und tanzend durch die Straßen und bitten an den Häusern um kleine Gaben. Heitere Szenen. Chamisso hatte die aus Afrika stammenden Männer tags zuvor anders gesehen: als stöhnende, schwitzende Sklaven, die Reis in hölzernen Mörsern mit schweren Stampfkolben von seinen Hülsen befreiten. Jetzt klingt der Takt ihrer Tänze wie das Stampfen der Kolben.

Unwetter am Kap Horn

Die »Rurik« setzt ihre Reise fort. Bei Kap Horn treibt der Sturm das Schiff wie eine Nußschale vor sich her. Meterhohe Wellen schleudern es von ihrem Kamm in die Tiefe. Wuchtige Wassermassen zerschlagen Teile des Schiffs und reißen beim Eindringen den Kapitän mit sich fort. Glücklicherweise verfängt er sich in vorbeischwingenden Tauen und kann so gerettet werden.

Dagegen weht es 40 lebende Hühner einfach von Bord. Solche Unwetter vergißt keiner der Männer. Als die See sich beruhigt hat, repariert die Mannschaft die Schäden. Das Steuerruder ist defekt, aber die Instrumente sind unversehrt geblieben. Pech nur: Nach dem Verlust der Hennen bleibt den Weltumseglern nur ihre Standardkost – russische Kohlsuppe.

Chamisso fischt Teile des gigantischen Seetangs *Fucus perficus* und *Fucus antarcticus* aus dem Wasser und hängt seine Beute zum Trocknen in den Mastkorb. Wieder einmal hat er Pech: Die grüne, schwammige Masse fällt der Schiffsreinigung zum Opfer. Die Matrosen haben, wie ihr Kapitän, vor der Botanik keinen Respekt. Erst am 31. Januar, Chamissos 34. Geburtstag, gibt sich Kotzebue versöhnlich. Er spendiert eine Flasche Portwein.

Russische Brigg »Rurik« –
Bleistiftzeichnung des Expeditionsmalers Louis Choris

Lebenslust in Chile

Als das Schiff die Bucht von Concepcion vor Chile erreicht, umschwimmen es Hunderte neugieriger Robben. Die »Rurik« ankert am 12. Februar 1816 in Talcahuano.

Landgang nach 46 Tagen auf See. Die Bewohner der Hafenstadt empfangen das Forschungsschiff enthusiastisch. Der Gouverneur veranstaltet für seine russischen Gäste üppige Festmahle, bei denen die Gastgeber ihre Trinksprüche mit dem Schrei »Bomba« begleiten und dazu mit der Faust auf den Tisch schlagen. In Spitzenmantillen gehüllte Damen geben sich geheimnisvoll. Sie sind von großer Schönheit und beherrschen die Kunst des Flirtens meisterhaft. Chamisso genießt die fast europäische Lebenslust.

Auch Streifzüge ins Landesinnere wecken heimatliche Gefühle. Der Botaniker wandert über Wiesen voller goldblühender Ranunkeln, er gräbt die vielen verschiedenen Arten von Nachtkerzen (*Oenothera*) aus, pflückt Amaryllis und *Fuchsia cuccinea*. Die Myrtenwälder geben der chilenischen Natur eine heitere Leichtigkeit. Welch ein Gegensatz zur exotischen Flora im feuchtheißen Urwald Brasiliens. In der Ferne schimmern die schneebedeckten Kämme der Anden. Die Luft ist voller Kolibris, Papageienschwärme und farbenfroher Schmetterlinge.

Enttäuschung im hohen Norden

Die »Rurik« verläßt am 8. März 1816 die Bucht von Concepcion und segelt monatelang durch den Pazifik Richtung Nordwesten. Schließlich landet sie am 19. Juni in der russischen Hafenstadt St. Peter und Paul auf der sibirischen Halbinsel Kamtschatka. Stürmisch begrüßen die Russen ihre Landsleute. Auch Chamisso, der zum erstenmal in seinem Leben russischen Boden betritt, wird umarmt und geküßt. Heimatliche Bräuche erwarten die Seeleute: Die Bäder sind angeheizt, die Tische biegen sich unter Geräuchertem, frischgebackenes Brot und Schnaps stehen bereit. Die Männer sollen die Strapazen von drei Monaten und elf Tagen auf See vergessen. Sie essen, trinken und singen tagelang.

Doch Chamisso erlebt auf Kamtschatka eine Enttäuschung. Er kann kaum botanisieren, denn der Boden ist teilweise gefroren und mit Schnee bedeckt. Nur hier und da erscheinen Anemonen und Lärchensporn. Erst Mitte Juli bekommen die Sträucher Blätter, und *Lilium kamtschaticum*, *Cornus suecica*, Siebenstern und *Rhododendron kamtschaticum* zeigen zaghaft erste Blüten. Eine botanische Überraschung erwartet Chamisso in der Bibliothek des Gouverneurs. Dort stehen Bücher von deutschen Naturforschern. Lange vor ihm haben diese Männer im Auftrag der Zaren die russische und sibirische Flora erkundet und darüber geschrieben. Die *Flora Sibirica* des Tübingers Johann Georg Gmelin (1709–1755) sowie das Buch *Reise durch verschiedene Provinzen des russischen Reiches* von Peter Simon Pallas (1741–1811) darf Chamisso mitnehmen. Er verspricht, die Bände nach dem Ende der Reise in der

Bibliothek von St. Petersburg zu hinterlegen. Kisten mit getrockneten Pflanzen, die ein verstorbener russischer Naturforscher auf Kamtschatka sammelte, werden Chamisso geschenkt.

Chamisso-Insel in der Südsee

Am 17. Juli ist die »Rurik« startklar und generalüberholt für die Fahrt durch das eisige Nordmeer. Eine Baidare, das offene, flache Boot der Eskimos, ist zur Ausrüstung hinzugekommen. Mit ihm sind die Küsten leichter befahrbar. Die »Rurik« nimmt nun Kurs auf die Beringstraße. Während eines dreitägigen Stopps auf der St.-Lorenz-Insel tauschen die Matrosen ihren Tabak gegen Hemden aus feiner Robbendarmhaut. Diese Kamleikas tragen die Einheimischen als Schutz vor Nässe und Wind.

Chamisso schreibt über den Besuch auf der Insel in sein Tagebuch: »Selten hat mich eine Herborisation freudiger und wunderlicher angeregt. Es war die heimische Flora, die Flora der Hochalpen unserer Schweiz zunächst der Schneegrenze, mit dem ganzen Reichtum, mit der ganzen Fülle und Pracht ihrer dem Boden angedrückten Zwergpflanzen, denen sich nur wenige eigentümlich und harmonisch zugesellten.«[11]

Die »Rurik« segelt an Alaskas Küste entlang und biegt ein in eine weit ins Land führende Wasserstraße. Ist das die gesuchte nordöstliche Durchfahrt? Nach Tagen wird klar: Die »Rurik« befindet sich nur in einer großen Bucht, die auf der Seekarte noch nicht eingezeichnet ist. Der gewagte Vorstoß bringt die Namen von drei Expeditionsmitgliedern für immer auf die Landkarten der Welt. Die Bucht erhält den Namen Eschscholtz, eine Ehrung für den Schiffsarzt. Eine kleine Insel in der Bucht wird Chamisso getauft, und der im Rücken liegende Sund heißt von nun an Kotzebue.

Der Maler Choris zeichnet den Küstenverlauf, und Kotzebue mißt die Wassertiefen. Aber mehr und mehr behindern Kälte und dichte Nebel die Vermessungsarbeiten. Und als sich ein früher Winter zeigt, beschließt Kapitän Kotzebue, in wärmere Gefilde zu segeln. Er will im nächsten Jahr zurückkehren. Nach einem kurzen Besuch bei den Tschuktschiken, Russen, die auf der asiatischen Seite der Beringstraße leben, nimmt Kotzebue, Kurs auf Kalifornien.

Auf dem Weg dorthin wird Unalaschka, eine Insel der Aleuten, angelaufen. Sie bleibt Chamisso besonders in Erinnerung. Denn sein Freund Eschscholtz verläuft sich beim Botanisieren und wird zwei Tage lang unter großen Gefahren gesucht. Als der Suchtrupp erschöpft auf das Schiff zurückkehrt, ist der Arzt bereits wohlbehalten mit vielen unbekannten Pflanzen an Bord. Chamisso stellt bei späteren Untersuchungen fest, daß es die »Flora der Nordwest-Küste von Amerika ist, die sich bis an den Fuß dieser Insel hinzieht, wo sie sich mit der arktischen vermählt«[12].

Kalifornischer Mohn für Berlin

Am 14. September legt die »Rurik« bei Vollmond und günstigem Wind ab und läuft am 2. Oktober 1816 im Hafen von San Francisco ein. Jetzt nutzt Chamisso jede Gelegenheit, die kalifornische Flora zu untersuchen. Mit gebeugtem Rücken wühlt er sich durch das Gestrüpp auf den Sanddünen. Die schon herbstliche Landschaft beschreibt der Sammler: »Die hiesige Flora bietet dem Botaniker vieles Neues dar. Zu bekannten nordamerikanischen Gattungen *Ceanothus* [Säckelblume], *Mimulus* [Gauklerblume], *Oenothera* [Nachtkerze], *Solidago* [Goldrute], Aster, *Rhamnus* [Faulbaum], *Salix* [Weide] und *Abronia* [Samtverbene] gesellen sich eigentümliche; die mehrsten sind unbeschrieben. Wir sammelten aber den Samen mancher Pflanzen und dürfen uns versprechen, unsere Garten bereichern zu können.«[13]

Wie recht Chamisso mit seiner Beobachtung hatte. Noch ahnt er nicht, daß ihn der mitgebrachte Kalifornische Goldmohn, Schlafmützchen genannt, in Deutschland unter Botanikern berühmt machen wird. Sein getrocknetes Exemplar der Pflanze wird bis heute im Herbar des Botanischen Gartens Berlin-Dahlem aufbewahrt.

Kalifornischer Goldmohn, Eschscholzia californica – Herbarbeleg von Chamisso

Verlockungen auf Hawaii

Nach dem Aufenthalt in San Francisco segelt die »Rurik« nach Hawaii. Bei der Ankunft auf der Insel Hana-ruru (Honolulu) laufen braune schöne Menschen herbei und begrüßen die Fremden mit dem Friedensgruß »Arocha, Arocha, Arocha.« Lachende Kinder umringen den großen, langhaarigen Chamisso. Der möchte auf der Trauminsel verweilen, um Sprache, Sitten und Gebräuche der Hawaiianer zu studieren und aufzuschreiben.

Kapitän Kotzebue bringt dem König der Inseln Geschenke und überreicht ihm Wein aus Chile, Äpfel aus Kalifornien und Eisenstangen aus Rußland. Der Expeditionsmaler Choris möchte den

Potentaten in seiner Volkstracht, dem roten Maro (Schamgürtel) und der schwarzen Tapa (einem weiten Mantel aus Bast), darstellen. Er ist enttäuscht, weil der König nur in europäischer Kleidung – mit roter Weste und in Hemdsärmeln – Modell sitzen will.

Chamisso bekommt die Erlaubnis, die Flora der Hawaii-Inseln zu untersuchen. Auf seinen Exkursionen wollen ihn freizügige einheimische Frauen in ein Abenteuer locken. »Willst du baden«, fragen sie neckend. Sie lachen den Fremden aus, als er nackt in einen Fluß steigt und zu seinem Schrecken feststellen muß, daß ihm das Wasser nur bis zu den Knien reicht.

Auf den westlich von Hawaii gelegenen Ratak-Inseln dagegen erscheinen dem begeisterten Chamisso Land und Leute wie der gelebte Gedanke Rousseaus – zurück zur Natur. Schwärmerisch hält er fest: »Uns trat überall ein Bild des Friedens bei einem werdenden Volk entgegen. Wir sahen neue Pflanzen, fortschreitende Kultur, viele aufwachsende Kinder bei einer geringen Menschenzahl, zärtliche Sorgfalt der Väter für ihre Erzeugten, anmutige leichte Sitten, Gleichheit im Umgang zwischen Häuptlingen und Mannen, keine Erniedrigung vor Mächtigeren.«[14]

Wieder im kalten Norden

Als die »Rurik« von den Ratak-Inseln aus ihre zweite Nordlandfahrt startet, segelt Kadu, ein Einheimischer, mit. Er ist klein, hellhäutig, hat krauses Haar, und Arme und Beine sind mit Darstellungen von Fischen und Vögeln tätowiert. Kadu entzückt die Mannschaft durch seine Naivität, durch Witz und Wißbegier. Schnell schnappt er Brocken der Bordsprache Russisch auf. Er sammelt Dinge, die achtlos weggeworfen werden: Flaschen, Bindfäden, Nadeln. Und als er zum erstenmal die baumlose Insel Unalaschka betritt, will er unbedingt, daß die Kokosnüsse von Bord hier angepflanzt werden. Chamisso fühlt sich zu ihm hingezogen. Für ihn hat Kadu mehr Herzensgüte, Anstand und Hilfsbereitschaft als die Männer an Bord der »Rurik«.

Der Südsee-Insulaner Kadu, Chamissos Freund

Am 13. April 1817 ereignet sich ein folgenschweres Unglück. Orkanartige Stürme fegen über das Schiff. Eine riesige Welle wirft den Kapitän besinnungslos nieder, der Vordermast bricht, einem Matrosen wird ein Bein zertrümmert, der 2. Offizier wird fast von Bord gerissen. Schnee und Hagel peitschen über das Deck. Die Mannschaft arbeitet fieberhaft, damit die »Rurik« den Hafen von Unalaschka noch erreicht.

Dort wird der Zweimaster repariert, und Ende Juni versucht Kotzebue erneut, den äußersten Norden zu erreichen. Doch das Schicksal entscheidet gegen ihn. Brustkrämpfe und Ohnmachtsanfälle fesseln den Kapitän ans Bett. Er spuckt Blut. Dr. Eschscholtz kann nicht helfen und mahnt dringend zur Umkehr. Das Schiff dreht bei. Der Kapitän beendet die Expedition und gibt die Reiseroute für die Heimkehr bekannt: Hawaii, Manila, Sundastraße, Kap der Guten Hoffnung, Europa.

Welch ein jähes Ende. Auf den Philippinen und in Südafrika hat Chamisso die letzte Möglichkeit, Pflanzen zu sammeln. In der Bucht von Manila ankert die »Rurik« und wird vor der Heimreise noch einmal generalüberholt. Da die Arbeiten mindestens zwei Monate in Anspruch nehmen, entschließt sich der Kapitän, in Manila ein Haus zu mieten. Chamisso darf bei ihm wohnen.

Jetzt kann der Pflanzenjäger Expeditionen ins Landesinnere unternehmen. Solche Reisen sind nicht ungefährlich. Als Chamisso einen fern von Manila gelegenen erloschenen Vulkan besteigen will, wird ihm eine Leibwache von sechs Reitern an die Seite gestellt. Ihr Kommandant erhält die folgende Anweisung: »Vor allem werdet Ihr darauf bedacht sein, nur bei Tage zu reiten, weil dieser Edelmann alles sehen will. Ihr werdet oft im Schritt reiten und oft halten müssen nach dem Begehren dieses Edelmanns, der jedes Kraut betrachten wird und jeden Stein am Wege und jedes Würmchen, kurz jede Schweinerei.«[15]

»Blumensucher« am Tafelberg

Generalüberholt hißt die »Rurik« am 29. Januar 1818 ihre Segel und läuft nach Kapstadt aus. Als sie dort am 31. März ankommt, rudert ihr ein kleiner Kahn mit einem heftig winkenden Mann entgegen. Es ist der Botaniker Leopold Mundt, der erfahren hat, daß sein ehemaliger Studienkollege Chamisso aus Berlin an Bord ist. Der »Weltumsegler« muß in Mundts Kapstädter Haus ziehen und botanisiert mit seinem Gastgeber in der südafrikanischen Pflanzenwelt. Chamisso weiß, daß er in dieser Gegend erkundetes Land unter den Füßen hat. Doch wie schon die Besucher vor ihm, betört die Landschaft den Forscher, und er schwärmt: »Nirgends kann für den Botaniker das Pflanzenkleid der Erde anziehender und behaglicher sein als am Kap.«[16]

Aber sind dort tatsächlich schon alle Pflanzen entdeckt und beschrieben? Chamisso pflückt, gräbt aus, sammelt Saaten und kann, als er seine Funde mit denen seines Kollegen vergleicht, triumphierend feststellen: »Ich habe mit Mundt auf dem Tafelberge manche Pflanzen gefunden, die ihm bisher entgangen waren, und habe, flüchtiger Reisender, aus diesem betretensten der botanischen Gärten manche Pflanzenart mitgebracht, die noch unbeschrieben war. «[17]

In Kapstadt spricht sich herum, daß ein »neuer Blumensucher« im Lande weilt. Chamisso kann sich vor Einladungen auf hochherrschaftliche Besitzungen kaum retten. Wen wundert es, daß er mit großer Wehmut Südafrika verläßt, denn bis zum europäischen Hafen Portsmouth werden wieder viele zäh dahinfließende Wochen zwischen Himmel und Meer vergehen.

Sieben Tage in London

Die »Rurik« läuft am 15. Juni 1818 in den englischen Kanal ein und geht vor Portsmouth auf Reede. Chamisso schreibt von Bord letzte Briefe an seine Freunde in Berlin: »Ich kehre zurück, der ich sonst war – etwas ermüdet, nicht gesättigt von der Reise –, bereit noch, unter diesen und jenen Umständen wieder in die Welt zu gehen. «

Den Aufenthalt an Englands Küste nutzt der Heimkehrer, um für einige Tage nach London zu reisen. Nach der Zeit der »schmutzigen Kleider und ungeputzten Stiefel« gönnt er sich langentbehrte Genüsse: Museen, Bibliotheken und Gärten besucht er und lernt dabei Sir Joseph Banks, den Direktor des Botanischen Gartens Kew, kennen. Theaterstücke und Konzerte begeistern ihn genauso wie das politische Leben auf der Straße: die liberalen Zeitungen, Volksversammlungen, der freie Zugang zum Parlament. »Sieben Tage in London fassen mehr Erlebtes, mehr Gesehenes, als drei Jahre an Bord eines Schiffes auf hoher See«[18], resümiert Chamisso. Seinem Dienstherrn Graf Romanzoff schreibt er in einem Rechenschaftsbericht: »Als Botaniker habe ich mich bemüht, die verschiedenen Sämereien und Pflanzen einzusammeln. Bedenke ich die mißlichen Umstände, so ist meine Kollektion recht beachtlich. Mehrere Jahre wird die Bearbeitung der Pflanzen in Anspruch nehmen. Die meisten Pflanzen stammen aus Kalifornien, Chile, Luzon und Owaihy (Hawaii), alles unbekannte Gattungen. Unsere Gärten werden damit bereichert werden. Ist es nicht schön, wenn unter unserem Himmel auf heimatlichem Boden aus fernen Welten unbekannte Pflanzenkinder keimen und wachsen? Ich schätze, es sind nicht weniger als 2500 Pflanzenarten, die wir gesammelt haben. «[19]

Als die »Rurik« am 3. August 1818 in St. Petersburg einsegelt und auf der Newa direkt vor dem Stadtpalais des Grafen Romanzoff vor Anker geht, haben die Männer 1100 strapaziöse Reisetage hinter sich, von denen sie nur 300 an Land verbracht haben. Chamisso darf seine gesamte Pflanzensammlung behalten. Nur den botanischen Reisebericht erwartet Romanzoff von ihm. Mit der Beschreibung der Weltreise der »Rurik« beauftragt er Kapitän Kotzebue. Chamisso reist mit all seinen Pflanzenkisten an Bord eines Postschiffs nach Swinemünde und von dort nach Berlin. Er dichtet:

> »Heimkehret fernher, aus fremden Landen,
> In seiner Seele tiefbewegt der Wanderer;
> Er legt von sich den Stab und kniet nieder
> Und feuchtet deinen Schoß mit stillen Tränen.
> O deutsche Heimat. «[20]

Chamissos Wanderjahre sind vorüber.

Ein Doktortitel für den Dichter

In Berlin wird der Weltumsegler jubelnd begrüßt. Während seiner Abwesenheit ist Chamissos Ruhm als Dichter noch gewachsen. »Peter Schlemihl hat Bürgerrechte in Deutschland bekommen«[21], stellt Heinrich Heine fest. Chamisso kehrt an die Universität zurück und beendet seine Untersuchungen über den Generationswechsel bei den Salpen. Nachdem er das Ergebnis publiziert hat, verleiht die Universität Chamisso den Titel eines Doktor honoris causa.

Der Heimgekehrte kann seine botanischen Erfahrungen weiter ausbauen. Er wird zum zweiten Kustos an den Berliner Botanischen Garten berufen und erhält jährlich 600 Taler und eine Amtswohnung. Jetzt kann Chamisso heiraten. Er bittet die Pflegetochter seines Freundes Hitzig, Antonie Piaste, um ihre Hand. Der fast 40jährige Hochzeiter kennt das Mädchen schon aus Kindertagen. Sie ist »jung, blühend und stark, schön und fromm, rein und klar«[22], schwärmt er über seine 20jährige Braut, als das Paar 1819 heiratet. Zwei Jahre später meldet er dem Dichterfreund Ludwig Uhland: »Ich nahm mir ein wackeres deutsches Mädchen zum Weibe und lebe nun an der Wiege meines Kindes und in Gärten und Herbarien ein Leben, das recht genügen müßte.«[23]

Im Botanischen Garten arbeitet Chamisso mit leidenschaftlichem Fleiß an seinen in der Welt gesammelten Pflanzen. Dem gelben Mohn aus Kalifornien, gibt er – in Erinnerung an den Schiffsarzt – den botanischen Namen *Eschscholzia californica*. Die neuentdeckten Gewächse, die als getrocknete Pflanzen vor ihm liegen, beschreibt er in lateinischer Sprache: »Ich schmiere an meinem Buche über Herbarien. Hundert Bogen sind voll. Ein Bogen kostet mich einen ganzen Tag.«[24]

Das wissenschaftliche Resultat der Weltumsegelung veröffentlicht Chamisso unter dem Titel *Bemerkungen und Ansichten von dem Naturforscher der Expedition*. Es erscheint als dritter Band in Otto von Kotzebues *Reisebericht über die Romanzoffsche Expedition, Entdeckungsreise in die Südsee und nach der Beringstraße.*

Für ein Schulbuch stellt Chamisso 30 Herbare von je 300 Pflanzen zusammen. Er nennt das Kompendium *Übersicht der nutzbarsten und der schädlichsten Gewächse, welche wild und angebaut in Norddeutschland vorkommen. Nebst Ansichten von der Pflanzenkunde und dem Pflanzenreiche.* Die Schüler sollen an den getrockneten Pflanzenbeispielen lernen, was um sie herum wächst. Chamisso gibt ihnen außerdem konkrete Anleitungen, wie sie für ein eigenes Herbarium Gewächse sammeln und trocknen können: »Auf einer Lage trockenen Löschpapiers wird die Pflanze in ihre natürliche Lage flach ausgebreitet und darauf gesehen, daß Blume und Frucht von keinem Blatt bedeckt am günstigsten erscheinen;

Chamissos Ehefrau Antonie (1800–1837)

darüber wird eine andere Lage Löschpapier gedeckt, auf diese kommt eine andere Pflanze, und so fort. Auf einen Stoß getrockneter Pflanzen wird ein Brettchen gelegt und mit etlichen Steinen beschwert.« Dann fügt der Botaniker spezielle Tips hinzu: »Saftreichere Kräuter müssen besonders in den ersten Tagen mehrere Male umgelegt werden; sie erfordern mehr Papier. Gut ist es, sie nach dem Einlegen etwas welk werden zu lassen; sie dürfen vor allem nicht vom Regen oder Thau feucht sein, da naß eingelegte Pflanzen faulen oder schwarz werden.« Mit solchen Hinweisen stachelt Chamisso den Lerneifer der Schulkinder an. Fachmännisch erläutert er ihnen: »Dem Botaniker ist ein Herbarium nothwendig. Es ist ein lebendiges Gedächtnis, in welchem ihm zu jeder Zeit die Natur zur Ansicht, zur Vergleichung und zur Untersuchung vorliegt.«[25]

Bei aller Freude am »Heu«, wie Chamisso seine getrockneten Pflanzen nennt, dem Schreiben und häuslichen Glück drängt es den Weltumsegler immer wieder hinaus in die »frische Luft«. Zu Fuß macht er sich von Berlin nach Greifswald auf und will Torfmoore untersuchen. Wie einstmals als Student zieht er los: die geliebte Pfeife rauchend, unrasiert, das lange, nun graugelockte Haar zerzaust, den dünnen Körper eingehüllt in die bekannte schwarze Kurtka. Unterwegs meldet er sich bei Marianne Hertz, einer alten Freundin, als »Wilder von den Sandwichinseln«. Der exotische Auftritt führt in ein »Abenteuer mit Folgen«, berichten manche Biographen. Ein Sohn Mariannes, Wilhelm Ludwig Hertz, der später Theodor Fontanes Verleger wird, entstammt möglicherweise dieser Beziehung.[26]

Später findet man den dichtenden Botaniker leicht melancholisch: »Der Teufel hat seinen Schwanz auf meinen Frohsinn gelegt«, meint er aus Berlin und schildert dem französischem Freund de la Foye die Ursache: »Wie sieht es jetzt mit der Botanik aus? In jedem Wisch, den man zur Hand nimmt, findet man neue Entdeckungen evulgiert, überall wird gedruckt, jeder schreibt, keiner kommt zum Lesen.«[27]

Dabei geht Chamisso mit bestem Beispiel voran. Noch jahrelang erscheinen seine botanischen Forschungsergebnisse über die auf der Weltreise gesammelten Pflanzen in der Zeitschrift *Linneae*. So beschreibt er dort Pflanzenfamilien wie arktische Orchideen und arktische *Campanulaceae*. Mit der Publikation *Über die Torfmoore bei Colberg, Gnageland und Swinemünde* beendet Chamisso sogar einen Gelehrtenstreit. Er kann beweisen, daß in einem Torfmoor in Meeresnähe »die gemeinsten Torfpflanzen wachsen, von Einwirkung des Meeres findet sich keine Spur«[28]. Am Ende seines Lebens stellt sich heraus: Der Dichter hat mehr für die Wissenschaft als für die schöne Kunst geschrieben.

Die aber macht ihn populär. Als Chamissos *Schlemihl* in zweiter Auflage zusammen mit Gedichten erscheint, reißen sich die Komponisten darum, die Verse in Musik zu setzen. Robert Schumann vertont den Zyklus *Frauen-Liebe und Leben*. Bei der wöchentlichen Mittwochsgesellschaft in Berlin trifft sich Chamisso mit E. T. A. Hoffmann, Varnhagen von Ense, Hegel, Freiligrath und Heine.

Zum Dichterglück gesellt sich unverhoffter Geldsegen für Chamisso. Der Nachkomme aus französischem Adel wird für die Enteignung während der Revolution mit 91 093 Francs[29] entschädigt.

Er reist nach Frankreich, um die Summe in Empfang zu nehmen. Durch Zufall kann er bei einer Auktion das letzte Herbar Rousseaus erwerben.

Die Reise in die Vergangenheit bestätigt, daß nun Berlin Chamissos Heimat ist. Er gesteht einer Freundin: » Ein Mensch erleidet wie das Insect seine Verwandlungen, auch in umgekehrter Folge, erst geflügelter Schmetterling, dann Raupe, hörig dem Blatte, auf dem es zehrt. «[30]

Im Hause Chamisso in der Friedrichstraße 235 wächst die Kinderschar auf fünf Söhne und zwei Töchter. Mit » Arocha «, dem Gruß der fernen Südseeinsel, grüßen die sieben Kinder den ewig qualmenden Vater, dessen Zimmer sie nicht betreten dürfen. Der Vielbeschäftigte hat » immer einen Fuß in der Botanik, den andern in der Literatur«[31], außerdem reist er zu Kongressen für Naturforscher.

Nicht ohne Eitelkeit läßt Chamisso die Freunde in Frankreich wissen, wie populär er in Deutschland ist: » Mein Portrait erscheint nach Goethe, Tieck und Schlegel als das vierte in der Reihe der gleichzeitigen deutschen Dichter, und schöne junge Damen drücken mir fromm die Hand oder schneiden mir Haarlocken ab; freilich sind diese jetzt sehr silberweiß; aber rüstig bin ich noch und jung genug für meine Jahre, von denen ich 51 voll zähle. «[32]

Chamisso wird auf Alexander von Humboldts Vorschlag zum Mitglied der Königlichen Akademie der Wissenschaft gewählt, » ungeachtet meiner Dichterei, die nicht da gilt«[33]. 15 Jahre nach dem Erscheinen von Kotzebues Bericht über die Romanzoffsche Expedition setzt er dem Werk des Kapitäns sein eigenes entgegen: *Reise um die Welt mit der Romanzoffschen Entdeckungs-Expedition, in den Jahren 1815–1818* erscheint 1836 in Berlin. » Diese Weltumsegelung, schon veraltet, hat durch ihre Individualität der Darstellung den Reiz eines neuen Weltdramas erhalten«[34], lobt Alexander von Humboldt das Werk.

1837 trübt ein Schicksalsschlag Chamissos Leben: Geschwächt von einer schweren Grippe und den Geburten der sieben Kinder, stirbt seine Frau Antonie, erst 36 Jahre alt. Der Dichter fühlt, daß auch sein Ende bald kommen könnte, und setzt ein Testament auf; es ist geprägt von seiner eigenen Lebenserfahrung: »Ich bestimme nichts über die Zukunft meiner Söhne. Die Welt, in der ich gelebt habe, ist eine andere gewesen, als für die ich erzogen worden, und so wird es ihnen auch ergehen. Meine Söhne sollen sich befähigen, auf sich selbst in verschiedenen Lebensbahnen und Landen vertrauen zu können. Ich wünsche, daß sie studieren, insofern sie dazu die Mittel haben, bin aber ganz damit einverstanden, wenn der Eine oder Andere zu bürgerlichem Gewerbe übergehen will; die Zeit des Schwertes ist abgelaufen, und die Industrie erlangt in der Welt, wie sie wird, Macht und Adel. Auf jeden Fall besser ein tüchtiger Arbeitsmann als ein Scribler oder Beamter aus niederem Troß.«[35]

Chamisso stirbt, ein Jahr nach seiner Frau, am 21.August 1838. Kurz vor seinem Tod schreibt der Dichter Chamisso über den Botaniker Chamisso mit leichter Ironie:

> »Es gibt des Kornes wenig, viel der Spreu.
> Ich pflückte Blumen, sammelte nur Heu.
> Das tat ich sonst, das tu' ich annoch heute,
> Ich pflücke Blumen und ich sammle Heu;
> Botanisieren nennen das die Leute,
> und anders es zu nennen trag ich Scheu.«[36]

Diese Selbsteinschätzung ist zu bescheiden: über 150 Pflanzenarten wurden nach Chamisso benannt, darunter der Eisenhut *Aconitum chamissonianum*, das Veilchen *Viola chamissoniana* und der Hahnenfuß *Ranunculus chamissonis*. Auch Pflanzengattungen wie Nachtkerzengewächse (*Chamissonia*) und Rauhblattgewächse (*Chamissoniophilia*) tragen seinen Namen. Dazu kommen aus der Fauna Schmetterlinge, Käfer und eine Schlange. Für die meisten Menschen aber verbindet sich der Name Chamissos mit seinem Märchenhelden im *Peter Schlemihl*. Phantasten waren beide.

Im Land
der blauen Hortensie

Philipp Franz von Siebold
(1796–1866)

An einem glühendheißen Februartag im Jahre 1823 erreicht ein Segelschiff aus Rotterdam die Insel Java und macht am Kai von Batavia, dem heutigen Jakarta, fest. Neugierig verfolgen Hunderte von Holländern und Einheimischen das Anlegemanöver. Generalgouverneur Baron van der Capellen, der die holländischen Kolonien in Ostasien verwaltet, ist persönlich am Hafen erschienen, um den neuen Stabsarzt willkommen zu heißen: Philipp Franz von Siebold, einen Deutschen, der in niederländische Dienste getreten ist. Capellen hatte in Göttingen mit Siebolds Vater studiert. Als er den jungen Mediziner begrüßt, fallen ihm dessen fieberheiße Hände auf. Der Neuankömmling berichtet, daß er auf der Überfahrt viele Krankheitsfälle behandelt habe und jetzt selbst völlig erschöpft sei. Der Baron lädt Siebold auf seinen Landsitz ein, der außerhalb der Stadt in kühleren Höhen liegt. Dort soll er sich erholen und langsam akklimatisieren.

Siebold ist von dem herrlichen Haus seines Gastgebers tief beeindruckt; die Salons sind mit erlesenen holländischen Möbeln eingerichtet, in der Bibliothek weisen die Bücher den Baron als Kenner Ostasiens aus. Dem jungen Doktor wird ein Zimmer im ersten Stock zugewiesen. Von hier aus hat er einen herrlichen

Siebold als junger Stabsarzt – Portrait von Karawaga Keiga

Blick auf den Park. Der Duft und die Farbenpracht von nie gesehenen Bäumen und Sträuchern berauschen ihn. Siebold ist glücklich, daß er den Sprung in die weite Welt gewagt hat.

Schon als Junge hatten ihn die Reiseberichte von Alexander von Humboldt und Captain Cook begeistert und seinen Lerneifer angespornt. In Würzburg, wo er am 17. Februar 1796 in eine angesehene Gelehrtenfamilie hineingeboren wurde, besuchte er die besten Schulen und studierte Medizin. Damit setzte er eine Familientradition fort, denn bereits der Großvater und der Vater hielten einen Lehrstuhl für Medizin an der Würzburger Universität. Als der kleine Philipp Franz seinen Vater im Alter von zwei Jahren verlor, sorgten sowohl der Onkel, selbst Mediziner und Chirurg, als auch der Patenonkel im Pastorat für eine exzellente Erziehung.

In Java beeindruckt Siebold die Gastgeber durch seine umfassende Bildung. Aber auch seine Neugier ist groß. Er besucht den nahegelegenen botanischen Garten Buitenzorg, heute Bogor, und fachsimpelt mit dessen Leiter, dem Deutschen Dr. Karl Ludwig Blume, der ebenfalls in holländischen Diensten steht. Siebold unterhält bei den abendlichen Gesellschaften die Gäste des Generalgouverneurs aufs angenehmste. Auch den Damen gefällt der hochgewachsene 28jährige. Seine tadellosen Manieren, sein gutes Aussehen und die artigen Komplimente machen Eindruck.

Capellen beschließt, den begabten Mediziner mit einem Sonderauftrag zu betrauen. Er soll nach Japan weiterreisen, um dort geographisches und topographisches Material zu sammeln, besonders über jene Landesteile, die noch nicht kartographiert sind. Außerdem ist man im Mutterland Holland an japanischen Pflanzen, Tieren und Mineralien interessiert. Das ist eine ungeheuere Herausforderung für den jungen Gelehrten, denn Japan hat sich seit 1639 völlig von der Außenwelt abgeschottet. Fremden ist es verboten, das Land zu betreten. Nur auf einer winzigen künstlichen Insel im Hafen von Nagasaki dürfen holländische Handelsleute wohnen. Sie heißt Dejima, die japanische Bezeichnung für Vorinsel.

Ankunft in Japan

Mitte August 1823 erreicht Siebold von Java kommend Nagasaki und bezieht ein Haus auf Dejima. Sein Umzugsgut umfaßt eine große Bibliothek, neue medizinische und technische Apparate, schöne Möbel und ein Fortepiano aus London. Damit schafft sich der Deutsche ein europäisches Ambiente. Sein Jahresgehalt beträgt 5000 Gulden und freie Unterkunft. Siebold betritt die etwa 200 Meter lange und 70 Meter breite Insel über eine schmale Brücke. Am Eingangstor befindet sich eine Tafel mit den Regeln für seinen zukünftigen Aufenthalt:

1. Frauen ist der Zutritt verboten, ausgenommen Kurtisanen.
2. Priestern aller Art ist das Passieren des Tores verboten.
3. Über die Verbotsstangen hinaus- oder unter der Brücke durchzufahren ist verboten.
4. Ohne Abmeldung ist das Verlassen der Insel den Holländern verboten.

In dem winzigen »Freiluftgefängnis« beginnt Siebold eifrig Japanisch zu lernen. Schon in der Schule war er durch eine außergewöhnliche Sprachbegabung aufgefallen. Französisch fiel ihm leicht, Latein flog ihm zu; und auf der Seereise von Europa nach Ostasien hatte er Holländisch gebüffelt. Sein Ziel ist es, die Landessprache so schnell wie möglich zu sprechen. Er möchte Japaner kennenlernen und Kontakte zu einheimischen Kollegen herstellen. Zeit genug dazu gibt es, denn auf Dejima hat Siebold bisher nur Holländer medizinisch zu versorgen.

Indes spricht sich in Nagasaki herum, daß der »neue Doktor« über großes Wissen auf dem Gebiet der Anatomie, der Chirurgie, der inneren Medizin und der Augenheilkunde verfügt. Außerdem soll er praktische Erfahrung in Geburtshilfe haben. Man ist neu-

Die Halbinsel Dejima mit Siebolds Garten (links)

gierig auf den Europäer. Seit der Isolation vor 200 Jahren basieren die Kenntnisse der japanischen Ärzte vorwiegend auf chinesischem Lehrmaterial. Siebold könnte sie mit westlicher Methodik vertraut machen. Als dieser von den Wünschen hört, erklärt er sich sofort bereit, den Fachkollegen sein Wissen zu vermitteln. Die Japaner kommen zu seinen Vorträgen, die er noch auf Holländisch hält und die übersetzt werden. Siebold demonstriert Staroperationen, zeigt Schutzimpfungen gegen Pocken, gibt Einheimischen medizinischen Rat und kostenlose Behandlungen. Bald hat der europäische Doktor viele Freunde. Die Japaner verehren ihn, auch weil sie sein großes Interesse an ihrer Kultur spüren. Bereits nach wenigen Monaten erhält Siebold vom Statthalter von Nagasaki persönlich die Genehmigung, die winzige Insel jederzeit für Hausbesuche verlassen zu dürfen.

Begegnung mit Sonogi

Eines Abends wird Siebold in das Haus einer angesehenen japanischen Familie gebeten. Frau Sahei Kusumoto liegt mit hohem Fieber auf ihrem Mattenlager. Mit kalten Umschlägen versucht die Tochter Otaki der Mutter Linderung zu verschaffen. Sie verfolgt ängstlich, wie der fremde Arzt die Kranke untersucht, und nimmt seine Anweisungen, durch die das schwere Fieber gesenkt werden kann, entgegen. Erst jetzt fällt Siebold auf, wie schön die junge Japanerin ist; das liebliche ovale Gesicht wird von schwarzglänzendem Haar umrahmt, die mandelförmigen Augen sind rehbraun. Als er sie beim Abschied nach ihrem Namen fragt, antwortet die junge Schöne scheu, man nenne sie Sonogi.

Die Arztbesuche ziehen sich über Wochen hin. Täglich ungeduldiger erwartet Siebold die Zeit der Visite, denn längst ist er dem Liebreiz Sonogis erlegen. In ihren schönsten Kimonos empfängt sie ihn, um ihn mit köstlichen Erfrischungen zu bewirten. Gemeinsam lachen sie über ihre drolligen Versuche, Holländisch zu sprechen, und als Siebold den Mut findet, Sonogis Wangen und ihren Nacken wie absichtslos zu liebkosen, weist sie ihn nicht

1.ITOSE 2.SONOGI.

Otaki Kusumoto, genannt Sonogi, Siebolds Gefährtin in Japan

zurück. Das Mädchen ist von dem 1,70 m großen, gutaussehenden Deutschen tief beeindruckt.

Als Frau Kusumoto genesen ist und keinen Arztbesuch mehr benötigt, gestehen sich der Deutsche und die Japanerin ihre Liebe. Sie möchten ein Paar werden und für immer zusammenbleiben. Doch Japans Regierung verbietet ihren Untertanen, Ausländer zu heiraten. Es gibt nur einen Ausweg: Sonogi darf ihrem Doktor auf die Insel Dejima folgen und bei ihm leben, wenn sie zuläßt, daß ihr Ausweis mit einem roten Stempel versehen wird, der sie polizeilich zur Kurtisane macht. Lange überlegt Sonogi mit ihren Eltern, ob sie diesen Schritt tun soll. Aber ihre Liebe ist so groß, daß sie ihn schließlich wagt. Im Herbst 1823 zieht Otaki Kusumoto, genannt Sonogi, auf die Insel und geht eine Ehe auf Zeit ein, die jederzeit gelöst werden kann. Siebold schreibt seinem Onkel am 15. November 1823: »Auch ich habe mich der holländischen Sitte unterworfen und mich pro tempore mit einer liebenswürdigen 16-jährigen Japanesin verbunden, die ich wohl nicht mit einer Europäerin vertausche.«[1]

Sonogi bringt Heiterkeit in Siebolds Haus, denn sie ist nicht nur schön, sondern auch klug und eine gute Lehrerin. Der Deutsche lernt immer besser Japanisch, und sein wachsendes Ansehen als Arzt steigert seine Schaffenskraft. Er legt hinter dem Haus einen botanischen Garten an, in dem er japanische Heilpflanzen erforschen will. Seine Freunde besorgen ihm Pflanzen aus dem gesamten Inselreich. Aus den Bergen Südjapans kommt der Strauch der *Deutzia gracilis*, ein buddhistischer Priester schickt ihm die blaue Hortensie, die Siebold nach dem Rufnamen seiner Liebsten »Otaksa« nennt. Schon zwei Jahre später, im Dezember 1825, berichtet der 29jährige stolz einem Botanikprofessor in Bonn, daß sein Garten »bereits mit mehr als tausend Gewächsen dieses Archipels bepflanzt ist.«[2]

Siebold weiß genau, welche Pflanzen wichtig sind. Während seines Studiums hatte er die Werke seiner berühmten Vorgänger Engelbert Kaempfer und Carl Peter Thunberg, Ärzte und Naturforscher wie er, gelesen. Kaempfer hatte von 1690−92 auf der Insel Dejima gelebt und in seinem Buch *Die Geschichte Japans* Pflanzen wie Aucuben, Skimmien, Hortensien und Lilien beschrieben. Thunberg, der ein Jahr auf Dejima verbrachte (1775−1776), war es ebenfalls gelungen, große Teile der japanischen Flora nach der von Linné neu eingeführten Pflanzennomenklatur zu bearbeiten.

Im Jahr 1825 gelingt Siebold ein großer Coup. Er schickt japanische Teesaat, die er sorgfältig in eisenhaltigen Lehm verpackt, in den botanischen Garten Buitenzorg auf Java. Durch die originelle Verpackungsart hat die Saat zum ersten Mal ihre Keimfähigkeit behalten. Bisher waren alle Versuche, auf Java Tee aus China oder Japan anzuziehen, fehlgeschlagen. Dem Leiter des Gartens, Karl Blume, gelingt es, aus der Saat junge Teepflanzen heranzuziehen, und nach fünf Jahren gibt es auf Java zahlreiche Teeplantagen. Gouverneur Capellen ist so begeistert wie Blume, dessen Name inzwischen auch in Deutschland bekannt ist. Er hat nämlich zu dieser Zeit einen besonders berühmten Kunden: Johann Wolfgang von Goethe, Hofrat, Dichter und Genie in Weimar, bedankt sich bei ihm persönlich für die Übersendung vieler Pflanzen und teilt ihm mit, daß sogar die *Aloe literalis* den monatelangen Transport gut überstanden hat. Auf Goethes Empfehlung bekommt der Botaniker Blume vom Herzog von Weimar den Falkenorden verliehen.

Die Hofreise

Während auf Java weitere Pflanzensendungen aus Japan eintreffen, die Siebold verschifft hat, erhält der Arzt die Chance, das Innere des Inselreiches zu bereisen. Siebold wird Teilnehmer einer Reisegesellschaft, die sich alle vier Jahre an den Fürstenhof nach Edo, dem heutigen Tokio, aufmacht. Dort erwartet der regierende Shogun, Reichsstatthalter des Kaisers, Abgaben von den Holländern, denen der Handel mit seinem Land gestattet ist. Diesmal wird ihm die Delegation prachtvolles Tafelsilber, moderne Möbel, Kristallvasen und viele Luxusartikel überbringen. Ebenso erwartet man am japanischen Hof Berichte über die Entwicklung in Europa. Die holländische Abordnung besteht traditionell aus zwei Regierungsbeamten und einem Arzt. Letzteren nimmt man mit, um der Liebe der Japaner für Medizin und Natur entgegenzukommen. Auch kann sein Wissen eigene handelspolitische Absichten unterstützen. Diesmal führt Oberst von Stürler die Gesandtschaft, ihm zur Seite steht Dr. Bürger, Regierungsbeamter und Apotheker. Siebold wird von der holländischen Regierung beauftragt, unterwegs ethnographische und naturwissenschaftliche Daten zu sammeln und schriftlich niederzulegen.

Seit seiner Ankunft in Japan hat sich Siebold auf die erhoffte Reise ins Landesinnere vorbereitet. Für den Auftritt bei Hof hat er in Würzburg einen Rock in scharlachrot und einen in dunkelblau fertigen lassen, mit Stickereien an Kragen und Aufschlägen, wie ihn Professoren in seiner Heimatstadt tragen. Als Geschenke sind von ihm alle erreichbaren Meßinstrumente zusammengestellt: Barometer, Thermometer, Chronometer, Sextanten, dazu chirurgische Bestecke, sogar eine tragbare Apotheke ist dabei. Es bekümmert ihn nur, daß er keine Assistenten für seine medizinischen Untersuchungen mitnehmen darf. Doch auch da findet er einen Ausweg: Unter die 57 Japaner, die als Dolmetscher und Wächter, als Köche, Diener oder Träger auf die Hofreise mitgehen, schmuggelt er drei seiner besten Schüler – Ärzte wie er.

Nach dem Abschied von Sonogi, die im sechsten Monat schwanger ist, schreibt Siebold am 15. Februar 1826 in sein Tagebuch: »Die Sänften werden bestiegen, und durch die Straßen von Nagasaki geht der Zug nach dem Tempel Ifukuji. Der Aufbruch zur Hofreise ist ein Festtag für die Bewohner von Nagasaki. Die Straßen, die der Zug durchzieht, sind voll von Zuschauern, die höflich grüßen und den Teilnehmern Glückwünsche zurufen.«[3]

Von Nagasaki bis Edo sind es rund 1200 km, die teils per Schiff über das Meer, teils per Pferd oder Sänfte auf dem Landweg zurückgelegt werden. In seinem »schwankenden Studierzimmer«, wie Siebold seine Sänfte nennt, schreibt er auf, was er später in seinem großen Werk *Nippon, Archiv zur Beschreibung von Japan* veröffentlichen wird: »Bald nach der Abreise überschritt man den Bergpaß von Nagasaki, wo ich den Vulkan, die Erderschütterungen und die heißen Quellen einer eingehenden Beobachtung unterzog.« Und: »Die Landschaft war noch im Winterkleide. Nur einzelne blühende Pflaumenbäume und Mispeln und die sich allmählich färbenden Felder mit Rübensaat verkündeten das herannahende Frühjahr; während immergrüne Eichen, Lorbeeren, Stechpalmen, wilde Kamelien, aus entlaubtem Gebüsche hervorragend, Pomeranzenbäume, noch mit Früchten beladen, einzeln stehende Palmen und Bambusbüsche das Wintergemälde eines gemäßigten, mehr südlichen Erdstriches bezeichneten.«[4]

Die Teeplantagen sowie der Anblick von Perlenfischern beeindrucken Siebold, Kampferbäume wecken sein Interesse, er schaut Porzellanhandwerkern beim Arbeiten zu. Die Gewinnung von Kerzenfett aus dem Wachsbaum *Ligustrum ibota* fasziniert ihn. Er sieht die Salzgewinnung aus Meerwasser und lobt die wohlbewässerten Felder. In Hara besucht Siebold den berühmten Botani-

Die Holländer auf der Hofreise 1826 zum Shogun nach Edo

schen Garten und trägt am 6. April in sein Tagebuch ein: »Der Garten, in japanischem Geschmacke angelegt, ist wirklich der schönste und an Ziergewächsen der reichste, den ich jemals hierzulande gesehen habe. Es gibt etwa 600 Primelarten, Kirschen, Pyrus japonica, Asarum und Orchideen. Hier eine Gruppe Azaleen, dort Kamelien, dazwischen kleine umwachsene Fischteiche, von rötlichen Goldkarpfen belebt... und unzählige Ahorne, die anmutige Haine bilden«.[5]

Wie vorausgesehen, kann Siebold die umfängliche Reisedokumentation nicht allein bewältigen. Er ist dankbar, daß ihm die als Diener in die Entourage eingeschleusten japanischen Kollegen zur Seite stehen. Sie stellen Kontakte zu ihren Landsleuten her und helfen, ethnographisches Material zu sammeln. Der japanische Zeichner Kawahara Keiga, der mit auf die Reise durfte, ist mit der Herstellung des Bildmaterials beschäftigt. Er ist in der Lage, eine Landschaftsskizze in zweieinhalb Minuten zu zeichnen.

Wie Siebold später in seinem *Nippon* schreibt, wird sein Rat als Arzt oft beansprucht: »In aller Frühe kamen meine Schüler und

andere Ärzte aus der Gegend mit ihren Kranken und fragten um Rat und Hülfe. Es waren, wie gewöhnlich, chronische, vernachlässigte und unheilbare Krankheiten, und die umständlichen Konsultationen kosteten viel Zeit und Geduld. Ich tat alles meinen Schülern zuliebe, deren guter Ruf gelitten hätte, wenn ihre Patienten, die sie auf mich vertröstet und oft aus entfernten Orten angebracht hatten, rat- und hülflos wieder von hier gegangen wären. So mußte ich oft gegen meinen Willen den Charlatan spielen.«[6]

Audienz beim Shogun

Nach 55 Reisetagen hat die Gesellschaft die Stadt Edo erreicht. Siebold ist beeindruckt von den Kaufläden, die Porzellan, Kleider, Sonnen- und Regenschirme, Toilettengegenstände, Glas und Kinderspielzeug ausstellen; ihm fallen Werkstätten auf, in denen Hunderte von Menschen arbeiten. Es gibt Läden mit Lackwerk, Haarschmuck und Schildpatt. In ihrer Unterkunft – einem bescheidenen Gasthof – angelangt, heißt der in Edo residierende Gouverneur von Nagasaki die Gäste willkommen.

Der junge Gelehrte wird sogleich bedeutenden Wissenschaftlern aus allen Disziplinen vorgestellt. Die Hofärzte lassen sich von Siebold in die europäische Medizin einführen. Er demonstriert wieder die auch hier noch unbekannten Operationsmethoden gegen den grauen Star und operiert ein Kind an der Hasenscharte. Großzügig verteilt Siebold die mitgebrachten wissenschaftlichen Instrumente unter den Kollegen, die sich besonders über die galvanischen Apparate und die Arzneifläschchen freuen.

Bei einem Empfang lernt Siebold den Hofastronomen, Bibliothekar und Naturgelehrten Takahashi Sakuzaemon kennen, der ihm in seiner Bibliothek wunderschöne, genau gezeichnete Landkarten von Japan zeigt. Siebold hat solche nie zuvor gesehen und erzählt, daß er ähnlich gutes Material über Rußland besitze. Der Japaner zeigt sich sehr interessiert. Man beschließt einen Austausch, obwohl beide Forscher wissen, daß es Ausländern nicht erlaubt ist, japanisches Kartenmaterial zu besitzen. Ein Unglück beginnt, das fortan Siebolds Liebe zu Japan und seine Arbeiten für dieses Land überschatten wird.

Vorläufig jedoch steht der Aufenthalt unter einem guten Stern. Über einen Monat weilt die Gesellschaft schon in Edo. Siebold geht inzwischen bei den Hofärzten ein und aus. Immer wieder befragen sie ihn über westliche Behandlungsmethoden. Vom Leibarzt des Shogun erhält er, als Dank für einen gelungenen Eingriff, ein Gewand mit dem Wappen der fürstlichen Familie.

In gewohnter Weise läßt Siebold während dieser Zeit für ihn Unbekanntes aus Flora und Fauna zusammentragen. Gespräche mit Fachleuten erweitern sein geographisches und historisches Wissen über das Land der aufgehenden Sonne.

Am 1. Mai endlich findet die Audienz beim Shogun statt, die Siebold enttäuschen wird. Die holländischen Abgesandten, Oberst Stürler, Dr. Bürger und er, besteigen in Galakleidern die Sänften. Die japanische Begleitung folgt zu Fuß. Durch ein großes Tor führt der Weg an Palästen verschiedener Fürsten vorbei. Sie gelangen an eine Brücke, die nun auch die Holländer zu Fuß überschreiten müssen. Lakaien mit kahlgeschorenen Köpfen geleiten sie in einen großen Saal. Die dort wartenden Fürsten, Würdenträger und Verwandte des Shogun schauen neugierig auf die Fremden. Einige möchten holländische Wörter auf ihre Fächer geschrieben haben. Nur Oberst Stürler wird gebeten, sich in den Audienzsaal zu begeben. Dort weisen ihn Höflinge in das Protokoll ein. Nach japanischer Sitte muß er vor dem Shogun mit gesenkter Stirn niederknien. Ein Raunen kündet das Herannahen des Herrschers an. Er läßt dem Oberst die Bedingungen für die Verlängerung der Handelserlaubnis mit Japan verlesen. Das Zeremoniell ist kurz.

Es folgen Audienzen beim Erbprinzen, bei Reichsräten und anderen Würdenträgern. Überall wird den Gästen Tee, Tabak und Zuckergebäck angeboten, ständige Verbeugungen müssen mit ebensolchen erwidert werden. Neugierig betrachten die Japaner die Stöcke, Uhren, Ringe und Säbel der Europäer. Mit verdorbenem Magen und Schmerzen vom ungewohnten Sitzen mit untergeschlagenen Beinen kommen die drei Herren zum Gasthaus zurück. Zehn Stunden war man bei Hofe gewesen, ohne auch nur ein Gespräch von Bedeutung zu führen.

Die Abordnung macht sich auf die Heimreise und ist am 7. Juli wieder in Nagasaki. Siebold ist froh, nach fünfmonatiger Abwesenheit wieder zu Hause zu sein. Die Gefährtin Sonogi hat im Mai ein gesundes Kind zur Welt gebracht. Strahlend zeigt sie die hübsche Tochter, in die der Vater augenblicklich vernarrt ist. Das glückliche Paar nennt das Mädchen Ine und ahnt zu diesem Zeitpunkt nicht, daß es später einmal in die Fußstapfen ihres Vaters treten und in Japan eine außerordentliche Karriere als Ärztin und Geburtshelferin machen wird.

Als Spion angeklagt

Siebold sichtet die vielen Geschenke, die er unterwegs von den dankbaren Patienten bekommen hat, und sortiert Bücher, Handschriften, Zeichnungen und Gemälde, die ihm Kollegen übergeben haben. Die wichtigsten Teile nimmt er in seine ethnologische

Sammlung auf. Sie soll die Grundlage zu dem umfassenden Werk bilden, das er in Europa über Japan veröffentlichen will. Das Haus quillt bald über von all den Schätzen. Pflanzen aus den bereisten Bergregionen werden in den botanischen Garten gesetzt. Der Forscher ist mit der Ausarbeitung der Reisetagebücher beschäftigt und macht sich Notizen für seine *Flora Japonica*. Die Monate vergehen mit unermüdlicher wissenschaftlicher Arbeit, als ein Bote aus Edo auf der Insel Dejima eintrifft. Er überbringt die versprochenen japanischen Landkarten, und wie verabredet gibt ihm Siebold Karten von Rußland mit, die für den Hofastronomen Takahashi Sakuzaemon bestimmt sind.

Durch höfische Intrigen wird der Austausch dieser Landkarten der Regierung bekannt. Man verhaftet den kaiserlichen Astronomen und bezichtigt ihn des Landesverrats. Die Weitergabe von Landkarten an Fremde steht unter strengster Bestrafung. Mit Sakuzaemon werden seine Dienstboten, Dolmetscher, einige Schüler Siebolds und andere Japaner, die der Teilnahme an dieser Angelegenheit verdächtigt werden, ins Gefängnis geworfen.

Siebold hatte von der niederländischen Regierung die Anweisung erhalten, im Laufe des Jahres 1828 über Batavia nach Holland zurückzukehren, um dort seine Sammlung auszuwerten. Nun muß er vor Gericht, und die Japaner verbieten ihm die Ausreise – eine unnötige Maßnahme. Denn Siebold besteht selbst darauf, im Lande zu bleiben, um seine Freunde vor einer Verurteilung zu schützen. Als 30 Polizisten sein Haus durchsuchen, finden sie kaum Belastendes, jedenfalls keine Landkarten. Ein treuer Dolmetscher hatte Siebold vorgewarnt und ihm ermöglicht, Material zu verstecken. Eigene Aufzeichnungen und Arbeiten seiner Schüler sowie Karten und Bücher sind in Blechkisten im Garten vergraben oder im Doppelboden eines Affenkäfigs versteckt. »Die dringendste Aufgabe war jetzt«, schreibt Siebold in sein Tagebuch, »die Karte von Jezo und den Kurilen, unstreitig das wertvollste geographische Dokument, welches ich von dem Hofastronomen erhalten hatte, für die Wissenschaft zu retten. Nachmittags schloß ich mich in mein Arbeitszimmer ein und vollendete, ununterbrochen die Nacht hindurch bis zum Morgen arbeitend, eine getreue Kopie dieser Karte nebst Textübersetzung, eine gleich mühsame und anstrengende Arbeit.«[7]

Siebold rettet seine gesamte Sammlung. In 89 Kisten verpackt, gelangt sie an Bord des Schiffes »Cornelius Houtman«, das in Kürze in See stechen wird. Auslaufende holländische Schiffe dürfen den Hafen unkontrolliert verlassen.

Die Gerichtsverhöre zur Landkartenaffäre beginnen Anfang 1829 und ziehen sich über Monate hin. Siebold wird häufig ins Stadthaus von Nagasaki gebracht, wo er seine Freunde gefesselt und in erbärmlichem Gesundheitszustand wiedersieht. In ihrer Gegenwart soll er die Namen derjenigen nennen, die ihn mit Karten und sonstigen Informationen über Japan versorgt haben. Siebold weist das Ansinnen zurück. Klug versucht er die Ankläger davon zu überzeugen, daß es sich bei dem Geschehen um einen unter Wissenschaftlern üblichen Informationsaustausch handelt. In seinen Aussagen ist er – als Kenner der Landessprache, Sitten und Gebräuche der Japaner – geschickt und vorsichtig. Er bittet seine einflußreichen Freunde, Fürsten, Richter und Offiziere, ihm zu helfen, und beschwört sie, daß er bereit sei, für immer in Japan zu bleiben. Damit will er die Anklage der Spionage entkräften. Das Gericht ist beeindruckt. Im Juni werden fast alle Verhafteten auf freien Fuß gesetzt. Doch für den Hofastronomen kommt die glückliche Wende zu spät. Im März ist der Intellektuelle an den Folgen der unwürdigen Zustände im Gefängnis gestorben. Für Siebold kommt das Urteil im Oktober. Es lautet: ewige Verbannung aus Japan – Abreise mit dem nächsten Schiff.

Das aber wird erst im Dezember erwartet. Es ist die holländische Fregatte »Java«, die zum Jahreswechsel auslaufen wird. Der unter Hausarrest stehende Siebold nutzt die Zeit zur Beschaffung ihm noch fehlender Pflanzen. Aber wie soll er sie auf die Insel bekommen? Er beantragt die Genehmigung, eine Milchziege zu halten. Das Futter für das Tier bringen ihm seine Schüler, die unter das Grün kostbare Pflanzen schmuggeln. So kann Siebold noch in letzter Minute seine Sammlung komplettieren.

Der kleine Triumph kann aber die eigene verzweifelte Lage nicht lindern. Sonogi versucht die letzten Wochen noch so schön wie möglich zu gestalten, trotz ihrer Sorgen um die Zukunft. Sie darf das Land nicht verlassen und auch die dreijährige Ine muß in Japan bleiben. Siebold versorgt die beiden zwar finanziell und bittet seine Freunde, den Zurückbleibenden zu helfen, aber niemand weiß, ob es je ein Wiedersehen geben wird.

Zurück nach Europa

Von Bord der »Java« schreibt Siebold seiner Mutter in der Neujahrsnacht: »Reede von Nagasaki, 1829 ultimo Decembre, ... nach einem sehr günstigen Ablauf der für mich so schrecklichen Ereignisse auf Japan habe ich gestern Abend Dejima verlassen ... Ich führe alle meine Sammlungen mit.«[8] Es war Siebold tatsächlich mit Hilfe von Sonogi und den Freunden gelungen, das gesamte Forschungsmaterial zu verladen.

Nach kurzem Aufenthalt in Batavia betritt Siebold am 7. Juli 1830 – nach siebenjähriger Abwesenheit – in Amsterdam wieder europäischen Boden. Er wird von einem javanischen Diener begleitet und dem Chinesen Ko-Tsing-Tsang, der ihm beim Übersetzen helfen soll. 120 Kisten mit gesammelten Schätzen werden an Land gebracht. 500 Pflanzen sind darunter, von denen 250 den Transport lebend überstanden haben.

Als berühmter Forscher und Arzt wird Siebold in Holland mit großen Ehren empfangen. König Wilhelm I. beurlaubt den im Dienst seines Landes stehenden Akademiker auf unbegrenzte Zeit bei vollem Gehalt, damit er seine Sammlungen auswerten und darüber berichten kann. Siebold wird zum Oberstabsarzt beim Niederländisch-Indischen Heer ernannt und erhält das Ritterkreuz vom Orden des Niederländischen Löwen; Jahre später adelt man ihn zum Jonkheer (Freiherr). Dazu kommen zahlreiche Ehrungen in Deutschland. Die Heimatstadt Würzburg verleiht Siebold den Doktor der Philosophie, und aus der Hand von König Ludwig I. von Bayern empfängt er das Ritterkreuz des Civilverdienst-Ordens.

Siebold läßt sich in Leiden nieder, wo der ihm aus Java bekannte Botaniker Karl Blume jetzt Hollands Reichsherbarium verwaltet. Mit dem ihm eigenen Tempo sichtet und ordnet der Heimkehrer seine Aufsätze, Aufzeichnungen und Dokumente. In einem umfassenden Werk will er Japan in allen seinen Aspekten darstellen. Er muß dafür Zeichner, Illustratoren und Drucker gewinnen. Gerhard Zuccarini, Professor für Botanik in München, erklärt sich bereit, die in der Sammlung enthaltenen getrockneten und lebenden japanischen Pflanzen zu beschreiben und zu bestimmen. Noch heute findet man Zuccarinis und Siebolds abgekürzte Nachnamen hinter dem lateinischen Namen etlicher Pflanzen, die von den beiden erstmalig beschrieben wurden. Zum Beispiel: *Magnolia stellata* (Sieb. & Zucc.), die Sternmagnolie.

Um die Herausgabe seines Gesamtwerks – *Nippon, Archiv zur Beschreibung von Japan*, die *Flora Japonica* und die *Fauna Japonica* – zu finanzieren, besucht Siebold ab 1834 die wichtigsten europäischen Höfe. Er stellt dort sein Wissen über Japan vor und versucht Subskribenten für seine Bücher zu gewinnen.

Im russischen St. Petersburg bedankt Siebold sich bei Admiral von Krusenstern: Von ihm hatte er jene Karten, die er in Japan beim Hofastronomen eingetauscht hatte. Nun zeigt er dem Admiral das umfangreiche japanische Material. Der ist begeistert und würdigt Siebolds Einsatz in einem Schreiben: »So wichtige Beiträge zur Kenntnis eines so wenig bekannten und so höchst merkwürdigen Landes wie Japan mitgebracht zu haben, erlauben Sie mir auch bei dieser Gelegenheit, Ihnen meine Bewunderung für die Hingebung und den Mut zu bezeigen, durch welches Ihnen gelungen ist, mit Gefahr Ihrer Freiheit und vielleicht auch Ihres Lebens Schätze zu erobern, welche nur die Wissenschaft bereichern.«[9]

Von St. Petersburg reist Siebold weiter nach Moskau. In einem Brief beschreibt er seine Empfindungen: »Es war für mich ein eigenes Gefühl, nach so mannigfaltigen Schicksalen auf dem Krimlin, der alten Zaren-Burg, zu stehen und da über das Meer der mit roten und grünen Dächern geschmückten Stadt hinweg zu sehen; die unzähligen Türme und vergoldeten Zinnen der Kirchen rundum, vor mir die Moskwa mit Brücken und Fahrzeugen belebt und zu beiden Seiten tausende Kanonen, die Trophäen des französischen Feldzugs, aufgestellt, machten auf mich einen tiefen Eindruck.«[10]

In Moskau empfängt Zar Nikolaus I. den weitgereisten Deutschen. Er bietet Siebold während einer einstündigen Audienz an, in russische Dienste zu treten. Siebold lehnt den Vorschlag ab, freut sich aber, daß der Zarenhof zehn Exemplare seines *Nippon* bestellt. Mit Orden beschenkt und durch Diplome geehrt, fährt er nach Berlin.

In Preußens Hauptstadt wird er Alexander von Humboldt vorgestellt. Zwischen beiden Männern entwickelt sich eine bleibende Freundschaft und gegenseitige Wertschätzung. So wie vor ihm Humboldt die Veröffentlichung seiner Südamerika-Expedition selbst finanzieren mußte, muß nun auch Siebold Geld für den Druck seiner Japanforschungen auftreiben. Und so wie einst Humboldt, schlägt nun Siebold Professuren an Universitäten aus, um frei zu sein. »Sie irren sehr, wenn Sie denken, daß ich Lust hegte, ein Professor zu werden«, schreibt er im September 1830 an seine Mutter. »Das wär, in meiner Carriere, vom Pferd auf den Esel gestiegen. Warum mich ohne Not mit fremden Arbeiten überladen, da ich zehn Jahre lang zu tun habe, um meine Werke über Japan auszugeben.«[11]

Wien wird der Höhepunkt von Siebolds Reisen an europäische Höfe. Fürst Metternich empfängt ihn. Sogar dem alten Kaiser Franz I., der kurze Zeit darauf stirbt, darf Siebold einen vollen Nachmittag lang über das ferne Japan erzählen. Seiner Kontakte zu europäischen Herrscherhäusern wird sich Siebold noch viel später rühmen, wenn er mit 63 Jahren wieder im Land der aufgehenden Sonne weilt.

Siebolds Werk *Nippon, Archiv zur Beschreibung von Japan* erscheint 1833 in etwa 100 Exemplaren und kostet in der billigen Ausgabe 200 Taler, das entspricht dem Jahresgehalt eines Lehrers. Koloriert und im großen Format ist das Werk für 300 Taler zu haben. Solche Veröffentlichungen können sich nur wissenschaftliche und fürstliche Bibliotheken leisten.

Der Inhalt der Werke findet ein größeres Publikum im *Pfennig-Magazin* der Gesellschaft zur Verbreitung gemeinnütziger Kenntnisse, das der Brockhaus-Verlag in Leipzig seit 1834 herausgibt. Die Wochenzeitschrift kostet zwei Taler jährlich und hat bereits ein Jahr nach ihrer Gründung 35 000 Abonnenten. Kaufleute und Beamte, aber auch Handwerker und Bauern lesen im *Pfennig-Magazin* über das ferne Japan. Journalistisch aufbereitet, präsentiert es in lockerer Folge Auszüge aus *Nippon* und beginnt in seiner Ausgabe vom 9. Mai 1835 mit der Vorstellung des Autors: »Siebold ist ein Deutscher, aus Würzburg gebürtig, durch sein eigenes Verdienst wie durch den wissenschaftlichen Ruhm seiner Familie geadelt, aus dessen in den Jahren 1823–30 unternommenen Reise nach dem so wenig bekannten Japan oder Nippon wir unseren Lesern nach Maßgabe der Erscheinung des herrlichen Prachtwerkes, in welchem er die gesammelten Reiseschätze niederzulegen gedenkt, von Zeit zu Zeit Einiges mitteilen werden.«

Akklimatisierung japanischer Pflanzen

Der von Tatendrang getriebene Siebold hat mehr vor, als sein Wissen über Japan in Publikationen und Vorträgen weiterzugeben: Er möchte japanische Pflanzen und Gehölze in europäischen Gärten und Parks heimisch machen. Als kühner Visionär hatte er schon bald nach seiner Ankunft in Japan geschrieben: »Die Physiognomie unserer Landschaft wird sich eines Tages durch die wunderbare Flora Japans verwandeln, dann wenn sich die Ulmen und Akazien, die roten Ahorne und Paulownien auf den Hügeln und Abhängen der Gebirge erheben werden.«[12]

Nach seiner Rückkehr setzt Siebold die Idee in die Tat um. Und bald gedeihen viele der mitgebrachten Sträucher und Pflanzen nach sorgfältiger Akklimatisierung auf holländischem Boden. Siebold hat sich in Leiden ein großes Grundstück gekauft, das er in einen prächtigen Garten verwandelt. Die Bürger der Stadt staunen über die exotische Blütenpracht des *Jardin d'Acclimatation,* der zur Sehenswürdigkeit weit über die Landesgrenzen wird. Zum erstenmal sehen die Menschen hier Clematis und 44 verschiedene Baumpäonien blühen, Chrysanthemen und Lilien, Funkien, Deutzien, Hostas und Hortensien – vor allem die blauköpfige »Otaksa« wird zur Sensation. Der Frühling zeigt den Besuchern blühende Gehölze wie Kerrias, gelb leuchtet die *Forsythia suspensa* var. *Sieboldii, Wisteria floribunda* und *Malus floribunda* tragen üppigste Blüten.

1840 führt Siebold die *Rosa multiflora* ein, eine widerstandsfähige Rose, von der die Amerikaner heute anerkennend sagen:

Hydrangea macrophylla »Otaksa«

Sie ist groß wie ein Pferd, stark wie ein Bulle und zäh wie eine Ziege. Und der Blauglockenbaum, die *Paulownia tomentosa*, wird zum Liebling der Gartenbesitzer.

Viele Besucher von Siebolds Garten in Leiden möchten die »Japaner« in ihren Gärten pflanzen. So gründet Siebold 1842 gemeinsam mit Karl Blume eine Gesellschaft mit dem Ziel, japanische Pflanzen zu akklimatisieren, zu vermehren und zu verkaufen. Botanische Gärten sollen von allen eingeführten Pflanzen ein kostenloses Exemplar erhalten, Mitgliedern der Gesellschaft werden Sonderrabatte eingeräumt. Das Geschäft blüht, aus Japan kommt kistenweise Nachschub, den Siebolds Schüler ih-

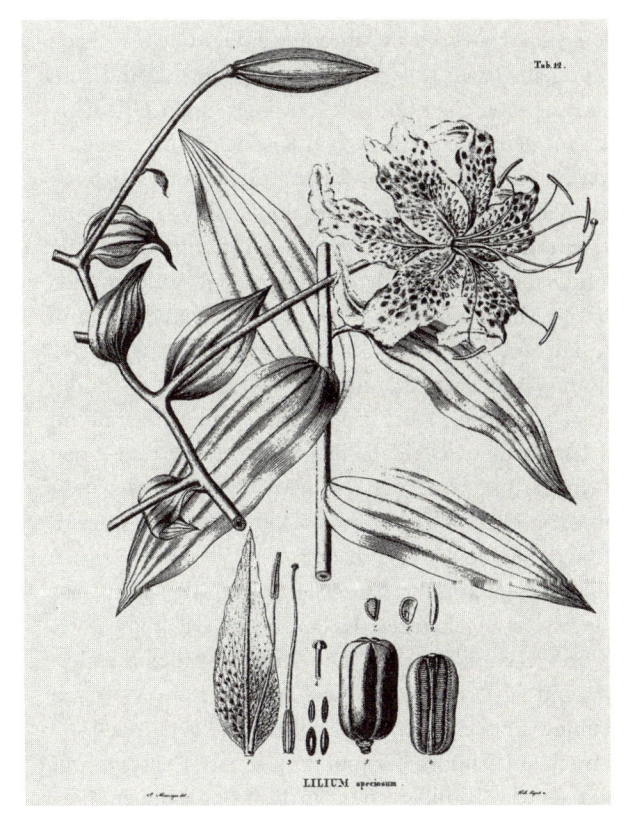

LILIUM speciosum

Lilium speciosum

rem unvergessenen Lehrer schicken. Die Vermehrung in den eigenen Gewächshäusern gelingt großartig.

Parallel zu der Gesellschaft gründet der umtriebige Siebold sein eigenes Gartenbauunternehmen. Anhand von Katalogen und Preislisten kann man jetzt bei der Firma Siebold & Comp., Leiden, die neuen Pflanzen bestellen. Der Firmeninhaber berät nicht nur, wie man zu pflanzen hat, sondern gibt auch schriftliche Anweisungen, wie der Boden vorzubereiten ist. Siebold & Comp. stellt japanische Pflanzen auf Ausstellungen in den Hauptstädten Europas vor, und bald wachsen in deren Parkanlagen herrliche Ahorne, Koniferen, Clematis und Weigelia-Arten. Siebold erwägt die Gründung einer Aktiengesellschaft – der Traum jedoch zerschlägt sich. Es finden sich zu wenig Interessenten.

Mittlerweile residiert Siebold 15 Jahre in Leiden. Die Zeit nach seiner Ausweisung aus Japan ist wie im Flug vergangen, und zum ersten Mal gönnt sich der unermüdliche Arbeiter einen Urlaub.

Er erholt sich im deutschen Kurort Bad Kissingen und begegnet dort Helene Ida Caroline Freiin von Gagern. Die schöne 25jährige stammt aus einer alten Adelsfamilie, die auf Rügen ein Majorat besitzt. Sie begleitet die verwitwete Mutter bei ihrem Kuraufenthalt. Die beiden Damen sind von dem weitgereisten, weltgewandten, fast 50jährigen Mann tief beeindruckt. Siebold verliebt sich in die intelligente Helene, und als er ihr einen Heiratsantrag macht, nimmt sie ihn an. Nach der Trauung am 10. Juli 1845 in Berlin zieht das Paar nach Holland. Dort erwartet die junge Ehefrau ein großes weißes Landhaus bei Leiden. Das Haus erinnert an einen japanischen Tempel und trägt den Namen »Nippon«. Es steht umgeben von exotischen Pflanzen im Akklimatisierungsgarten, ganz in der Nähe des Leidener Yachthafens.

Am 16. August 1846 kommt der erste Sohn, Alexander, zur Welt. Ihm folgen vier Geschwister: Helene 1848, Mathilde 1850, Heinrich 1852 und Maximilian 1854. Die Jungen werden die gleiche Begeisterung für Japan entwickeln wie der Vater und vertreten dort später in diplomatischen Diensten England und Österreich.

Der frischvermählte Japanforscher muß nun seine Arbeitswut mit den Verpflichtungen des Familienlebens in Einklang bringen. Sie-

Siebolds deutsche Ehefrau Helene (1820–1877)

bold holt seinen Schwager Karl von Gagern als Helfer ins Haus. »Diese Arbeit war vielfach eine anregende«, notiert Gagern. »Seine japanischen Freunde hatten ihm ganze Stöße wichtiger einheimischer Dokumente, Bücher, Beschreibungen des Landes und dergleichen ins Holländische übersetzt. Diese galt es nun zu sichten, zu ordnen und für das deutsch geschriebene Buch, je nach dem Inhalt der einzelnen Kapitel, zu verwerten.« Gagern, der etwa ein Jahr für Siebold arbeitet, hat dessen Schwierigkeiten mit der Sprache beschrieben: »In Folge seines langen Aufenthalts in Japan und seines Jahre hindurch fast ausschließlichen Verkehrs mit Holländern hatte Siebold seine Muttersprache ein wenig verlernt, nicht was die

Unterhaltung betraf, wohl aber merkte man es an dem Stil seiner Briefe und wissenschaftlichen Schriften. Nicht selten waren ›Batavismen‹ zu entdecken. Auch kultivierte er, was meinem Geschmack wenig zusagte, allzu sehr den altmodischen ciceronianischen Periodenbau, sehr lang, sehr verwickelt, oft gedrechselt und voller Einschiebsel und Zwischensätze.«[13]

Weil seiner jungen Frau das Klima an der holländischen Küste nicht bekommt, kauft Siebold für 20 000 Taler ein ehemaliges Franziskanerkloster bei Boppard im damals zu Preußen gehörenden Rheinland. Nun verbringt die Familie nur noch die Sommermonate in Leiden. Siebold erwirbt die preußische Staatsangehörigkeit, versteht es aber, die Beziehungen zu seinem Gastland nicht zu trüben: Hollands König Wilhelm II. erteilt ihm unbegrenzten Urlaub im Ausland und läßt ihn in den Rang eines Obersten der Kolonialarmee befördern. Prinz Heinrich der Niederlande wird Pate von Siebolds nach ihm benannten Sohn. Auf der anderen Seite besucht König Friedrich Wilhelm IV. von Preußen, als er in Boppard eine evangelische Kirche einweiht, die Familie Siebold in ihrem prachtvollen Kloster mit Kreuzgängen und dem wunderschönen Garten. So ist denn Helene von Siebold traurig, als ihr Mann 1853 das Kloster verkauft und die Familie nach Bonn umzieht. Siebold drängt es in eine Universitätsstadt mit ihren Bibliotheken und Gelehrten.

Die Rückkehr nach Japan

In Bonn bleibt Siebold weiterhin rastlos. Sehnsucht nach Asien verzehrt ihn. Und als sich Japan 1853 dem Welthandel öffnet, hofft Siebold in sein geliebtes Land zurückkehren zu können. Diplomaten führender Staaten lassen sich nun in Edo akkreditieren. Etliche Male schlägt Siebold der niederländischen Regierung vor, ihn als ihren Gesandten nach Japan zu schicken. Zu seiner Enttäuschung zögern die Holländer, obwohl Japan 1855 den Bann gegen Siebold aufhebt. Er reist nach Rußland, um dem diplomatischen Corps in St. Petersburg sein umfassendes Wissen über Japan zu vermitteln. Wieder wird er vom Zaren mit Orden geehrt. Jedoch kann Siebold auch die Russen nicht dazu bringen, ihn im Auftrag der Regierung nach Japan zu schicken.

Getrieben von der Sehnsucht nach dem fernen Land, schreibt Siebold 1856 aus Bonn einem Freund: »Zwar ist mir hier ein örtlicher Ruhepunkt zu Teil geworden, in meinem Innern dagegen herrschte niemals größere Unruhe, wenn ich an Japan denke, dann durchströmt die Adern des Sechzigers eine gleiche Glut, welche 1822 den Jüngling anfeuerte, eines der von der Heimat entferntesten Länder der Welt aufzusuchen; und wenn ich damals dahinzog, dort für die europäische Wissenschaft tief verborgene Schätze an den Tag zu fördern – jetzt treibt es mich dahin zu eilen, dem guten, braven glücklichen Volke, das ich leider aus der Vergessenheit mit in das Weltgetümmel hineingerissen, Hülfe und Rettung zu bringen.«[14]

Drei Jahre später ist es endlich so weit. Nun segelt er mit seinem 12jährigen Sohn Alexander nach Japan. Noch mit 63 Jahren hat Siebold sich als Vertreter bei einem großen niederländischen Handelsunternehmen verdingt. Mit westlichen Produkten möchte er viel Geld verdienen. Auf eigene Rechnung kauft er naturkundliche Bücher, wissenschaftliche Instrumente, Gold- und Silberuhren, Jagdgewehre, Spiegel, Geräte für den Bergbau, Glaswaren und Leinenzeug. Sogar eine Dampfmaschine läßt Siebold verladen.

Auf die Reise geht Siebold mit den besten Wünschen Alexander von Humboldts: »Die physikalische Geographie hat in allen Teilen Nutzen gezogen aus Ihren großartigen Arbeiten über die Japanische Inselwelt«, schreibt ihm der inzwischen 90jährige. »Unsere botanischen Gärten sind geschmückt mit den Pflanzen, die Sie eingeführt haben; und Sie begeben sich jetzt wieder an Ort und Stelle, um Ihre glänzenden Arbeiten fortzusetzen und zu vervollständigen. Möchte Ihre Gesundheit, die allen am Fortschritt der Wissenschaft Interessierten so teuer ist, den neuen Anstrengungen gewachsen sein und Ihr edles Vorhaben unterstützen. Das ist der Wunsch, den ich für Sie hege als einer Ihrer ältesten Freunde und Bewunderer.«[15]

Auf seiner Reise in die Vergangenheit trifft Siebold in Nagasaki Sonogi wieder. Seine einstige Lebensgefährtin lebt immer noch in der Hafenstadt. Sie war nach seiner erzwungenen Abreise vor 30 Jahren zweimal verheiratet, hat aber keine Kinder mehr bekommen. Die alte Dame erzählt dem berühmten Forscher, wie es ihr ergangen ist, und hört seine Geschichte. Dann sagt sie ihm – ohne jede Bitterkeit –, daß sie ihn nicht noch einmal treffen möchte.

Ine, die Tochter der beiden, ist inzwischen 33 Jahre alt und eine angesehene Ärztin und Hebamme. Sie ist nach anfänglichem

Siebold mit Sohn Alexander

Zögern bereit, für ihren Vater zu arbeiten. Als Dolmetscherin begleitet sie Siebold, als er beim Gouverneur seinen Antrittsbesuch macht. Der Deutsche überbringt Proben verschiedener Getreidearten. Der Regierung in Edo schickt er Samen von Roggen, Leinsamen, Hopfen und Hirse. Er empfiehlt den Japanern, den Anbau zu versuchen, um ihre Nahrung zu bereichern. Das Wohlergehen des geliebten Landes ist ihm eine Herzensangelegenheit. Nach wenigen Monaten fühlt sich Siebold wieder in seinem Element, er kann in Edo lehren und trifft viele seiner ehemaligen Schüler, die inzwischen wichtige Ämter bekleiden. Er informiert sie über Bergbau, Volkswirtschaft, das Schul- und Armenwesen. Er macht Vorschläge auf dem Gebiet des Handels und des Verkehrs, berät die Japaner beim Import von Maschinen und empfiehlt ihnen die Gründung einer Marine.

Die Japaner schätzen Siebolds Kenntnisse und seine Liebe zu ihrem Land und lassen sich von ihm in vielen politischen Fragen beraten. Seine guten privaten Kontakte verursachen jedoch Konflikte mit den diplomatischen Vertretern der Niederlande. Der Generalkonsul argwöhnt, daß Siebold sich ungebeten in seine Geschäfte einmische. Die Holländer geben Japans Regierung zu verstehen, daß Siebold sich auf seine wissenschaftliche Arbeit zu beschränken habe, und intrigieren gegen den Japan-Veteranen. Siebolds hochdotierter Lehrauftrag wird nach langem Zögern von seiten der Japaner nicht verlängert. Zudem hat der Verkauf der mitgebrachten Waren kaum Profit gebracht, denn seit der Öffnung erreichen viele westliche Produkte das Land.

Siebold gerät in eine verzweifelte Lage. Am 11. November 1861 schreibt es in sein Tagebuch: »Audienz bei dem Minister der auswärtigen Angelegenheiten. Alle Gouverneure sind anwesend. Sehr freundlich empfangen. Bekomme vom Taikun wegen meiner dem Staate geleisteten Dienste einen Ehrensäbel und für meinen Unterricht fünf kostbare Seidenstoffe.« Der Auszeichnung aber folgt eine schockierende Nachricht. »Man erklärt mir«, schreibt Siebold weiter, »daß man mich auf Einwendungen des Gesandten der Niederlande entlasse, aber sehr wünsche, daß ich wieder zurückkomme.«[16]

Fünf Monate später verläßt Siebold Japan. Er soll es nicht wiedersehen. Sein Sohn Alexander jedoch bleibt. Er beherrscht die Landessprache so gut, daß die englische Gesandtschaft den gerade 15-jährigen als Dolmetscher in ihre Dienste stellt. Siebold hat seine Liebe zu Japan an den Sohn weitergegeben.

Letzte Heimkehr

Als Siebold 1863, mit 67 Jahren, wieder in Bonn eintrifft, will er nach den erlittenen Kränkungen die Beziehungen zu den Holländern abbrechen. Das ist auch in deren Sinne. Die Regierung verabschiedet den Oberstabsarzt a. D. mit einer Jahrespension von 4000 Gulden. Daß der Umgang mit dem genialen Mann nicht immer einfach ist, zeigt ein Brief, den Frau von Siebold von ihrem Bruder Karl erhält. » Siebold hilft und dient sehr gerne «, schreibt er, » aber er hat, wenn ich mich so ausdrücken darf, einen gewissen exklusiven Egoismus in seinen Gefälligkeiten, mit anderen Worten, er will, wenn er hilft, allein helfen, namentlich wenn es sich um japanische Angelegenheiten handelt. «[17]

Siebold versucht vergeblich, einen diplomatischen Posten zu finden, auf dem er seine Japan-Erfahrung einbringen kann. Schließlich konzentriert er sich darauf, seine ethnologische Sammlung zu zeigen. Die Stadt München bereitet eine große Ausstellung vor. Wie immer in seinem Leben engagiert sich der alte Herr mit aller Kraft. Bei Arbeiten in den zugigen Ausstellungsräumen holt er sich eine Erkältung. Siebold stirbt am 18. Oktober 1866, im siebzigsten Lebensjahr.

Heute erinnern Büsten und Gedenktafeln in Nagasaki und Wien, im Botanischen Garten der Universität Leiden und in Würzburg an den großen Gelehrten und Forscher. Die lebendige Erinnerung an Philipp Franz von Siebold und seine Liebe zu Japan aber sind die Pracht und der Duft von Pflanzen, die er uns gebracht hat – Magnolien und Lilien, flammend roter Ahorn und immergrüne Kiefern.

Die
»Frau Naturforscherin«

Amalie Dietrich
(1821–1891)

Lupe und Mikroskop, Insektenkästen und Spiritus, dazu Gift und Kisten für lebendige Schlangen und Eidechsen – eigentlich vermutet man derlei nicht im Gepäck einer europäischen Dame, die Mitte des 19. Jahrhunderts in Hamburg ein Schiff nach Australien besteigt. Doch Amalie Dietrich ist keine Dame. Sie ist eine leidenschaftliche Naturforscherin, glühend vor Ehrgeiz und geradezu besessen von ihrem Auftrag, die Flora und Fauna im östlichen, noch unerforschten Australien zu erkunden, kaum 100 Jahre nachdem Captain Cook die Küste von Queensland entdeckte und in die Seekarten eintrug. Endlich geht ein Jugendtraum in Erfüllung: Endlich, mit 42 Jahren, wird sie eine Welt erforschen, so exotisch, wie sie ihr bislang nur in Reisebeschreibungen begegnet ist.

Auch Gips und Fässer mit Salz, Gläser mit großen Stopseln, Seiden- und Packpapier gehören zu ihrer Ausrüstung, denn sie wird in Queensland nicht nur so viele Pflanzen und Tiere wie möglich sammeln, vielmehr hat sie sich in einem Vertrag mit dem Handelshaus Joh. Ces. Godeffroy & Sohn verpflichtet, ihre Sammelstücke auch zu präparieren und zu konservieren. Zusammen mit ethnologisch interessantem Material soll dann alles sorgfältig

Amalie Dietrich

verpackt an das firmeneigene naturhistorische Museum in Hamburg geschickt werden.

Am 17. Mai 1863 verläßt Amalie Dietrich an Bord des Godeffroy-Klippers »La Rochelle« den Hamburger Hafen. Während 450 Auswanderer, meist junge Familien, im Zwischendeck zusammengepfercht sind, reist die Naturforscherin als einzige in der ersten Klasse. Ungestört kann sie den ganzen Tag in ihrer komfortablen Kabine lesen, studieren und Englisch lernen. Sie speist im Erste-Klasse-Salon am Captains Table, und wenn sie an ihre geplagten Mitreisenden im Zwischendeck denkt, dann schämt sie sich ein wenig für den Luxus, den sie genießen darf, denn die Frau aus Sachsen weiß, was Armut ist, hat sie doch in ihrem bisherigen Leben vor allem schwere Arbeit, Mangel und Entbehrungen kennengelernt.

Die » Nellen Male «

Concordia Amalie Nelle wird am 26. Mai 1821 in eine Handwerkerfamilie hineingeboren. Der Vater ist Beutler und stellt im sächsischen Siebenlehn Lederwaren her – Geldbeutel, Reise- und Damenhandtaschen, vor allem aber Bälle und Puppen, die er auf den Märkten der Umgebung verkauft. Amalie, in der Unterstadt, dem Arme-Leute-Viertel, die » Nellen Male « genannt, ist ein ernstes und wißbegieriges Mädchen. Die Eltern lassen sich ihre Bildung wöchentlich sogar einen Sechser Schulgeld kosten, dazu monatlich drei Pfennige für die Benutzung der Gänsefeder und einen Pfennig für Tinte. Wenn Amalie ein Junge wäre, so Mutter Nelle, könnte sie » auf den Schulmeister « studieren, doch als Mädchen soll sie in Zukunft dem Vater in der Werkstatt helfen und vielleicht später einen Gesellen heiraten. Aber das » Nellen Malchen « ist anders als andere junge Mädchen, liest lieber ein Buch, als mit Gleichaltrigen tanzen zu gehen. Den Antrag eines wohlhabenden Mehlhändlers lehnt sie ab und träumt statt dessen davon, irgendwann die Enge des sächsischen Dorfes hinter sich zu lassen. Dickköpfig, eigensinnig und mit dem Einsatz all ihrer Kräfte verfolgt sie dieses Ziel.

Deshalb will das Malchen eigentlich nie heiraten, das haben sie und ihre Freundin einander geschworen – es sei denn, da käme einer, der » hoch über ihnen stände, den sie als ihren Herrn anerkennen könnten «.[1] Diesem Mann begegnet die » Nellen Male « im Wald beim Pilzesammeln: Wilhelm August Salomo Dietrich steht mit einer Lupe über ein winziges Stückchen Moos gebeugt, neben sich die Botanisiertrommel und einen langen in die Erde gesteckten Stock, an dem ein weißer Mullbeutel baumelt. Glaubt man der Schilderung von Amalies Tochter, so hat sich die damals 24jährige umgehend in den zehn Jahre älteren Mann mit dem » feinen, vornehmen Gesicht und den blauen klugen Augen « verliebt: » Wie gern sah man ihn an! Aber ein bißchen Furcht hatte sie vor ihm, das hing wohl mit dem Respekt zusammen, den sie in seiner Nähe empfand. «

Was sich wie die authentischen Gefühle der Amalie Dietrich liest, ist eine phantasievolle Verknüpfung von Dichtung und Wahrheit aus der Feder ihrer Tochter Charitas Bischoff. Die hat den ungewöhnlichen Lebensweg der »Nellen Male« als romanhafte Biographie aufgeschrieben: *Amalie Dietrich. Ein Leben* erschien 1909 und wurde ein immer wieder neu aufgelegter Bestseller, der auch zur Zeit des Nationalsozialismus in den Schulen gelesen und zuletzt 1977 und 1979 in der DDR nochmals herausgegeben wurde. Unter dem Titel *The Hard Road* erschien das Buch 1931 in englischer Sprache, und Auszüge daraus halfen australischen Kindern, die deutsche Sprache zu lernen.

Der Naturforscher Wilhelm Dietrich

»W. A. S. Dietrich – Naturforscher«, steht da, wo er zur Untermiete wohnt, an der Tür. Was ein Naturforscher eigentlich ist, darüber kursieren in Siebenlehn wilde Spekulationen: ein Hexenmeister, der Molche sammelt, Zaubersprüche murmelt, Viehzeug kocht und dann in der Brühe in Glashäfen setzt, »gerade wie wir Quitten oder Preiselbeeren«. Außerdem heißt es, Wilhelm Dietrich habe den Mendler Fritz, der eigentlich das Schneiderhandwerk erlernen sollte, so verhext, daß der Junge für nur schmale Kost bei ihm arbeite und den Naturforscher auf seinen Sammeltouren begleite, um ihm die schweren Körbe zu schleppen. Auch Amalie läßt sich von Wilhelms forschender Hingabe an die Botanik und seine Begeisterung für die Natur anstecken: »Nicht nur dein Auge und Ohr, deine Seele muß mit ehrfürchtigem Beben vernehmen, was die Natur uns offenbaren will.« Welche Glückseligkeit, mit dem Angebeteten stundenlang durch den Zellwald zu wandern, seinen Erklärungen zu lauschen und von ihm zu lernen, die Laute, Farben, Formen und Düfte der Natur wahrzunehmen! In der Unterstadt von Siebenlehn aber steht fest: Nun ist auch die »Nellen Male« verhext worden.

Eigentlich hatte Wilhelm Dietrich Arzt werden wollen, doch mußte er nach dem Tod seines Vaters das Studium abbrechen, um nach einer Apothekerlehre mit dem Verkauf von Medikamenten Geld zu verdienen. Seine Leidenschaft aber ist immer die Botanik gewesen, und noch bevor er 1846 Amalie Nelle heiratet, hat er seine Anstellung in der Apotheke und damit das regelmäßige Einkommen aufgegeben, um Privatgelehrter zu werden. Das junge Paar will sich ganz und gar der Erforschung der Natur widmen und gemeinsam seinen Lebensunterhalt mit der Herstellung und dem Verkauf von Herbarien verdienen – keine abwegige Idee, denn das Interesse an der Botanik ist damals weit verbreitet.

Ein Grund dafür sind die Lehren von Carl von Linné (1707–1778), der das Ordnen der Formenfülle in der Natur zum Hauptziel der Botanik erklärt hat. Dabei sind die Herbare Grundlage für das empirische Studium der Pflanzen, für ihre Beschreibung und Bestimmung; und jeder Botaniker setzt seinen Ehrgeiz daran, neue Arten zu erfassen oder die Floren bestimmter Regionen zu beschreiben. Dem Leitspruch Linnés folgend, daß ein Botaniker desto vorzüglicher sei, je mehr Gewächse er kenne, ist es geradezu Mode geworden, eine Sammlung getrockneter Pflanzen zu besitzen.

Die botanische Werkstatt in Siebenlehn

Allmählich lernt Amalie Dietrich von ihrem Mann das Einmaleins der Botanik: das Erkennen und systematische Sammeln von Pflanzen, das Trennen und Zerlegen, das sorgfältige Pressen, Trocknen und Befestigen der Pflanzenteile auf Papier. Begeistert vertieft sie sich in den Bau der Gewächse, klassifiziert sie nach dem Linnéschen Sexualsystem und nach natürlichen Systemen. Mit ihrem Wissen über die Flora wächst auch die Überzeugung, daß die Botanik ihre Berufung ist. Deshalb werden die 300 Taler, die Amalies Eltern mühsam für die Aussteuer gespart haben, nicht in Leinenwäsche oder ein Kanapee investiert, sondern in Pflanzenpressen, Glashäfen, Spiritus und Papiere. Bald gleicht die Wohnung im Siebenlehner Forsthof einer botanischen Werkstatt – statt Wäsche liegen Tausende getrockneter Pflanzen, aber auch mumifizierte Insekten und Mineralien übersichtlich geordnet in Schränken und Regalen.

Mutter Nelle kümmert sich um den Haushalt, damit Amalie sich ausschließlich der geliebten Arbeit widmen kann. Unermüdlich zieht das verliebte Paar mit dem Tragekorb durch den Zellwald, um Pflanzen zu sammeln. In dieser Zeit lernt Amalie durch die unmittelbare Naturbeobachtung und eignet sich jenen Fundus an Wissen und Erfahrung an, auf den die Pflanzensammlerin später immer wieder zurückgreifen kann. Abends werden die Blüten, Blätter, Samen und Wurzeln gepreßt und zum Trocknen ausgelegt. Bis zum Winter sollen die Regale gefüllt und das Sortiment erweitert sein. In der kalten Jahreszeit werden die Schätze zum Verkauf präpariert und die Bestellungen zusammengestellt, die dann im kommenden Jahr ausgeliefert werden.

Auf die Bezahlung muß die Familie oft lange warten, und meist reicht der Verdienst gerade für einen äußerst bescheidenen Lebensunterhalt. 1848 wird die Tochter Charitas geboren, wobei der Vater aus seiner Enttäuschung, keinen Jungen bekommen zu haben, keinen Hehl macht. Vier Jahre später stirbt Mutter Nelle, und Amalie verliert ihre wichtigste Stütze. Allein ist sie der doppelten Belastung nicht gewachsen: Ihre Mitarbeit in der botanischen Werkstatt ist dringend erforderlich; andererseits wollen Mann und Kind sowie der alte Vater versorgt werden, aber im Kochen, Waschen, Putzen ist sie völlig ungeübt. Und trotz aller Konflikte und Gewissensbisse ist Amalie Dietrich nicht bereit, ihre Arbeit zugunsten der Aufgaben als Hausfrau und Mutter aufzugeben. Bald versinkt der Haushalt im Chaos, und ein junges Dienstmädchen wird eingestellt. Pauline aber macht dem Hausherrn schöne Augen und wird seine Geliebte. Amalies Enttäuschung über diesen Verrat ist grenzenlos und stürzt sie in eine existentielle Krise.

Mit dramatischem Talent hat Charitas Bischoff diese Phase im Leben der Mutter gestaltet: ihr Kräftemessen mit der Rivalin, die Untreue des abgöttisch geliebten Ehemanns, die Verzweiflung der Betrogenen. Selbstmord? Rache? Flucht? »Ich muß fort, weit, weit weg, sonst...« Tatsächlich besorgt sich Amalie Dietrich einen Paß und reist mit ihrer Tochter nach Bukarest, das für Siebenlehner Vorstellungen fast am Ende der Welt liegt. Dort hat Amalies Bruder Karl im Handwerk des Vaters Fuß gefaßt und ist ein wohlhabender Lederwarenhersteller geworden. Lästige Konventionen, einschnürende Etikette und die ihr verordnete Untätigkeit in schönen Kleidern – mit dem Leben in der Großstadt kann Amalie sich nicht anfreunden. Darum zieht sie sich einen Sommer lang in ein Karpatendorf zurück, wo sie im Haushalt eines älteren Ehepaars hilft und wohl auch lernt, einen Haushalt zu führen. Auf ausgedehnten Gebirgswanderungen findet sie »Ruhe und Zufriedenheit«, aber auch »Sehnsucht und Einsamkeit«. Dabei nimmt sie das Sammeln von Pflanzen wieder auf und schickt das Herbarmaterial dem Ehemann nach Siebenlehn. Als endlich sein mit Spannung erwartetes Dankeschön eintrifft, liest ihr »liebeshungriges Herz« zwischen den Zeilen, was sie hören möchte, und sie kehrt nach etwa einem Jahr in der Fremde mit der Tochter zu ihrem Mann auf den Forsthof zurück.

Reisen mit Hund und Wagen

Das Leben in Bukarest hat sie verändert: Hübscher sei sie geworden, meint ihr Mann. Sie ist wie eine Dame gekleidet und tritt Wilhelm entschiedener und selbstbewußter entgegen, gleichzeitig aber ist sie überzeugt, ihren Beruf nur zusammen mit ihrem Mann ausüben zu können, und dafür ist sie zu Opfern bereit. So tauscht sie die kostbaren Kleider gegen ihren Arbeitskittel, verspricht, bei den gemeinsamen Verkaufs- und Sammelreisen die Körbe zu schleppen und, das Schmerzlichste, die Tochter während ihrer Abwesenheit bei fremden Leuten unterzubringen. Hin und her gerissen zwischen Mutterrolle und beruflichem Ehrgeiz, plagt sie ein ständig schlechtes Gewissen, weil sie die Wissenschaft dem Kind vorzieht, es häufig sogar als Belastung empfindet.

Zu Fuß wandert das Forscherpaar siebzehn Wochen durch Thüringen, Hessen, Westfalen, an den Rhein bis nach Köln. Der volle Tragekorb scheuert den Rücken wund – Amalies Rücken, denn Wilhelm Dietrich läßt tatsächlich seine Frau die Lasten schleppen. Farne und Gräser, Kräuter, Moose und Giftpflanzen –

Apotheken, Schulen, Universitäten und botanische Gärten kaufen Herbarien als Anschauungsmaterial. Um das Wandern mit dem schweren Gepäck zu erleichtern, schafft Amalie Dietrich für die nächste Reise einen Handwagen an und den Hund Hektor, der den Wagen ziehen soll. Vier Monate lang ziehen die beiden Naturforscher 1855 mit dem Gespann von der Lausitz nach Böhmen und Schlesien, dann weiter nach Krakau und zurück nach Siebenlehn.

Als Wilhelm Dietrich diese Wanderungen zu beschwerlich werden, schickt er seine Frau allein los. Sie ist 36 Jahre alt und muß fortan die Familie ernähren. Der Herr Naturforscher bleibt zu Hause, ohne sich aber an Stelle der abwesenden Mutter um die Tochter zu kümmern. Das hat sie ihm nie verziehen. Charitas Bischoff stellt den Vater in ihrem Buch als selbstgefällig, lieblos und egozentrisch, als dünkelhaft und verantwortungslos dar, während Amalie Dietrich ihren Mann offenbar immer verteidigt, seine Fehlleistungen entschuldigt und ihm nie seine Schwächen vorgehalten hat.

Die erste Reise, die sie allein unternimmt, führt 1857 zunächst ins Salzburger Land. Dort soll sie einen Vorrat an Alpenflora sammeln. Elf Wochen wandert sie, mit Hektor vor dem Wagen, durchs Gebirge – bergauf aber hat auch sie einen Zugriemen über der Schulter. Ein einprägsames Bild: Die schmächtige, aber zähe, wetterfeste Frau, die mit einem Hundegespann völlig allein durch die Lande zieht und sich selbst vor einen Karren voller Kästen mit gepreßten Pflanzen spannt.

Lichtblicke und Höhepunkte auf diesen einsamen Touren der Pflanzensammlerin sind die Gespräche mit ihren akademisch gebildeten Kunden. »Komme ich von den Professoren«, zitiert Charitas Bischoff ihre Mutter, »dann fühle ich mich reich und glücklich.« Professoren und Leiter von botanischen Gärten, Lehrer, Doktoren und Apotheker – hier lernt sie viel über den Stand der wissenschaftlichen Diskussion; außerdem erhält sie Lob und Anerkennung. Allen ist die emsige Pflanzensammlerin mittlerweile ein Begriff, und sie ist stolz darauf, daß die Fachgelehrten sie, die Autodidaktin, respektvoll »Frau Naturforscherin« nennen.

Sie unternimmt Sammelreisen nach Magdeburg und Berlin. Bald darauf fehlen Algen und Seetang, und Amalie Dietrich soll an die holländische Küste gehen. Erstmals sträubt sie sich gegen den langen Fußmarsch, weil sie sich zu matt und kraftlos fühlt. Doch Wilhelm Dietrich besteht auf der Reise, und so marschiert sie über Bremen, Brüssel und Rotterdam bis an die Nordsee. Bei Den Haag bricht sie mit Typhus zusammen, und erst nach vier Wochen im Krankenhaus ist sie so weit wiederhergestellt, daß sie in Richtung Heimat aufbrechen kann. Völlig erschöpft und mittellos trifft sie in Siebenlehn ein. Hier findet sie die Tür des Forsthofs verschlossen: Wilhelm Dietrich hat seine Familie endgültig verlassen und sitzt als Hauslehrer am warmen Kamin eines nahegelegenen Schlosses.

Auf eigenen Füßen

Ein Schock zuerst, dann Grund für einen entschlossenen Neuanfang: Als Pflanzensammlerin hatte Amalie Dietrich sich längst von ihrem Lehrmeister freigeschwommen, jetzt kann sie endlich auch einen Schlußstrich unter die gescheiterte Ehe ziehen. Nun gilt es, ganz auf eigenen Füßen zu stehen: Mit Hilfe ihrer Tochter stellt sie umgehend neue Herbarien zusammen, die sie in Sachsen mit Gewinn verkaufen kann, und von dem Verdienst leistet sich die Handlungsreisende in Sachen Natur erstmals eine Bahnfahrkarte. Das Ziel: Hamburg. Ihr Kontaktmann dort erkennt sofort die herausragende Qualität ihrer Moosherbarien und empfiehlt Amalie Dietrich an einen gewissen Dr. Heinrich Adolf Meyer, Fabrikant von Elfenbeinprodukten und Spezialist für Sporenpflanzen. Auch der ist von der wissenschaftlichen und handwerklichen Präzision ihrer Sammlungen begeistert und kauft alle Herbarbögen, die sie mitgebracht hat. Folgenreicher noch – er erzählt von einem wissenschaftlich interessierten Bekannten, dem Reeder und Überseekaufmann Cesar Godeffroy, der eine reichhaltige naturkundliche Sammlung unterhält und Forschungsreisende in ferne Länder schickt, um die Sammlung zu einem Museum auszubauen.

Diese Mitteilung versetzt Amalie Dietrich in » fieberhafte Aufregung«. Hat sie nicht immer schon von fremden Kontinenten geträumt? Ungeduldig eilt sie zu der angegebenen Adresse – Alter Wandrahm 26. Obwohl ihr das imposante Kaufmannshaus ungeheuren Respekt einflößt, betritt sie das Gebäude nach kurzem Zögern durch einen Nebeneingang, um sich beim Firmenchef als Feldforscherin zu bewerben. » Was denken Sie denn? Glauben Sie, daß wir Leute, die eben mal von der Straße hereinkommen, gleich anstellen!« Cesar Godeffroy wirft die Frau kurzerhand hinaus: » Wünschen Sie fremde Länder zu sehen, so bezahlen Sie einen Platz auf einem unserer Schiffe. Unsinn! Noch dazu eine Frau! Was machen Sie sich wohl für einen Begriff von unseren Forderungen!«

Der König der Südsee am Alten Wandrahm

Die Godeffroy-Dynastie gehört zu den einflußreichsten Familien der Hansestadt. Kohle, Eisen, Stahl, Schiffbau und Schiffahrt, Überseehandel und Plantagenbesitz – Cesar Godeffroy gebietet über ein riesiges Firmenimperium. Darüber hinaus faszinieren ihn Schönheit und Formenreichtum der Natur, und als Mäzen fördert er die Naturwissenschaften. Das hebt sein Image und bringt geschäftliche Vorteile.

In Hamburg nennt man Cesar Godeffroy den » König der Südsee«, die englische Konkurrenz aber schimpft über den » grab all of the pacific«, den Raffzahn oder Nimmersatt des Pazifik. Hauptexportprodukt der Südseeinseln ist Kopra, das aus der Kokosnuß herausgelöste und getrocknete Fruchtfleisch, das in Europa zu Öl verarbeitet wird. Um regelmäßig große Mengen Kopra billig liefern zu können, braucht man Plantagen. Deshalb tauschen Godeffroys Agenten vor Ort ganze Landstriche gegen ein paar Gewehre, Pulver und Baumwollstoffe ein, » woran nie weniger als 100 Prozent, vielfach aber weit mehr Gewinn erzielt wurde«[2]. Wenn die Ureinwohner dann ihr Land verkauft und damit ihre Existenzgrundlage verloren

Kokospalmen lieferten das Hauptausfuhrprodukt der Südsee

haben, müssen sie sich für einen Hungerlohn auf den Plantagen des Hamburger Handelshauses verdingen. Daß die Löhne nicht steigen, dafür sorgen Zwangsarbeiter von anderen Inseln.

Das zweite lukrative Standbein der Firma Joh. Ces. Godeffroy & Sohn ist das Geschäft mit den Auswanderern nach Australien: Seit sich freie Siedler in der ehemaligen Strafgefangenenkolonie niederlassen dürfen, versucht die Regierung mit Landschenkungen junge Siedlerfamilien ins Land zu locken, denn es gibt reichlich Grund und Boden, aber zu wenig Arbeitskräfte. Außerdem ziehen Goldfunde europäische Auswanderer an: Zwischen 1855 und 1866 haben 13 Godeffroy-Schiffe in 26 Fahrten mehr als elftausend deutsche Auswanderer nach Australien gebracht. Die Schiffe vollgestopft, mangelhaft ausgestattet, und für die Passagiere die billigste Verpflegung – da lassen sich satte Gewinne einfahren.

Die Kapitäne der Godeffroy-Segler sind angewiesen, ihrem Chef unbekannte Pflanzen und nie gesehene Tiere aus Übersee mitzubringen. Das Sammelsurium aus aller Welt stapelt sich schon

Äquatortaufe an Bord eines Godeffroyschen Auswandererseglers

seit geraumer Zeit auf den Speicherböden im Haus am Alten Wandrahm, als 1859 ein junger Arzt eingestellt wird, der Ordnung in das Chaos bringen soll. Sein Nachfolger, der 23jährige Präparator Johannes Dietrich Eduard Schmeltz (1839–1909), arbeitet sich gerade ein, als Amalie Dietrich 1862 ein zweites Mal im Firmenkontor auftaucht und den Chef zu sprechen wünscht.

Diesmal hat sie, wenn auch mit Herzklopfen, den Haupteingang benutzt und kann Cesar Godeffroy zahlreiche Referenzen und Empfehlungen der besten Wissenschaftler des Kaiserreichs vorweisen: »Die Sammlungen, welche von Wilhelm und Amalie Dietrich in den Handel kamen, waren stets empfehlenswert, sie waren sorgfältig präpariert und mit Geschmack und Verständnis geordnet.« Professor Moritz Willkomm von der Forstakademie

Tharandt ist des Lobes voll: » Frau Dietrich hat für ihren Beruf eine ungewöhnliche Begabung, einen scharfen, gut geschulten Blick für alles, was die Natur bietet, und eine große Sicherheit im Bestimmen des gesammelten Materials. Auf ihren weiten und meist sehr beschwerlichen Reisen hat sie stets große Ausdauer und Tapferkeit bewiesen. Ich kann ihr nur wünschen, sie möge eine Tätigkeit finden, wo ihre große Begabung die rechte Betätigung findet. «

Feldforscherin für Godeffroy

Die einhellig positiven Beurteilungen der Bewerberin beeindrucken den » König der Südsee«. Auch die Hartnäckigkeit der 41jährigen Frau, die sich nicht abweisen läßt, sondern zäh und entschlossen ihr berufliches Ziel verfolgt, imponiert dem Kaufmann so sehr, daß Amalie Dietrich diesmal das Kontor mit einem Anstellungsvertrag in der Tasche verläßt: Zehn Jahre lang soll sie die Nordostküste Australiens erforschen und Pflanzen, Tiere sowie ethnographisches Material für das Museum Godeffroy sammeln. Ein nicht ungefährliches Unterfangen, denn die australischen Ureinwohner widersetzen sich heftig der Inbesitznahme ihres Landes durch weiße Farmer, die auf der Suche nach Weideland in Queensland Richtung Norden in das Sammelgebiet von Amalie Dietrich vordringen. 20 000 Aborigines und 1000 Europäer haben in diesen Kämpfen ihr Leben verloren.

Eifrig bereitet Amalie Dietrich sich auf ihre neue Aufgabe vor. Sie lernt mit Pistole und Gewehr umzugehen, Vögel abzubalgen, Säugetiere und Fische auszunehmen und einzupökeln. Sie lernt Englisch, und in ihrem Koffer liegen nicht etwa Kleider und Schuhe obenauf, sondern naturwissenschaftliche Bücher: Carl Ludwig Willdenows *Grundriss einer Kräuterkunde*, Karl Müllers *Der Pflanzenstaat. Entwurf der Entwicklungsgeschichte des Pflanzenreichs*, Johannes Leunis' *Synopsis der drei Naturreiche* in vier Bänden; Moritz Willkomms *Pflanzenatlas*; David Dietrichs *Flora universalis*, ein englisches Wörterbuch und drei Sprachlehren.

Amalie Dietrich mit Tochter Charitas

Einziger Wermutstropfen in der Vorfreude auf das neue Leben und die große Herausforderung in Australien ist der bevorstehende herzzerreißende Abschied von ihrer Tochter. Soweit die beiden zurückdenken können, wechseln Abschiedstränen sich mit Tränen der Wiedersehensfreude ab. Doch dieses Mal verläßt die Mutter die Tochter für mindestens zehn Jahre, möglicherweise kehrt sie nie zurück. Was soll aus Charitas werden?

Amalie Dietrichs größter Wunsch ist, der Tochter eine gute Schul- und Berufsausbildung zu ermöglichen. Deshalb hat sie so streng darüber gewacht, daß nicht »Tand und Plunder« das Kind von ernsthaftem Lernen und sinnvoller Arbeit ablenken. Da die Mutter jetzt zum ersten Mal im Leben ein festes Einkommen hat und eine gute Ausbildung finanzieren kann, muß die inzwischen 15jährige Charitas nun nicht mehr für Kost und Logis als Dienstmädchen arbeiten. Die Frau des Fabrikanten Meyer wird sich um ihre Erziehung kümmern – verschiedene Schulen, dann ein nicht billiges Internat, wo sie nach der damals ganz neuen Fröbel-Methode zur Kindergärtnerin ausgebildet wird. Später kommt sie sogar in den Genuß eines längeren Aufenthalts in London. Mit 100 bzw. 150 Talern im Jahr ist das Schulgeld für Charitas die größte Ausgabe im Budget der Naturforscherin. Sich selbst gegenüber ist sie sehr viel sparsamer: Bei einem Jahresgehalt von 387 Talern gibt sie 1866 gerade mal achtzehn Taler für drei Kleider und vier für zwei Paar Stoffschuhe aus. Ab 1867 verdient sie 500 Taler im Jahr, immer noch kein fürstliches Gehalt, zumal wir heute wissen, daß anderen, männlichen Feldforschern in Godeffroys Diensten mehr als das Doppelte gezahlt wurde.[3]

Briefe aus Australien

Die Ankunft der »La Rochelle« am 7. August 1863 wird im *Brisbane Courier* ausführlich gemeldet: »After a very excellent eighty-one days from Hamburg« bringe das Schiff 444 (!) deutsche Auswanderer: Während der Überfahrt habe es keine Seuchen und keine Geburten, nur wenige Kranke, aber vier Todesfälle (alles Kinder) gegeben. Für Mr. Tam aus Brisbane-Süd seien vierzig Schafe, Böcke der berühmten Negretti Rasse, an Bord, und »in the saloon there is only one passenger Mrs. Amelie (!) Dietrich«[4].

Kaum hat sie in Brisbane ein Häuschen am Fluß bezogen und ihre Ausrüstung ausgepackt, befestigt sie einen Moskitoschleier am Hut, schnallt die Botanisiertrommel um und durchstreift furchtlos ihre neue exotische Umgebung: »Leider muß ich immer einen Schleier tragen«, klagt sie der Tochter, »es ist mir sehr ärgerlich, immer so einen albernen Lappen vor dem Gesicht zu haben, und ich denke manchmal, das ist wohl die Strafe dafür, daß ich mich über andere Frauen immer so lustig gemacht habe, die sich so ein Ding vor die Augen hingen.« So jedenfalls liest es sich in Amalies erstem Brief aus Australien. Die Pflanzenjägerin markiert ein paar Bäume, um sich nicht im Regenwald zu verirren; unterwegs kocht sie ihre Mahlzeiten im Freien, manchmal schläft sie sogar in der Wildnis – verwegen und ganz so, als könne die Natur ihr nichts anhaben. »Die Unbequemlichkeiten, die mir die Hitze und die Moskitos bereiten, vergesse ich leicht über dem unendlichen Glücksgefühl, das mich beseelt, wenn ich auf Schritt und Tritt Schätze heben kann, die vor mir keiner geholt hat.«

Zehn Briefe an die Tochter mit lebendigen und eindrucksvollen Schilderungen des abenteuerlichen und manchmal gefährlichen Lebens in der Wildnis enthält Charitas Bischoffs romanhafte Biographie ihrer Mutter. Dazu kommen die Antworten der Tochter und mehrere Briefe aus dem Hause Godeffroy. Zehn Briefe in zehn Jahren – die Biographin tut so, als handele es sich um die Originalbriefe ihrer Mutter aus Australien. Doch was daran authentisch und was erfunden ist, läßt sich nicht mehr feststellen, denn es gibt keine persönlichen Aufzeichnungen von Amalie Dietrich, die man zum Vergleich heranziehen könnte. Ob es solche Dokumente je gegeben hat, ob sie im Krieg verbrannt sind oder von Charitas Bischoff vernichtet wurden, weiß heute niemand mehr.

»Jeder, der das australische Leben und die Flora kennt, wird feststellen, daß die Briefe, wie sie publiziert worden sind, von einer Person stammen, die Australien nicht gesehen hat.«[5] So hart urteilt 1912 J. H. Maiden, der Direktor des Botanischen Gartens von Sydney. Zur gleichen Überzeugung kommt auch die australische Forscherin Ray Sumner, die detailliert nachweist, daß die vorgeblichen Briefe der Mutter zumindest in weiten Teilen von der Tochter erfunden wurden. Da sind die zahlreichen botanischen Fehlinformationen, die einer Amalie Dietrich nicht unterlaufen wären, dazu die große Ähnlichkeit, ja sogar wörtliche Übereinstimmungen der Briefe mit Passagen des populären Buchs *Unter Menschenfressern,* dessen Autor, der norwegische Zoologe und Ethnologe Carl Sophus Lumholtz (1851–1922), siebzehn Jahre nach Amalie Dietrich einige ihrer australischen Aufenthaltsorte besucht hat.

Geprägt wird das Buch von dem ganz subjektiven Blick der Tochter auf die Mutter, die ihr durch die zuletzt zehn Jahre dauernde Trennung fremd geworden ist. Und muß sich die als Kind ständig verlassene Charitas nicht verletzt und als Opfer des beruflichen Ehrgeizes dieser Mutter fühlen? Hat die ihr nicht einen Vater beschert, der die Tochter mit Lieblosigkeit straft, weil sie kein Junge ist? Außerdem wissen wir, daß es nach Amalie Dietrichs Rückkehr aus Australien ernsthafte Konflikte zwischen Mutter und Tochter gegeben hat: Die damals jungvermählte Pastorenfrau empfindet die egozentrische und fanatische Naturforscherin als schrullig, exzentrisch und schämt sich für die jenseits aller bürgerlichen Regeln lebende Mutter. Andererseits treten diese Ressentiments der *Tochter* hinter dem offensichtlichen Bemühen der *Autorin* zurück, eine spannend zu lesende Lebensgeschichte zu schreiben: Deren Heldin erlebt nicht nur aufregende Abenteuer, sondern ist auch Vorbild , indem sie sich allen Hindernissen zum Trotz aus kleinsten Verhältnissen zur angesehenen Forscherin hocharbeitet, weil sie ehrgeizig, mutig und hart gegen sich selbst ist und schmerzhafte Opfer bringt, um ihr Ziel zu erreichen.

Ray Sumner kommt in diesem Zusammenhang zu dem Schluß, daß wir es eigentlich mit drei Frauen zu tun haben: der realen Charitas Bischoff, der realen Amalie Dietrich und der von Bischoff geschaffenen Figur der Amalie Dietrich. Insofern sollte man gerade die so authentisch anmutenden Briefe eher als Teil einer Erzählung denn einer Biographie lesen: »Wer, wie der Schreiber dieser Zeilen, Frau Dietrich persönlich gekannt hat«, erinnert sich 1912 Georg Pfeffer, erster hauptamtlicher Kustos des Zoologischen Museums in Hamburg, »der sah sich in den letzten Jahren oft den Fragen gegenüber: Was ist an der Erzählung im ganzen wie im einzelnen wahr? Vor allem: Sind die Briefe wahr?« Er kommt zu dem Schluß: »Freilich ist die Geschichte wahr, sind die Personen wahr, ist die Sprache wahr, die sie sprechen; aber daß die Worte, die in der Erzählung gesprochen werden, daß der Wortlaut der Briefe, die zwischen Europa und Australien hin und her gingen, historische Dokumente waren, daran ist natürlich nicht zu denken.«[6]

Sammlerfleiß in Australien

»Welche Freiheit habe ich hier beim Sammeln. Kein Mensch setzt meinem Sammeleifer irgendwelche Schranken«, heißt es in einem von Amalie Dietrichs »australischen« Briefen: »Ich durchschreite die weiten plains, durchwandere die Urwälder, ich lasse Bäume fällen, um Holzarten, Blüten und Früchte zu sammeln, ich durchfahre im schmalen Kanoe Flüsse und Seen, suche Inseln auf und sammele, sammele!«

Die sieben Feldforscher, die vor allem in der Südsee für das Museum Godeffroy arbeiten, sind angewiesen, mindestens 25 Exemplare von jedem Fundstück nach Hamburg zu schicken – jeweils eines für das Museum, während die Dubletten verkauft werden. Es muß ein schwunghafter Handel gewesen sein, das belegen sieben dicke Versandkataloge, die noch erhalten sind.

Amalie Dietrich schickt allein aus der Umgebung von Brisbane 600 verschiedene Objekte nach Hamburg, und zwar jede Art in so vielen Exemplaren, daß nur drei Jahre nach ihrer Ankunft in Australien ein umfangreicher Katalog erscheint, in dem das von ihr gesammelte Herbarmaterial zum Kauf angeboten wird: *Neuholländische Pflanzen, gesammelt von Amalie Dietrich am Brisbane river, Col. Queensland im Auftrage der Herren Joh. Ces. Godeffroy & Sohn in Hamburg.* Ein Jahr später erscheint in der Zeitschrift *Flora* folgende Werbeanzeige: »Ausgabe I enthält sämtliche Farren (!) und Polypetalen, außerdem die Monochlamyden und Gamopetalen, von Prof. Dr. H. G. Reichenbach fil. bestimmt. Es können Sammlungen bis cirka 350 Arten geliefert werden und ist der Preis einer Centurie auf zehn Thaler preuss. Crt. festgesetzt. Das Verzeichnis enthält 364 bestimmte Arten. Aufträge franco an Custos J. D. E. Schmeltz jr. Adr.: Hrn. Joh. Ces. Godeffroy & Sohn in Hamburg.«[7]

Regelmäßig schreiben Cesar Godeffroy sowie Kustos Schmeltz nach Australien und weisen die Pflanzenjägerin an, was sie sammeln soll: Beispielsweise verlangen sie zwei Fuß lange Probeblöcke typisch australischer Bäume. Und 1867, auf der ersten Internationalen Gartenbauausstellung in Hamburg, zeigt das Museum Godeffroy neben Früchten, Pilzen und Algen aus der Südsee und Farnen aus Fidschi und Samoa auch Dietrichs Pflanzen aus Brisbane und ihre Sammlung von 50 Hölzern, die dem Hause Godeffroy sogar eine Goldmedallie einbringt.[8]

Ihre Auftraggeber finden auch lobende Worte für die Frau in der Wildnis, bestätigen die Ankunft ihrer Sendungen und berichten, was daraus geworden ist: Welche Forscher ihre Pflanzen wissenschaftlich bearbeitet haben, wer sich mit dem Seegetier beschäftigt hat, welche Pflanzen oder welche Tiere nach ihr benannt worden sind – beispielsweise der bis dahin noch unbekannte insektenfressende Sonnentau *Drosera dietrichiana*. Eine

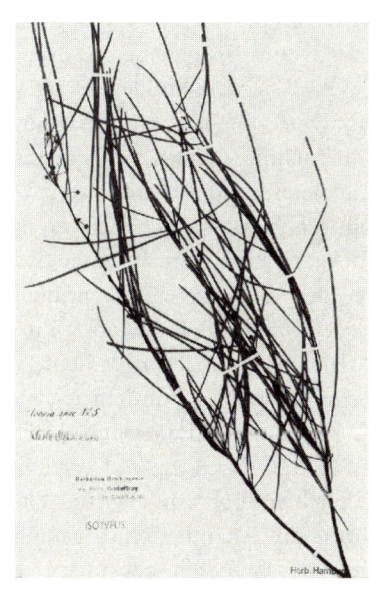

Akazie, Acacia dietrichiana –
Herbarbeleg von Amalie Dietrich

Moosart wird *Endotrichella dietrichiae* genannt, zwei neue Algenarten *Amansia dietrichiana* und *Sargassum amaliae;* die Akazie *Acacia dietrichiana*; zwei unbekannte Wespenarten *Nortonia amaliae* und *Odynerus dietrichianus.*

Im Verlauf ihres Aufenthalts zieht die Pflanzenjägerin von ihrem ersten Wohnort Brisbane immer weiter nach Norden. Kurz richtet sie sich in Gladstone ein, Anfang 1866 geht es dann nach Rockhampton. Kaum etwas erfahren wir in den Briefen darüber, mit wem Amalie Dietrich Kontakt hatte: Freunde? Kollegen? Oder war es ein Leben in absoluter Einsamkeit? Am liebsten hat sich die Naturkundlerin in Orten niedergelassen, in denen wenigstens ein paar deutsche Familien wohnten. 1866, drei Jahre nach ihrer Ankunft in Australien, der erste Katalog mit den von ihr gesammelten Pflanzen ist in Vorbereitung, schickt Cesar Godeffroy ihr einen jungen Mann als Hilfe – vielleicht als Belohnung für ihren Fleiß: Max Thernau, zuvor Sekretär bei Alfred Brehm, dem damaligen Direktor des Hamburger Zoos und Verfasser von *Brehms Tierleben,* wird ihr bei der Bewältigung der Logistik helfen. Denn egal ob Schild oder Speer eines Aborigines, ob Tierbalg oder Pflanze – alles muß sie vom Fundort in der Wildnis zu einem Verladeort tragen. Dort soll Thernau das zeitraubende Packen und Verschiffen übernehmen, damit die Forscherin sich ganz aufs Sammeln und Präparieren konzentrieren kann.

»Sammeln kann ich hier, daß ich das verschiedene Material kaum bewältigen kann«, heißt es an einer Stelle, und Amalie Dietrich läßt bei den Pflanzen wirklich nichts aus: Bäume, Sträucher und Farne, Gräser, kleine Moose, Pilze und Algen, sie sammelt so viel, daß ihre Herbarien bis heute noch nicht vollständig erforscht sind. Mit jedem Godeffroy-Schiff gehen Kisten und Kästen nach Hamburg – darin auch Spirituspräparate und Vogelbälge neben Ketten, Schilden und Waffen der Aborigines: »Pflanzen sammele ich am liebsten, aber die Tierwelt bietet hier so viel Interessantes, daß ich mit Freuden meine Aufmerksamkeit allen verschiedenen Gebieten zuwende.«

Fliegende Hunde, Schnabeltiere und Koalas in Spiritus, Tauben sowie zwölf weiße und zwölf schwarze Kakadus, die Schmeltz bei ihr bestellt hat – gewissenhaft versucht sie jeden Wunsch der Hamburger zu erfüllen: »Die Samen (!) von Azolla empfingen wir sehr gern, und haben wir dieselben dem hiesigen botanischen Garten zur Aussaat übergeben. Senden Sie uns bitte noch mehr von dieser Sorte, die Pflanze ist sehr interessant. – Überhaupt wollen Sie uns Samen aller Art schicken, zumal von Kräutern und Gräsern. Sie können sie in Kisten, zwischen pulverisierte Holzkohle verpackt, senden.«

Godeffroy ist zufrieden, lobt Amalie Dietrichs Tapferkeit und ihren Fleiß, erkennt ihr Wissen und ihr Können an und weiß die Qualität ihrer Sammlungen zu schätzen – und seine Sammlergier kennt keine Grenzen: »Lebende Pflanzen: Senden Sie uns, was Sie irgend erlangen können, besonders Zwiebeln und Knollen. Orchideen hätten wir sehr gerne lebend. Von solchen müssen nach der Blütezeit die unterirdischen Triebe ausgehoben und auf ähnliche Weise wie Samen verpackt werden.«

Gebeine fürs Museum

Während Amalie Dietrich Koalas in Spiritus legt und auf Orchideenjagd geht, gewinnt Darwins Evolutionstheorie in Europa an Boden und erlangt in der Anthropologie ihre menschenverachtende sozialdarwinistische Ausprägung. Menschliche Skelette werden vermessen, vom Zehenknöchelchen bis zur Schädeldecke. Auf der Suche nach dem »missing link«, dem Übergang vom Tier zum Menschen, besteht nicht der geringste Zweifel, daß der männliche Weiße an der Spitze der Evolutionshierarchie den dunkelhäutigen Menschen weit überragt. Das beruhigt Kaufleute und Plantagenbesitzer, können sie damit doch Enteignung und Übervorteilung, Gewalt und Zwangsarbeit rechtfertigen.

Auch ein Freund Godeffroys, der Gründer der Berliner Gesellschaft für Anthropologie, der Pathologe Rudolf Virchow (1821–1902), ist auf der Suche nach dem »missing link«. Wie viele seiner Zeitgenossen glaubt er, daß entweder die australischen Aborigines oder die Papuas auf Neu-Guinea als *Tiermen-*

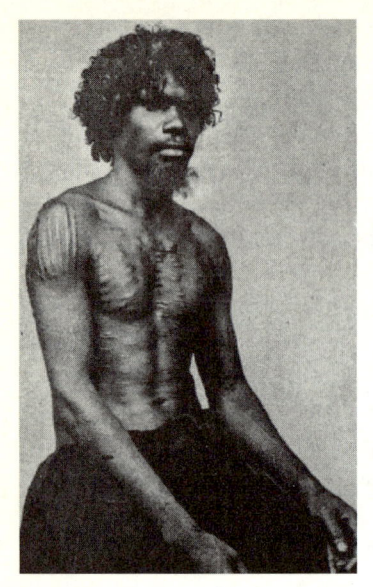

Aborigines aus Brisbane – die Fotos hat
Amalie Dietrich für das Museum Godeffroy gekauft

schen die unterste Stufe auf der hypothetischen Skala der menschlichen Entwicklung einnehmen.

Godeffroy fördert diesen Zweig der Wissenschaft, und da komplette Skelette wissenschaftlich bedeutsam und dem Prestige eines Museums äußerst zuträglich sind, drängt der Kaufmann seine Forscherin in Australien: »... und möchten Sie nochmals bitten, nicht nur Skelette von dort vorkommenden großen Säugetieren, sondern auch möglichst Skelette und Schädel von Eingeborenen, sowie deren Waffen und Geräte zu senden.« Der »Nimmersatt des Pazifik« macht auch bei der Jagd auf Gebeine diesem Namen alle Ehre: 53 menschliche Skelette und 375 Schädel bringen seine Segelschiffe nach Hamburg. Amalie Dietrich trägt bis zu 13 Skelette und zahlreiche Schädel bei. In den »australischen Briefen« heißt es, bei Erwachsenen habe sie die in den Baumwipfeln aufgebahrten Leichen stehlen müssen. Dagegen seien Kinderskelette leichter zu beschaffen gewesen, denn ihre Leichen »werden meist nur in einen hohlen Baum gesteckt, der mit rot und weißer Farbe gestrichen wird«.

Wenn es wahr ist, was in Australien über Amalie Dietrichs Skrupellosigkeit geschrieben und erinnert wird, dann hat auch sie die Aborigines im Dienste der Wissenschaft wie Freiwild behandelt. Mindestens einmal soll Dietrich geholfen haben, australische Siedler dafür zu gewinnen, einen Aborigine zu erschießen, damit sie das Skelett an das Museum Godeffroy schicken kann.[9]

Abenteuer im Outback

Amalie Dietrich wagt sich immer bis an den äußersten Rand der Zivilisation vor. Nach Lake Elphinston beispielsweise kommt sie mit dem Ochsentreiber Craik und seiner Frau, die einmal im Jahr Lebensmittel zu den weit abgelegenen Farmen bringen und von dort Wolle mitnehmen. Drei Wochen brauchen die zwei von zwölf Ochsen gezogenen Gespanne durch die Wildnis. Nur drei Familien leben in Lake Elphinston, aber die Fremde wird freundlichst aufgenommen, und alle unterstützen ihre Arbeit: »Ich werde hier wohl hauptsächlich auf das Sammeln von Vögeln angewiesen sein«, heißt es in den Briefen, »denn die Ausbeute für die Botanik ist hier verhältnismäßig gering, wenn ich auch einige Gräser und Halbgräser gefunden habe, die ich sonst noch nicht hatte.« Als die Craiks Amalie Dietrich ein Jahr später wieder abholen, hat sie nicht nur eine einzigartige ornithologische Sammlung beisammen, sie hat auch die *Acacia dietrichiana* gefunden, die der berühmte in Melbourne lebende Botaniker Ferdinand von Müller beschreiben und nach ihr benennen wird.

Charitas Bischoff versteht es, das Leben ihrer Mutter spannend in Szene zu setzen und abenteuerliche Höhepunkte herauszuarbeiten. Mal wird ihre Hütte angesteckt, keiner weiß von wem, und eine Menge ihrer gesammelten Schätze geht in Flammen auf. Mal verschluckt die Forscherin eine Riesenameise und wäre vielleicht daran erstickt, wenn sie das Tier (und ihre Speiseröhre) nicht durch einen beherzten Schluck glühend heißen Tees verbrüht hätte. Dann versinkt sie bei der Jagd nach einer wunderschönen blauen Wasserlilie im Sumpf und wird von einer Gruppe Eingeborener gerettet. Sie erlegt die große braune Giftschlange (*Pseudechis scuttelatus*) und jagt Krokodile im Pioneer River. Dort erbeutet die unerschrockene Jägerin ein besonders großes Exemplar, dessen Haut Godeffroy dann in Deutschland zum Kauf anbietet.

Dietrichs nördlichster Aufenthaltsort ist Bowen. Von hier aus erkundet sie das Große Barrier-Riff und gerät angesichts des Farben- und Formenreichtums der Meerestiere ins Schwärmen. Doch während sie Algen, Korallen und Fische sammelt, steht das Kaiserreich im deutsch-französischen Krieg, und Godeffroy mahnt, »da jetzt für so viele Verwundete & für verwaiste Familien zu sorgen ist, es für einen Jeden eine heilige Pflicht ist, alle Extraausgaben zu vermeiden«. In Hamburg entläßt er seine Werftarbeiter, um sie durch billigere Kriegsgefangene zu ersetzen, und schreibt nach Australien: »Wenn wir Ihre Honorirung bestehen lassen wie bisher, so geschieht es, um Ihnen irgendwelche Enttäuschung oder selbst Kummer zu ersparen, & wollen wir hoffen, daß der Friede recht bald kommen möge, damit wir keine Reduction eintreten zu lassen nöthig haben, die aber kommen muß, wenn der Krieg noch über den Winter hinaus dauern sollte.« Diesen Brief hat Amalie Dietrich nie erhalten: Zu lange war die Elbe zugefroren, und bei einsetzendem Tauwetter war der Krieg vorbei.

Wieder in Hamburg

Am 4. März 1873 bringt die »Susanne Godeffroy« die »Frau Naturforscherin« wieder nach Hamburg zurück. Tochter Charitas holt sie auf dem Schiff ab: »Da saß am anderen Ende der Kajüte eine alte Frau mit gekrümmtem Rücken. Ihr pergamentartiges, verwittertes Gesicht war von tausend Falten und Fältchen durchfurcht und wurde von dünnen, weißen Scheiteln umrahmt. Ein dürftiges Röckchen und eine dunkle Kattunjacke umschließen die alternde

Die 60jährige Amalie Dietrich –
Zeichnung von P.W. Allers

Gestalt. An den Füßen trug sie alte graue Segeltuchschuhe, die vielfach Löcher zeigten.« Wieder hat sie Ungewöhnliches im Gepäck: einen Keilschwanz und einen australischen Seeadler – zwei selbst gezähmte Raubvögel als Geschenk an den Hamburger Zoo.

»Zwei Fremde standen einander gegenüber«, schreibt die Tochter weiter. Die Mutter gealtert, rauh und unangepaßt, unkonventionell, ohne Sinn für angemessene Kleidung und Etikette, aber immer noch eine besessene Naturforscherin; die Tochter, eine junge Pastorenfrau, ist dagegen kleinbürgerlich mit Aufstiegs-

Weißbauch-Seeadler, Haliaeetus leucogaster –
Präparat von Amalie Dietrich

ambitionen und achtsam darauf bedacht, nicht anzuecken. Sie will ihren eigenen Weg gehen – allein, ohne die aus dem Rahmen fallende alte Frau. Früh hat die Mutter das Kind verlassen, jetzt bleibt die Mutter allein zurück.

In den zehn Jahren der Abwesenheit von Amalie Dietrich hat sich die Sammlung Godeffroy zu einem angesehenen Museum und einem Anziehungspunkt für die Wissenschaft entwickelt. Amalie Dietrich erhält dort ein Zimmer, bleibt weiter angestellt und darf ihre Sammlungen betreuen.

Als die Naturforscherin Ende der siebziger Jahre zum Jahreskongreß der Anthropologen nach Berlin fährt, so erzählt ihre Tochter, will der Pförtner sie nicht einlassen: Für Frauen verboten! Doch hartnäckig und dickköpfig wie eh und je, läßt sie sich nicht abweisen. Der Bedienstete alarmiert den Vorsitzenden, der aufspringt, als er den Namen Amalie Dietrich hört, und die Frau »mit der alten braunen australischen Ledertasche in der Hand« dem Kongreß als jemanden vorstellt, dem »ein Ehrenplatz in dieser Versammlung gebührt«[10].

An der Hamburger Universität ist sie ein häufiger Gast. Der schon erwähnte Georg Pfeffer vom Zoologischen Museum erinnert sich an »die bescheidene Frau in dem dürftigen Kleide, mit dem verwetterten Gesicht und den gescheiten, so überaus guten Augen, die ständige Zuhörerin unserer öffentlichen Vorlesungen«[10] war.

Das sieht nach einem angenehmen Lebensabend aus. Doch 1879 ist plötzlich alles vorbei: Joh. Ces. Godeffroy & Sohn sind pleite. Das Museum muß verkauft werden und Amalie Dietrich in ein städtisches Altenheim ziehen.

Ihre Sammlungen werden auseinandergerissen. Leipzig erwirbt die meisten ethnographischen Objekte, doch viele fallen im Zweiten Weltkrieg den Bomben zum Opfer. Erhalten bleiben die Katalogzettel. Die Hansestadt Hamburg kauft Dietrichs Herbarien sowie die zoologischen und Reste der ethnographischen Sammlungen. Auch hier vernichtet der Krieg vieles.

Nur ihre Herbarien bleiben verschont: 1964 befinden sich 289 Kartons (48 cm lang, 31 cm breit, 16 cm hoch) mit den von Amalie Dietrich getrockneten Pflanzen im Besitz des Hamburger Instituts für Allgemeine Botanik. Leider ist die Sammlung, die Amalie Dietrich sorgfältig numeriert und sortiert hinterlassen hatte, inzwischen so in Unordnung geraten, daß das bis heute nachwirkt: »Um diese Hinterlassenschaft systematisch zu durchforsten, müßte eine ABM-Kraft zwei Jahre lang einen Computer mit Daten füttern«, sagt Hans-Helmut Poppendieck, der heute die Schätze des Hamburger Herbariums betreut: »Erst mit Hilfe der Datenverarbeitung könnte man zu einer abschließenden wissenschaftlichen Bewertung von Amalie Dietrichs botanischer Sammeltätigkeit kommen.«

Die ästhetische Qualität dieser fast 150 Jahre alten Herbarbögen ist auch für den Laien offensichtlich. In den klimatisierten Räumen des Hamburger Herbariums lagern die fragilen Kunst-

werke in Schubfächern, Mappen und Pappkartons und haben –
anders als auf den Fotografien – eine deutlich plastische Wirkung.
Die durch das Trocknen und Pressen braun gewordenen Blüten,
Blätter, Wurzeln, Samen und Früchte sind mit feinen Papier-
stegen auf die Bögen geheftet, die ganz unterschiedlich groß und
ganz unterschiedlich voll sind. Manche wirken eher wie ein gra-
phisches Kunstwerk denn ein naturwissenschaftlicher Untersu-
chungsgegenstand, und der Betrachter spürt, daß eine Pflanze für
Amalie Dietrich mehr als nur ein technisch perfekt zu präparie-
rendes Ding war. Vermutlich deshalb ist sie ihr Leben lang Feldforscherin geblieben: Sie brauchte die sinnliche Anschauung der
Pflanzen als lebendiges, in den Zusammenhang der Natur einge-
bettetes Ganzes, das dem Wechsel von Licht und Dunkel, von
Regen und Sonne, von Hitze und Frost ausgesetzt ist.

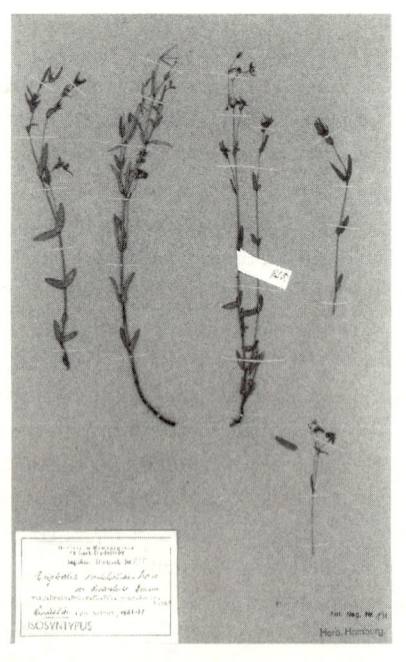

Euphorbie, Euphorbia mitchelliana var. dietrichiae –
Herbarbeleg von Amalie Dietrich

Autodidaktin im Männerberuf

Die Arbeit mit Mikroskop und Schreibmaschine hat die Autodidaktin anderen überlassen, aber wer damals über die Flora und Fauna Australiens arbeiten wollte, kam an ihren Sammlungen nicht vorbei. Sie war die erste, die den Nordosten Australiens erforschte, und gespannt warteten die Fachgelehrten auf die Kisten und Kästen vom anderen Ende der Welt, denn immer enthielten sie Überraschungen. Australisches Anschauungsmaterial war noch rar, und Amalie Dietrich lieferte die konkreten Forschungsgegenstände. Mit Hilfe der zahllosen von ihr gesammelten noch unbekannten Pflanzen, Vögel, Insekten, Spinnen- und Meerestiere konnten sich zahlreiche Wissenschaftler spezialisieren und profilieren.

Es ist auffällig, daß alle anderen Godeffroy-Sammler in den siebzehn Heften des aufwendig gestalteten *Journals des Museum Godeffroy*, das zwischen 1873 bis 1910 in Hamburg erschien, Reisebeschreibungen veröffentlichten und ihr eigenes wissenschaftliches Material auswerteten. Amalie Dietrich wird allenfalls als Sammlerin genannt. Auch die Bearbeitung ihrer Herbarien verlief schleppend. Nach dem 1866 erschienenen Verkaufskatalog der »neuholländischen Pflanzen« passierte sechs Jahre lang gar nichts. Erst 1873, als Dietrich aus dem fernen Queensland zurückkehrte, wurde im sechsten Heft des *Journals* ein neuer Anlauf unternommen, einen umfassenden Überblick über die von ihr gesammelten Pflanzen zu geben. Doch das nach 129 beschriebenen Exemplaren versprochene »Fortsetzung folgt« wurde nie eingelöst. »Durch diese zögernde Bearbeitung«, meint Hans-Helmut Poppendieck, »wurden viele der von Amalie Dietrich entdeckten Pflanzen nicht als solche erkannt. Denn wenn sie dann endlich beschrieben wurden, hatten inzwischen auch andere diese Gewächse in Australien ›entdeckt‹«.

Eine Frau als Naturforscherin. Eine Autodidaktin in einem damals typischen Männerberuf. Da lagen Höhenflug und Absturz, Stolz und Selbstverleugnung nah beieinander, zumal der Ruf der Frauen nach Erwerbstätigkeit noch kaum zu hören war. »Amalie Dietrich war das genaue Gegenteil eines typischen Wissenschaftlers des 19. Jahrhunderts«, urteilt Ray Sumner: »Sie war eine Frau, eine kompetente und engagierte Feldforscherin, sie kam aus der Arbeiterklasse und hatte eine nur minimale Schulbildung. Amalie Dietrich ist eines dieser raren menschlichen Exemplare gewesen, die weder Klasse noch Bildung, weder Alter noch Geschlecht daran hindern können, herausragende Naturforscher zu werden.«[12]

Der persönliche Preis, den sie dafür zahlte, war hoch. Und obwohl ihr Werk zu den umfänglichsten naturkundlichen Sammlungen gehört, sucht man Amalie Dietrichs Namen bis heute vergeblich in den großen Nachschlagewerken. 1891 ist die Naturforscherin aus Siebenlehn an einer Lungenentzündung gestorben, und ihr Name wäre vermutlich eine Fußnote in der Wissenschaft geblieben, hätte die Tochter ihr nicht mit dem Bestseller *Amalie Dietrich. Ein Leben* ein populäres Denkmal gesetzt.[13]

Pflanzenjagd im Herzen Afrikas

Georg Schweinfurth
1836–1925

*D*er junge Herr mit dem stattlichen Schnurrbart und den schulterlangen, in der Mitte gescheitelten Haaren trägt einen hellen Flanellanzug mit sehr weiten Hosen; Segeltuchgamaschen, die vor Dornen schützen sollen, umschließen seine Waden. Am hinteren Rand seines Hutes flattert ein Schleier – ein von ihm entworfener, von der Mutter genähter Nackenschutz. Der sportlich wirkende Mann hat einen Rucksack mit Wasserflasche und Verpflegung geschultert, dazu trägt er ein Gewehr und ein Fernglas mit Stativ. Eine Botanisiertrommel und eine Mappe mit Aufzeichnungen signalisieren sein Interesse an Pflanzen.

Gekleidet und ausgerüstet für die Tropen, wandert Georg Schweinfurth im Hochsommer 1863 durch die Berglandschaft nahe der schlesischen Stadt Neiße. Ihn stört nicht, daß sich die Leute über seinen seltsamen Aufzug wundern könnten. Denn in Gedanken hat er sich längst aus Mitteleuropa in ferne Regionen verabschiedet; so dankt er in einem launigen Brief seiner Mutter für ein Paar gestrickter Strümpfe, das er nun bald am Roten Meer tragen werde.

Der Ausflug von Berlin ins deutsche Mittelgebirge hat einen besonderen Grund: Schweinfurth testet seine Ausrüstung für

Afrika. Der 27-jährige Botaniker wird sich in wenigen Wochen den Traum seines Lebens erfüllen und zu einer Forschungsreise an den Nil und ans Rote Meer aufbrechen. Auf langen Fußmärschen und durch ausdauerndes Schwimmen hat sich Schweinfurth für sein Abenteuer körperlich gestählt; er hat Reiten und Schießen gelernt und weiß jetzt, wie man ein defektes Gewehr repariert; zudem hat er arabische Vokabeln gebüffelt.

Und seine wissenschaftliche Ausrüstung, davon ist er überzeugt, ist von einer Vollkommenheit, wie sie noch kein Botaniker gehabt hat: Schweinfurth hat sich ein Reiseherbarium aller nach Europa gelangten Pflanzen Äthiopiens, des Sudans und Ägyptens zum Nachschlagen für unterwegs zusammengestellt. So wird er imstande sein, alle bislang bekannten Arten an Ort und Stelle zu erkennen. Und sein wertvolles Sammelgut wird er in Papier verpacken, das durch Sublimattränkung gegen Insekten geschützt ist und durch eine Kautschukbeschichtung gegen Wasser.

Der junge Forscher will nichts dem Zufall überlassen. Was bei einer Expedition beachtet werden muß, hat er sich bei mehreren Treffen von Heinrich Barth erzählen lassen, dem berühmten Entdecker, der vor etlichen Jahren in Westafrika am Niger zur sagenumwobenen Stadt Timbuktu vorgestoßen ist. Über die derzeitige Situation am Roten Meer informiert sich Schweinfurth bei einem Ingenieur, der dort Kabel verlegt hat.

Kindheit in Riga

Afrika ruft! Wie kaum ein anderer Forscher hat Georg Schweinfurth von Kindheit an auf sein Lebensziel hingelebt. Er ist 1836 in Riga geboren. Sein Vater, ein wohlhabender Weinhändler, war aus Wiesloch am Main in die damals russische Stadt ausgewandert. An der deutschen Schule von Riga ist Georg vor allem von seinem Lehrer Halbeck beeindruckt: Der war als Sohn eines Missionars in Südafrika aufgewachsen; seine Erzählungen wecken die Sehnsucht des Knaben nach fernen Ländern.

Gleichermaßen interessiert ist Georg an der Pflanzenwelt. Mit zwölf Jahren findet er bei einem botanischen Ausflug der Rigaer Gymnasiasten von allen Schülern die meisten Arten und ordnet sie nach dem Linnéschen System. Exotische Gewächse studiert er in der Gärtnerei seines Schwagers Fritz Wagner. Dessen Rigaer Gewächshäuser sind besser bestückt als viele botanische Gärten. Über Schweinfurths ersten Besuch im berühmten Botanischen Garten in Berlin schreibt sein Biograph Konrad Guenther (1874–1955): »Pflanze für Pflanze nahm er die Bestände durch und verglich sie mit dem Wagnerschen Garten in Riga.«[1]

Als Jugendlicher beginnt Schweinfurth mit dem Training für künftige Expeditionen. Bis zu 75 Kilometer am Tag wandert er durch seine baltische Heimat. Er nimmt dabei nur wenig Nahrung zu sich. So stärkt er sich manchmal – nach dem Vorbild von Beduinen – ausschließlich mit saurer Milch. 1857 begleitet der inzwischen 20jährige seinen Vater zur Kur nach Bad Gastein; er nutzt seinen Aufenthalt in den Alpen und erklimmt mit Hilfe von drei einheimischen Führern als achter Bergsteiger die Spitze des 3797 Meter hohen Großglockners.

Daß er dabei während eines Hochgewitters in tödliche Gefahr gerät, sieht Schweinfurth nur als Vorbereitung auf kommende Expeditionen. »Ich werde in Zukunft wohl noch manche Gefahr zu bestehen haben, manchen Sturm auf See, manches tropische Gewitter oder Erdbeben erleben«[2], schreibt er der Mutter.

Studienjahre

In Heidelberg mutet sich der Student bei 32 Grad Hitze zehn Stunden lange Märsche in der schattenlosen Rheinebene zu; er notiert: »Ich bin zu der Überzeugung gelangt, daß man bei bedeutender Hitze nur durch tüchtige Bewegung im Freien die erschlaffenden Einflüsse derselben verhindern kann.«[3] Schweinfurth sieht seine sehr alt gewordenen Vorbilder Humboldt und Bonpland als Beispiele dafür, wie Arbeiten unter schlimmsten klimatischen Bedingungen möglich ist und offenbar sogar zu einem langen Leben verhelfen kann.

Schweinfurth studiert mit Hingabe die Werke der großen Entdecker. Und solange er nicht selbst in exotische Regionen reisen kann, übt er sich an Deutschlands Pflanzenwelt. »Die Flora des Isarufers«, schreibt er seiner Mutter aus München, »bietet ungemein viele Eigentümlichkeiten dar, welches den Botaniker zum eifrigen Botanisieren auffordern muß. Gegenwärtig nehmen die blühenden Heideröslein sich sehr schön aus, welche die Kiesabhänge des Isarufers mit ihren duftenden Blüten bedecken. Es ist *Daphne cneorum*, mir vom Wagnerschen Garten bereits ein alter Bekannter.«[4]

Nach Studienjahren in Heidelberg, München und Berlin promoviert der junge Botaniker 1862 *summa cum laude* mit einer Dissertation über die Vegetation am Nil. Es ist eine Arbeit über Pflanzen, die Adalbert von Barnim (1841–1860) gesammelt hat. Der Forschungsreisende war im Sudan an Krankheit und Erschöpfung gestorben. Seine Herbarien hatte ein Reisebegleiter nach Deutschland gebracht.

Nun endlich will Schweinfurth die ihm aus Büchern, Herbarien und Treibhäusern bekannte Flora vor Ort in natura bewundern. Er bestellt Landkarten in London und Paris, und er informiert die Fachwelt mittels Anzeigen in Zeitschriften über seine geplante Expedition an den Nil und ans Rote Meer.

Kollegen schicken ihm Pflanzen und nützliche Hinweise. Die Gesellschaft für Erdkunde in Berlin stellt einen Betrag zur Verfügung. Doch der Löwenanteil für die Reise kommt von Schweinfurths Mutter, die inzwischen verwitwet ist: 10 000 Rubel, damals die beträchtliche Summe von rund 30 000 Mark, ein Vorgriff auf Georg Schweinfurths Erbe. Tatsächlich, so schreibt der Biograph Konrad Guenther, der als Schweinfurths Großneffe die Familienverhältnisse bestens kennt, hat der Gelehrte »niemals in seinem Leben Geldsorgen gehabt und konnte stets aus dem Vollen schöpfen«[5]. Guenther selbst war Professor der Zoologie und hat Forschungsreisen nach Asien und Südamerika unternommen. Damit qualifizierte er sich zum kompetenten Chronisten.

Georg Schweinfurth betritt am 26. Dezember 1863 in Alexandria zum ersten Mal afrikanischen Boden. Er will die Nilländer und benachbarte Gebiete botanisch erforschen. In den kommenden zweidreiviertel Jahren segelt er zweimal auf einer Barke auf dem Roten Meer an Afrikas Küste entlang und startet von dort aus Exkursionen ins unbekannte südöstliche Ägypten, in den Sudan und ins nordwestliche Hochland von Äthiopien. Dann zieht er

Georg Schweinfurth in Afrika

von Osten her weit in den Sudan hinein und reist schließlich von Khartum aus zurück nach Ägypten.

In seitenlangen Briefen an seine Mutter, die sich wie eine Chronik seines Aufenthalts auf dem dunklen Kontinent lesen, schildert Schweinfurth seine Eindrücke. »Der Reichtum der Pflanzenwelt ist überwältigend; die Vegetation, ein unermeßlicher Park von baumartigen Gewächsen, zeigt üppigstes Grün von vielfältiger Schattierung«, notiert Schweinfurth, und wie ein Maler beschreibt er die Farbenpracht der Pflanzen: »*Amaryllis* mit rotgestreiften Blüten, zierlich geschnittene Pankrazlilien *Pancratien*, duftende Milchsterne *Ornithogalen*, feuerfarbene Blutblumen *Haemanthen*, blaue *Scillen*, gelbbraune *Bulbinen*, und die unvergleichliche, veilchenblaue *Cienkowskya* [Ingwergewächse].« Der junge Botaniker ist bezaubert von der strotzenden Frische der afrikanischen Natur.

Auch daß er an einem Nebenfluß des Nils für einige Monate seßhaft werden wird, schreibt er. »Meine nächste Aufgabe müßte sein, mir ein Haus zu bauen, das heißt eine Tokkul genannte Strohhütte von 10 Ellen im Durchmesser, rund mit einem kegelförmigen Dache. Zwei Türen dienen zugleich als Fenster. Die Hauptschwierigkeit bildet der Boden, der allerorts von Termiten wimmelt. Nur Mist von Kühen und Eseln schützt vor diesen lästigen Gästen, der vermischt mit Kies und Asche einen festen asphaltartigen Boden herstellt.« Zum Buschhaushalt gehört auch ein Diener. »Musa macht mir durch seine ausgezeichnete Haltung viel Freude. Er ist eine wahre Perle.«[6]

Botanikerinstinkt sichert dem Forscher reiche Beute noch nicht bekannter Pflanzen. Doch wird seine Begeisterung für die afrikanische Flora und Fauna durch häufige Fieberattacken auf die Probe gestellt. Als der Diener Musa an Malaria stirbt, beschließt Schweinfurth 1866, bei seinen Feldforschungen eine Pause einzulegen. Die ersten Afrika-Expeditionen haben »wichtige Tatsachen für die Pflanzengeographie und die Vervollständigung des Kartenbildes der durchreisten Gegenden«[7] erbracht. Der botanische Höhepunkt der Erkundungen an der afrikanischen Küste des Roten Meeres ist der Fund eines Bäumchens des Mekka-Balsams *Commi-*

phora opobalsamum. Schweinfurth vergleicht es mit einer » entlaubten Birke, die ihre duftenden Rutenzweige, strotzend vom köstlichen Harz und Blüten tragend, aus kurzem Stamm aufwärts streckt«[8]. Das Gewächs ist bislang nur in Arabien bekannt und wird nun durch Schweinfurth auch in Afrika nachgewiesen.

Solche Erfolge steigern die Sucht des Forschers nach weiteren Entdeckungen. » Wer die harmlose Habgier des Pflanzenjägers kennt«, schreibt Schweinfurth nach seiner ersten Expedition, » wird begreifen, wie diese Studien in mir das Verlangen nach neuer Beute wachrufen mußten, harrte doch der bei weitem größte Teil des Nilgebietes, die geheimnisvolle Flora seiner südlichen Zuflüsse, der botanischen Erforschung. «[9]

Im Herzen des schwarzen Kontinents

Zwei Jahre später erfüllen sich die Wünsche, und der Pflanzenjäger befindet sich wieder auf der Pirsch in Afrika. Mittel der Berliner Akademie der Wissenschaften und seiner hilfsbereiten Mutter ermöglichen Schweinfurth eine ausgiebige Expedition von 1868 bis 1871. Diesmal dringt er von Ägypten aus bis ins zentrale Äquatorialafrika vor. Schweinfurth entdeckt die Stämme der Zande und Mangbetu und belegt die Existenz des schon in griechischen Sagen erwähnten, aber noch nicht nachgewiesenen Pygmäenvolks der Aka. Durch die Entdeckung des zum Kongo fließenden Uele kann er das Quellgebiet des Nils nach Nordosten abgrenzen.

Seine Schilderung von Ländern und Leuten, Tieren und Pflanzen veröffentlicht Schweinfurth 1874 unter dem Titel *Im Herzen Afrikas.* Der Botaniker versteht es, ein breites Publikum zu fesseln, etwa wenn er das sudanesische Küstengebirge am Roten Meer hinter der Hafenstadt Suakin beschreibt: » Ein würziger Duft geht herzstärkend durch die Atmosphäre. Wie mit Kampfer, Pfefferminz und Thymian ist die Luft geschwängert, als befände man sich in einer Apothekenstube. Die Gewächse, die solches Aroma aushauchen, sind kleine, unscheinbare Gebirgs- und Wüstenkräuter, eine *Pulicaria* spielt unter ihnen die erste Rolle. Laut-

Dorf im südlichen Sudan

los auf ihren weichen Sohlen und wie gespenstisch schleichen die Kamele durch das Tal, froh der schmackhaften Weide nach genugsam ausgestandener Not am Gestade des Meeres und in einer trostlosen Welt des Salzes und der Bitterkeit.«[10] Kein Wunder, daß der Zeitgenosse Karl May (1842–1912) Schweinfurths blumige Tatsachenprosa als Fundgrube für seine Abenteuerromane ausbeutete.

Im Herzen Afrikas erscheint in drei deutschen Auflagen und wird in mehrere Sprachen übersetzt. Schweinfurth schreibt das umfangreiche Werk weitgehend anhand von Zetteln, die er über seine gesammelten Pflanzen angelegt hat, denn seine Tagebuchnotizen hatte ein Feuer gegen Ende der Expedition vernichtet. Packend schildert Schweinfurth seinen Lesern die Dramatik des Geschehens: »Auf der Flucht vor der immensen Gewalt der Flammen warf ich noch einen Blick auf den angeblich geretteten Rest meiner Habe. Ich hatte wenig mehr als das nackte Leben gerettet: ohne Kleider, ohne Waffen und Instrumente, ohne Tee und ohne Chinin stand ich jetzt vor dem Haufen Kohle und Asche, der die Frucht meiner mehrjährigen Anstrengungen in sich barg.«[11]

Gottlob enthalten die geretteten Pflanzenzettel eine Fülle von Informationen. »Für die Wissenschaft ist diese Arbeit von größter Wichtigkeit«, erklärt Schweinfurth seine botanischen Aufzeichnungen, »da wir natürlich an getrockneten Exemplaren nicht alles so genau erkennen können wie an frischen. Eine vollständige Analyse mit feinen Zeichnungen und 40 Figuren für eine Art nimmt einen vollen Tag in Anspruch.«[12] Seinen Biographen Guenther erinnert Schweinfurth 1917 an die durch den Brand bedingte schwierige Entstehung seines Hauptwerkes *Im Herzen Afrikas*: »Erst durch die 3000 Pflanzenzettel konnte ich den zeitlichen Verlauf der Reise wiederherstellen.«[13]

Ein Forscher von Humboldtscher Prägung

Nach seinen »Reisen und Entdeckungen im zentralen Äquatorialafrika während der Jahre 1868–71« (so der Untertitel seines Buchs *Im Herzen Afrikas*) unternimmt Schweinfurth weitere Expeditionen in die Wüsten von Ägypten und Libyen, in den Libanon, zur Insel Sokotra am Horn von Afrika, nach Eritrea, in den Jemen, nach Algerien und Tunesien. Ausgangspunkt etlicher Reisen ist Kairo, wo Schweinfurth über 13 Jahre als Privatgelehrter seinen ständigen Wohnsitz nimmt. Dabei macht sich der Botaniker von Weltruf auch als Zoologe, Geologe, Völkerkundler und Ägyptologe einen Namen. »Er war der letzte Naturforscher Humboldtscher Prägung«[14], schreibt Guenther.

Wie Humboldt ist Schweinfurth ein großartiger Zeichner. Pflanzen, Landschaften, Tiere, Menschen, Werkzeuge – alles kann er mit dem Stift naturgetreu darstellen, eine wichtige Fähigkeit in der Zeit vor der Verbreitung der Fotografie. Zudem erstellt er Landkarten von Gegenden, die noch kein Kartograph erfaßt hat. Er ist in der Lage, Gesänge fremder Völker in Noten zu notieren. Er lernt Stammessprachen und geht auf die Jagd. Wie kein anderer verbindet Schweinfurth die Fähigkeiten des Abenteurers mit denen des Wissenschaftlers. In der Wildnis Afrikas bewährt er sich als Draufgänger bei Konfrontationen mit

Afrikanische Drachenbäume – Zeichnung von G. Schweinfurth

feindlichen Stammeskriegern und als Pedant im Umgang mit seinen Pflanzenschätzen.

»Ich habe das Prinzip der Einschachtelung befolgt«, schreibt er seiner Mutter, »und erblicktest Du meine kleine Karawane, so würdest Du staunen über die Einfachheit des Arrangements. Außer einigen mit Papierballen gefüllten Säcken würdest Du nichts anderes wahrnehmen als eine Anzahl von Kisten mit Vorhängeschloß und Eisenbeschlag, welche auf dem Rücken eines Kamels befestigt sind. Hunderte von Kästchen und Kästen, Schachteln und Blechbüchsen, Säcken, Bündeln usw. liegen in den Kisten.«[15]

Die Kisten werden von Lasttieren getragen; von der Möglichkeit, selbst aufzusitzen, hält Schweinfurth nichts. »Fast ununterbrochen zu Fuß gehend, da das Reiten mich langweilte und meinen botanischen Beobachtungen hinderlich war, die Flinte in der Hand und das Notizbuch in der Tasche, schwärmte ich bald vor, bald hinter meiner Karawane umher«[16], schreibt er. Schweinfurth zählt seine Schritte und mißt so in unbekannten Gebieten die

Entfernungen, um genaue Landkarten zu zeichnen. Das Maß seiner Schritte, so hat er herausgefunden, variiert nach der Beschaffenheit des Pfades zwischen 0,6 und 0,7 Meter.

Der weiße » Laubschlinger «

Zudem hat der Forscher eine Methode entwickelt, um die Marschgeschwindigkeit zu berechnen: Er zählt die Schritte pro Minute. Weil er dabei die Lippen bewegt, glauben seine Begleiter, Schweinfurth murmele Gebete. Sein Pflanzensammeln bringt dem seltsamen Fremden Spitznamen wie »Laubschlinger« und »Blattfresser« ein. Wenn er sich unbeobachtet fühle, raunen die Afrikaner, würde Schweinfurth in großer Hast Mengen von Blättern und Kräutern essen. Einmal herrscht ein Stammeskrieger Schweinfurths Karawanenführer an: »Was bringst du uns diesen Mann, der unsere Sträucher beschneidet und Kräuter ausrauft?«[17]

Ein gewaltiger Feigenbaum, Ficus platypholla

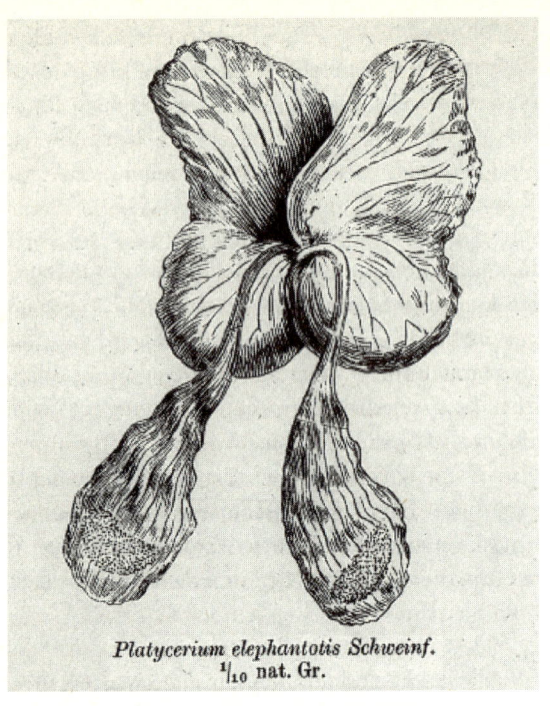

Platycerium elephantotis Schweinf.
¹/₁₀ nat. Gr.

Elefantenohr, Platycerium elephantotis –
von Schweinfurth entdeckter Baumfarn

In Waldgebieten läßt Schweinfurth die Träger auf Bäume klettern; sie sollen ihm bestimmte Pflanzen bringen. Denn, so berichtet er: »Der Botaniker gerät in solchen Urwäldern nicht selten in die verzweifelte Lage, das Ziel seiner Wünsche in unerreichbarer Höhe über seinem Haupte schweben zu sehen, ohne Mittel zu besitzen, auch nur eines Blattes habhaft werden zu können.«[18]

Allen Schwierigkeiten zum Trotz sammelt Schweinfurth auf seiner zweiten Afrikareise innerhalb von fünf Monaten an die 700 Gewächsarten. So entdeckt er einen Muskatnußbaum *Pycanthus Schweinfurthii*, der sich durch einen auffällig geraden Stamm auszeichnet. Er registriert als erster in Afrika Drachenbäume, die freilich viel kleiner sind als die Riesenexemplare, die Humboldt einige Jahrzehnte zuvor auf Teneriffa entdeckt hatte. Schweinfurth findet eine unbekannte Palme *Eremospatha Schweinfurthii* und 40 verschiedene Arten von Feigenbäumen. Er zeichnet einen bislang unbekannten Baumfarn *Platycerium elephantotis* und gibt ihm den Namen »Elefantenohr«.

Der nimmermüde Sammler hüllt Zwiebeln und Knollen in Tonerde ein, um sie lebend nach Europa zu bringen; er freut sich, als er erfährt, daß zwei Exemplare der merkwürdigen Cycadee *Encephalartos septentrionalis* die über ein Jahr dauernde Verschiffung nach Deutschland gut überstanden haben. Eine rankende Passiflora *Adenia venenatara,* notiert Schweinfurth, »wird einfach in Leinwand verpackt, nach Berlin geschickt; sie langte nach einer Reise von elf Monaten bei voller Lebenskraft an und entwickelte rasch im Palmenhause eine Menge neuer Triebe«[19].

Gerührt ist der Forscher, als er auf einer Hochebene mitten in Afrika ein kleinblütiges Löwenmaul entdeckt. »Wie ein Gruß aus der fernen Heimat erschien mir dieser an und für sich unscheinbare Fund eines Kräutleins, das Alexander Braun, der gefeierte Lehrer der Berliner Hochschule, mir zu Ehren benannte.«[20] Es heißt bis heute *Schweinfurthia pterosperma.*

Etliche der vielen Pflanzen, die der Forscher in Afrika gefunden, gezeichnet und für die Wissenschaft katalogisiert hat, tragen den Namen Schweinfurths. Doch der will nicht nur Arten nach Europa schicken; er möchte seinem geliebten afrikanischen Kontinent auch etwas geben. Könnten hier nicht auch Gewächse aus dem Norden gedeihen? Am Gazellenfluß im Südsudan notiert der Forscher: »Mir fiel die Ähnlichkeit mit der Havel zwischen Spandau und Brandenburg auf, seltsamerweise auch hinsichtlich einer ganzen Reihe von Pflanzentypen, die beiden Flußbildern gemeinsam ist. Nur die zuckerhutförmigen Termitenbauten ließen einen nicht vergessen, daß man sich in Afrika befand.«[21]

Im Mai 1869 richtet Schweinfurth für mehrere Monate sein Standquartier im Sudan ein und legt einen Garten an; der passionierte Pflanzenjäger wechselt vorübergehend in die Rolle eines Gärtners. Schweinfurth umgibt eine Fläche von 200 Schritt im Geviert mit einem Strohzaun. Er verteilt Hacken und Spaten an seine Leute und bringt Sämereien in den urbar gemachten Boden ein: Bohnen, Gurken, Kohlrabi, Kopfkohl und Rettich aus Europa, dazu Mais und Tabak aus Nordamerika. Tatsächlich gehen Maiskörner aus New Jersey wunderbar auf, und nach 70 Tagen erntet Schweinfurth Mais, dessen Güte die Qualität der Kolben aus dem Herkunftsland übertrifft.

Doch bald beobachtet der Forscher, daß seine sudanesischen Helfer für Gartenarbeit nicht viel übrig haben. Und es gelingt ihm nicht, die Leute anhaltend für sein Projekt zu begeistern. Er zieht weiter, und als er nach zwei Jahren zurückkehrt, notiert er enttäuscht: »Mein ehemaliger Garten war nun wüst und leer, nur noch die Tomaten wucherten unausrottbar auf dem üppigen Boden, und die Sonnenblumen, mit Wollust die Fülle der Tropen einsaugend, standen noch da als Zeichen verschwundener Tage. Einzelne Exemplare waren über 10 Fuß hoch. Von unten auf mit großem Laube zu Pyramiden aufgebaut, hatten sie ein wahrhaft imponierendes Äußeres, indem sie sich auf unzähligen Blütenästen mit ihren großen Augen unverwandt der Sonne zukehrten.«[22]

Die Sonnenblume und der »Liebesapfel«, wie Schweinfurth die Tomate nennt, sind die einzigen Pflanzen, die der Forscher in dem von ihm bereisten Teil Afrikas einbürgern kann. Versuche mit Weizen und einer Teichrose schlagen ebenso fehl wie seine Experimente mit Gemüse. Großen Erfolg hat Schweinfurth dagegen, als er im Sudan den ihm bekannten, in Westafrika verbreiteten Aschantipfeffer entdeckt. Er erklärt den Einheimischen, daß man die roten Beeren der Pflanze trocknen und zum Würzen von Speisen nutzen kann. Bald sammeln die Träger seiner Karawanen die Pflanze, und Aschantipfeffer wird als Handelsware auf Märkten im Sudan angeboten.

Schweinfurth heuert für seine Expeditionen riesige Karawanen an – Träger und Tragtiere, entsprechend der Gegend Esel, Pferde oder Kamele. Solche Geleitzüge sind teuer, und Schweinfurths Mittel hätten niemals für die vielen Vorstöße in unbekannte Gebiete ausgereicht, wenn er nicht einen Freund und Helfer gefunden hätte: Der Khartumer Elfenbeinhändler Mohammed Abd-es Ssamat, »ein junger Nubier von angenehmem Äußeren«, wie Schweinfurth am 8. März 1869 seiner Mutter schreibt, lädt den Botaniker ein, ihn bei seinen Streifzügen zu begleiten. »Der unternehmende, keine Gefahren, Mühen und Opfer scheuende Kaufmann«, schwärmt Schweinfurth, »schien gleichsam die geistige Verwandtschaft zu ahnen, die er mit dem Gelehrten teilte, der im Dienst der Wissenschaft ferne Länder durchreist.«[23]

Ob er mit seinem Freund je über den Elfenbeinhandel diskutiert hat, der diesen reich und mächtig machte? Denn Schweinfurth, der sich lebhaft für Tiere interessiert und immer wieder die afrikanische Fauna beschrieben hat, ist um das Schicksal der Ele-

Karawane des Händlers Ssamat

Schweinfurth empfängt afrikanische Stammesführer

fanten besorgt. Er beklagt, daß die Dickhäuter ausgerottet werden, »um uns Kulturmenschen einen Artikel zu verschaffen, aus dem wir nutzloses Spielzeug anfertigen«. Als der Elfenbeinhändler ihm eines Tages ein Elefantenbaby von der Jagd mitbringt, dessen Mutter er erlegt hat, versucht Schweinfurth das Tier mit der Flasche aufzuziehen – ohne Erfolg: »Es hatte für mich etwas unendlich Wehmutsvolles«, schreibt er, »das bereits kolossale und doch noch so hilflose Geschöpf mit schweren Atemzügen verenden zu sehen.«[24]

Trotzdem arbeitet Schweinfurth über Jahre mit Ssamat zusammen. Der Sudanese unterhält, wie andere Händler aus Khartum, tief im Hinterland Niederlassungen, die von bewaffneten Angestellten bewacht werden. »Solche Stapelplätze für Elfenbein, Munition, Tauschwaren und Lebensmittel«, erklärt Schweinfurth, »sind von Palisaden umschlossene Dörfer und werden Seriba genannt.«[25] Die Verwalter vor Ort führen sich wie Besatzer auf und kontrollieren das Leben der einheimischen Bevölkerung, die aus animistischen Schwarzafrikanern besteht. Die Händler und ihre Beauftragten sind muslimische Nordsudanesen.

Schweinfurth kann das Netz und die Infrastruktur der Handelsposten als Ausgangspunkte für seine Arbeit nutzen. Oft zieht er zusammen mit Ssamat von Seriba zu Seriba, und wenn der afrikanische Freund nicht selbst mit unterwegs ist, bringen ihm dessen Sendboten »animalische und vegetabilische Raritäten, auch einmal eine Hammelherde von 25 Stück, und gar einen jungen Dolmetscher für die Niam-Niam-Sprache als Geschenk«[26]. Über Ssamat schickt Schweinfurth Briefe und Pakete nach Europa, Nachrichten von dort erhält er über das Khartumer Geschäft des Freundes. Schweinfurth arrangiert, daß der »hochherzige Nubier« auf Empfehlung der Berliner Akademie der Wissenschaften von Kaiser Wilhelm I. mit dem Kronenorden 4. Klasse ausgezeichnet wird.

Eingriff mit Insektennadeln

Vorher aber rettet er seinem Freund das Leben. Am 23. April 1870 gerät die Karawane des Elfenbeinjägers Ssamat und des Pflanzenjägers Schweinfurth im Gebiet des Niam-Niam-Königs Uando im südlichen Sudan in einen Hinterhalt. Stammeskrieger schleudern Speere auf die Fremden, eine anderthalb Fuß lange Lanze trifft Ssamat in die Lende. Als der die Waffe aus seinem Körper reißt, vergrößert die mit Widerhaken versehene Spitze die Wunde, und die Niere schaut aus dem klaffenden Fleisch hervor. Sofort wirft Schweinfurth sein Gewehr beiseite und kümmert sich um den getroffenen Freund.

»Der Zufall wollte, daß ich gerade an diesem Tag eine Schachtel mit Insektennadeln bei mir trug, die wohlgeeignet erschienen, die große Wunde zusammenzuhaften«, berichtet Schweinfurth, »der schneeweiße Musselinturban Mohammeds lieferte das nötige Material zum Waschen und Verbinden. Sechs der stärksten Nadeln durch die frischen Wundränder gebohrt und mit Garn umwickelt, näherten diese so vollständig zueinander, daß sie primo contactu zusammenheilten. «[27] Den Eingriff des Amateurmediziners Schweinfurth lobt später ein Arzt mit den Worten: »Offenbar besaß Schweinfurth beides, was ein guter Chirurg haben muß, das Herz eines Löwen und die Hand einer Jungfrau. «[28]

Jedenfalls ist Schweinfurths Freund Mohammed Abd-es Ssamat schon wenige Tage nach dem Eingriff in der Lage, auf einen Termitenhügel zu steigen. Niam-Niam-Kriegern, die glaubten, ihn getötet zu haben, und das Lager eingekreist haben, ruft er zu: »Seht, da bin ich, es fällt mir nicht ein zu sterben, und wenn ihr hundert Lanzen auf mich werfen würdet, kommt nur heran!«[29]

Boas, Bienen und andere Gefahren

Mit Glück übersteht Schweinfurth etliche Abenteuer. So sieht er einmal eine am Boden liegende Antilope, die mit den Beinen zappelt und wie gefesselt erscheint. Als er nähertritt, gewahrt er eine mächtige Boa, die sich um den Leib des Tieres geschlungen hat. Die Riesenschlange schießt sofort auf den Forscher los. Aber der kann die Boa und die Antilope mit mehreren Schüssen zur Strecke bringen. Bei der Rückkehr aus dem Busch mit der doppelten Beute feiern die Leute den mutigen Jäger.

Noch mehr Aufsehen erregt Schweinfurth durch eine in der Nacht erlegte Hyäne. Solche Tiere, glauben die Einheimischen, würden in Wahrheit einen Menschen verkörpern, der dazu verdammt sei, nachts in der Gestalt einer Hyäne herumzuschleichen. Daß Schweinfurth ein solches Wesen erlegen kann, macht ihn bei den Sudanesen zum Zauberschützen.

Nur mit Schaudern erinnert sich Schweinfurth an den Überfall eines Bienenschwarms. Der Forscher befindet sich auf einer Barke auf dem oberen Nil. Wegen der ungünstigen Windrichtung ist ein Teil der Mannschaft ans Ufer gegangen und zieht das Schiff am Seil vorwärts. Dabei scheuchen die Leute einen Bienenschwarm auf. »Ich arbeitete gerade an meinen Pflanzen in der Kabine«, schreibt Schweinfurth. »Da stürzt einer mit dem Ruf herein: ›Bienen, Bienen!‹ Schnell will ich mir eine Pfeife anzünden, als ich

mich plötzlich im Gesicht und an den Händen von den empfind-
lichsten Stichen getroffen fühle und bereits Tausende in dichten
Massen mich umsummen. Da werde ich an den Augen verletzt,
und Stich auf Stich fällt mir zwischen das Haupthaar. Ich stürze
mich in Verzweiflung in den Fluß. Ich tauche unter, alles vergeblich, es regnet förmlich Stich auf Stich auf meinen Kopf.«[30]

Die Bienen verschwinden erst, als seine Leute am Ufer ein
Feuer entzünden, dessen Rauch über das Nilschiff streicht.
Schweinfurth zieht sich mit Hilfe eines Spiegels und einer Pin-
zette Stacheln aus Gesicht und Händen. Erstaunlicherweise bleiben diese Stiche ohne Folgen. Dagegen ist es unmöglich, die Stacheln aus dem dichten Haupthaar zu entfernen, und es entstehen
kleine Geschwüre, die empfindlich schmerzen.

Solche lebensgefährlichen Zwischenfälle und die ständige Bedrohung durch tödliche Krankheiten können Schweinfurth nicht
erschüttern. Nur als ein Feuer am 1. Dezember 1870 im Sudan
seine Tagebücher, sein Sammelgut und den größten Teil der Ausrüstung vernichtet, droht der Forscher zu verzagen: »[Als] ein
Schwärmer für Natur und Wildnis war ich ausgezogen; [als] ein
Schwärmer wäre ich heimgekehrt; es bedurfte erst des Feuers, um
mir die Schwingen zu kappen.«[31]

Zum Glück sind die Flügel schnell nachgewachsen. Denn
Schweinfurth weiß, wie er seinen Lebensmut wiederfinden kann.
Als sein aus Deutschland mitgebrachter Hund Arslan stirbt,
schreibt er: »In allen Lagen des menschlichen Lebens ist die Natur
die beste Trösterin, und die stille Einsamkeit und Friedfertigkeit
der Pflanzenwelt beruhigt die stürmisch bewegte Brust.«[32].

Kampf gegen den Sklavenhandel

»Bei dir gilt das Wort eines Negers mehr als die Rede von zehn
Muselmännern«[33], wird dem Forscher zuweilen von seinen ara-
bischen Freunden vorgeworfen, und tatsächlich macht Schweinfurth sich eindeutig zum Verteidiger und Fürsprecher der
Schwarzen, wenn es um die Sklaverei geht. Häufig sieht er, wie

Arabische Sklavenjäger in Afrika

Kleinkrämer aus dem Nordsudan mit ihren mit Waren bepackten Eseln südwärts ziehen. Auf dem Rückweg haben sie ihre Kupferkessel und Stoffe samt Esel gegen eine wertvollere Ware eingetauscht: Es sind schwarze Menschen, die nun in Fesseln nach Khartum getrieben und dort zum Verkauf angeboten werden. Der entsetzte Botaniker trifft Großhändler, die statt auf Elefantenjagd auf Sklavenjagd ziehen. Auf Schiffen im Roten Meer beobachtet er, wie die menschliche Ware in Ketten und eingepfercht in Zellen in arabische Länder verfrachtet wird. Er erlebt bei Aufenthalten in Handelsniederlassungen im Busch die Ankunft von Sklavenkarawanen.

Schweinfurth ist empört darüber, daß islamische Gelehrte die Jagd auf die schwarzen »Heiden« rechtfertigen. Er informiert die Behörden in Khartum und Kairo über den andauernden Sklavenhandel. Der ist offiziell verboten. Freilich passiert wenig, denn, wie Schweinfurth erfährt, beteiligen sich korrupte Offiziere von Regierungstruppen an den unmenschlichen Geschäften.

Schweinfurth war beileibe nicht von Anfang an den Schwarzen gegenüber aufgeschlossen. Während er in seinen ersten Briefen aus Innerafrika von Wilden spricht, setzt er später das Wort in Anführungszeichen. Und als alter Mann, so berichtet Guenther, »konnte er auffahren, wenn man von Wilden sprach, er sagte dann scharf, es gäbe keine Wilden, es gäbe nur Naturvölker«[34].

Dennoch ist Schweinfurth ein Mann seiner Zeit: Für die Völkerkunde vermißt er die Afrikaner, er sammelt Schädel und hält die Kolonisierung des Schwarzen Kontinents für einen Segen. So nimmt er 1876 in Brüssel als Gast von König Leopold II. an einer Konferenz teil. Sie bereitet die Gründung des mörderischen Kongostaats vor, den der Schriftsteller Joseph Conrad später als »Herz der Finsternis« beschreibt. Schweinfurth betätigt sich als eifriges Mitglied in der Deutschen Kolonialgesellschaft und im »Kolonialrat« des Reichstags in Berlin.

Was allerdings den Sklavenhandel betrifft, geht er mit den Europäern hart ins Gericht. Er bezichtigt sie der Untätigkeit angesichts dieser »barbarischen Zustände«: Während vor Westafrikas Küsten Patrouillenboote gegen Sklavenhändler eingesetzt würden, werde am Roten Meer nichts unternommen und »den Türken und Arabern gestattet, geraubte Menschen zu Tausenden in ferne Länder zu verschleppen«[35]. Schweinfurth warnt, daß durch die »Entvölkerung Afrikas«, vor allem durch die Verschleppung junger Mädchen, »ganze Länderstrecken in Wildnisse verwandelt« werden. Und der Botaniker fordert, was heute wieder so aktuell ist wie im 19. Jahrhundert: »In unserer Zeit können wir der Beteiligung eines solchen Länderkolosses, wie ihn Afrika darstellt, an der gesamten Weltarbeit nicht länger entbehren. Afrika muß ganz und voll in den Welthandel einrücken.«[36]

In der äthiopischen Provinz Eritrea findet Schweinfurth in der bis auf 2700 Meter ansteigenden Gebirgslandschaft die wild gedeihende Baumwollart *Gossypium anomalum*; sie könnte seiner Ansicht nach die Stammpflanze der bereits von den alten Ägyptern angebauten Baumwolle – also einer Kulturpflanze – sein.

»Kein Staat hat sich seine Kulturpflanzen allein aus der Heimat geholt, sondern immer auch Geschenke aus anderen Ländern erhalten«[37], schreibt der Botaniker und bedauert, daß die Pflanzenjäger bei ihrer Suche nach unbekannten Wildgewächsen die Erforschung der Kulturpflanzen vernachlässigen. Denn nichts bezeuge mehr das gemeinsame Band, das alle Menschen verbindet, als die weltbürgerliche Natur des Ackerbaus. Und so wie Baumwolle im Altertum von Eritrea nach Ägypten gelangte, seien andere Gewächse von Südarabien aus per Schiff nach Indien gebracht und dort in Kulturpflanzen umgestaltet worden: Reis, Sesam und Zuckerrohr. Der vielseitige Forscher ist fasziniert von der Verbreitung bestimmter Pflanzen in aller Welt durch Menschenhand und veröffentlicht noch als 85jähriger die Arbeit *Austausch von Kulturpflanzen zwischen Afrika und Amerika*.

Die Grabbeilagen der Pharaonen

1875 läßt sich Schweinfurth als Privatgelehrter in Kairo nieder. Dort gründet er im Auftrag des ägyptischen Vizekönigs Ismail eine geographische Gesellschaft. Mit seinem Freund und Fachkollegen Paul Ascherson arbeitet er jahrelang an einem Riesenwerk, das schließlich in französischer Sprache herauskommt – *Die Flora Ägyptens*. In dem mehrbändigen Buch sind 150 Kulturgewächse der Gegenwart aufgeführt, von denen Schweinfurth etwa 40 mit Funden aus dem alten Ägypten für den Feld- und Gartenbau der damaligen Zeit belegt hat. Zehn weitere Arten kann er anhand von Darstellungen und Inschriften in Tempeln und Gräbern nachweisen.

Schweinfurths Interesse an den jahrtausendealten Gräbern und Kultstätten erweist sich als Glücksfall für die Forschung und macht den Botaniker auch unter den Ägyptologen bekannt. Die hatten bei ihren Ausgrabungen immer wieder auftauchende Pflanzenreste kaum beachtet; Schweinfurth weist auf die kulturgeschichtliche Bedeutung dieser pflanzlichen Grabbeilagen hin, eine ungeahnte Ergänzung für die Erforschung des Lebens zur Zeit der Pharaonen.

»In mannigfacher Gestalt haben sich die pflanzlichen Reste aus dem ägyptischen Altertum bis in unsere Tage erhalten«, berichtet Schweinfurth 1884 vor der Deutschen Botanischen Gesellschaft. »Zunächst sind dieselben zahlreich unter den Opfergaben vertreten, welche mit dem Sarge in die Grabkammern eingeschlossen wurden. Dieselben sind zum Teil als symbolische Totenopfer, zum Teil als Totenspeise zu betrachten. Hier finden sich auf dem Fußboden der Grabkammer in kleinen und größeren Tonnäpfen und Schüsseln, in Körben und anderen Behältern eine Menge von Früchten, Getreideproben, Farben, Drogen, Arzneimittel, Harze, Breiklumpen und dergleichen.«[38]

Den Mumien von Pharaonen sind Sträuße und Blumengebinde beigegeben. So stecken Lotosblüten mit ihren langen Stielen wohlbehalten in den äußeren Binden der Mumie Ramses II., die 1881 in Theben gefunden wird. Im Laufe der Jahrtausende, so ergeben die Ausgrabungen, haben sich die Techniken der Blumenbinder sowie die Auswahl des Blumenschmucks für die Gräber geändert. Denn Griechen und Römer hatten aus ihren Ländern neue Pflanzen nach Ägypten gebracht, darunter Rosen und Nelken. Die Lotosblume war aus Indien eingeführt worden.

Tausendjährige Proben der ägyptischen Flora sind erhalten, weil in den Felsgräbern eine konstante Trockenheit herrschte. Schweinfurth sammelt solche Grabbeigaben; anschließend bestimmt er die verwendeten Pflanzenarten. In Zusammenarbeit mit Ägyptologen findet er zudem in Tempelinschriften und bildlichen Darstellungen Belege für eine altägyptische Gartenkunst. »Auf Darstellungen von Triumphzügen der ältesten Zeit«, so Schweinfurth, »gewahrt man unter den Beutestücken Gewächse, die in

Gefäße verpflanzt als fremde Merkwürdigkeiten einhergetragen werden.«[39] Schweinfurth hat die »vegetabilischen Reste« aus dem alten Ägypten sorgfältig in Schachteln verpackt, akribisch beschriftet und an mehrere Museen in Europa geschickt. Eindrucksvolle Proben seiner Arbeit, darunter über 3000 Jahre alte Objekte, können bis heute im Botanischen Museum in Berlin-Dahlem besichtigt werden.

Ein begehrter Junggeselle

Pflanzliche Funde aus Pharaonengräbern und ethnologische Sammelstücke bringt Schweinfurth in seine Residenz im vornehmen Kairoer Viertel Esbekieh. Er hat dort ein großes Herbarium afrikanischer Pflanzen aufgestellt. In der von der Straße leicht zugänglichen Wohnung erhält der Forscher mehrmals »Besuche von schönen, verheirateten Damen (Touristinnen)«, so Schweinfurth. Er habe die offenbar kontaktsuchenden Frauen stets mit den Worten abgeschmettert: »Sie wollen gewiß meine Merkwürdigkeiten sehen, meine 5000 Jahre alten Pflanzenreste?«

Schweinfurth berichtet, daß ihm während seiner großen Afrikareisen alle Verbindungen mit dem anderen Geschlecht »absolut fremd« blieben: »Meine Stellung als Wesen höherer Art ließ das nicht zu.« Oft hörte er, wie Leute diese Enthaltsamkeit seinem Rassendünkel zuschrieben. »Andere Reisende haben Sklavinnen bei sich gehabt«, weiß Schweinfurth, »fast die Mehrzahl beständig – bei mir kam das nicht vor.« Zweifellos ist der weltgewandte, sehr gut aussehende Gentleman für die Weiblichkeit eine Attraktion. Und Guenther zufolge wollte die »Frau eines berühmten Botanikers und Millionärs« ihre Tochter mit Schweinfurth verkuppeln. Der erhielt zudem von einer jugendlichen Schriftstellerin »lange Briefe mit Herzenserklärungen«. Doch der Forscher bleibt ein eiserner Junggeselle und erklärt das später seinem Biographen: »Wie Alexander von Humboldt auf die Frage, weshalb er nicht geheiratet habe, sagen konnte, er hätte dazu keine Zeit gehabt, so schützte ich Zeitmangel vor. Die Gebundenheit an eine und dieselbe Frau war mir in den vierziger Jahren meines Lebens ein schrecklicher Gedanke. Nichts wäre mir auf der extrem gegenüberstehenden Seite verhaßter gewesen als ehebrecherische Verhältnisse. Mit wohlanständigen Frauen wollte ich nie in – auch nicht platonische – Verhältnisse treten.«[40]

Lebensabend in Berlin

1888 gibt Schweinfurth seine Wohnung in Kairo auf und geht nach Berlin. Dort zieht er in das »Steuerhäuschen« am Rand des alten Botanischen Gartens in Schöneberg. »Es war ein stimmungsvolles Heim am gemütlichen Gartenweg, von hohen Bäumen überschattet«, schreibt Guenther. Schweinfurth ist an einer festen Anstellung an einer Universität nicht interessiert. »Es fragt sich, welches Joch schwerer zu ertragen wäre«, grummelt der alte Hagestolz, »eine Professur oder eine Ehe.«[41]

Schweinfurth hält lieber Vorträge und schreibt Bücher und Artikel, vor allem aber ordnet er seine Herbarien, eine Mammutarbeit, denn schließlich sind es 18 000 Exemplare. Er vermacht die Sammlung dem preußischen Staat, der ihm dafür eine Rente bis ans Lebensende zahlt. Der Gelehrte fühlt sich wohl in Deutschland, aber nur im Sommer; immer wenn sich der Winter ankündigt, reist er für mehrere Monate ins nördliche Afrika – 20 Jahre lang.

Als Berlins Botanischer Garten 1909 nach Dahlem verlegt wird, erhält Schweinfurth im dazugehörenden Botanischen Museum zwei Räume zugewiesen, in denen er in 102 Schränken seine Herbarien ausstellen kann. Er arbeitet bis ins hohe Alter. Das Literaturverzeichnis der 1918 erschienenen dritten Auflage seines Hauptwerks *Im Herzen Afrikas* dokumentiert die ungeheure Arbeitsleistung dieses vielseitigen Mannes: Er hat zwischen 1858 und 1916 nicht weniger als 433 wissenschaftliche Beiträge veröffentlicht. Darunter befinden sich Abhandlungen über Archäologie, Geologie, Zoologie, Völkerkunde, Sprachen und Politik.

1922 gibt Schweinfurth »aus eigenen verschollenen Abhandlungen und Aufzeichnungen« das Buch *Auf unbetretenen Wegen in Ägypten* heraus. Zu alt, um noch zu reisen, schöpft er nun aus seinen Erinnerungen, dem »Paradies, aus dem wir nicht vertrieben werden können« und das »uns mit dem Zauber seiner ewigen Frische beglückt«[42]. Schweinfurth stirbt im September 1925 in Berlin und wird im Botanischen Garten in Dahlem beigesetzt. Dem Sarg des Botanikers folgen Vertreter vieler Fakultäten – alle können sagen: Er war einer von uns.

Jäger im Dienst
des Orchideenkönigs

Wilhelm Micholitz
(1854–1932)

Arnold ist im Orinoko ertrunken. Schröder stürzt in Sierra Leone in den Tod. Falkenberg bleibt in Panama verschwunden. Klaboch wird in Mexiko ermordet, Braun in Madagaskar, und Endres traf eine Kugel im kolumbianischen Rio Hacha. Die Aufzählung tödlicher Unfälle und gewaltsamer Todesfälle unter den Orchideenjägern ließe sich beliebig fortsetzen, denn ihr Beruf ist lebensgefährlich: In den unerforschten Sümpfen und Wäldern der Tropen, in denen sie nach den exotischen Schönheiten suchen, lauern tausenderlei Gefahren.

Wilhelm Micholitz überlebt sie alle, obwohl der gebürtige Sachse mehr als 30 Jahre lang halb Asien nach Orchideen durchkämmt. Micholitz, 1854 geboren, ist ein mittelgroßer Mann von kräftiger Statur mit einer bewundernswert robusten Konstitution. Leider ist er so kamerascheu, daß kein Foto von ihm existiert. Das beschwerliche Reisen, das Klima, die Naturgewalten, Tropenkrankheiten und wilde Tiere können ihm nichts anhaben. Auch nicht die Einsamkeit seines Berufs. Einmal in all den Jahren trägt er sich mit Heiratsplänen. Doch die Verlobung mit einer Miss Margery Pick wird wieder gelöst – aus »religiösen Gründen«, wie er sagt.[1] Jedes Jahr macht Micholitz Urlaub in Sachsen, besucht dort seinen Vater und taucht dann wieder in die Wildnis ein. Sein Leben ist das Wandern durch die tropischen Wälder von Mindanao, Birma oder Vietnam; seine Leidenschaft ist die Pflanzenjagd in Neuguinea oder Kolumbien, das Klettern in steilen Schluchten, um an rauschenden Wasserfällen seltene Orchideen aufzutreiben.

Wie Micholitz allerdings die Orchideen für sich entdeckt hat, ob schon in seiner sächsischen Heimat oder erst später, und wann er Orchideenjäger geworden ist, liegt im Dunkeln. Im Kreis der Pflanzenjäger taucht er erst auf, als der 28jährige den kurz zuvor ins Orchideengeschäft eingestiegenen Gärtner Frederik Sander kennenlernt. Der deutet bei dieser Gelegenheit an, ihn eventuell beschäftigen zu wollen. Schon kurz darauf schreibt Micholitz 1882 in einem Brief, Sander möge seinen Übereifer entschuldigen, doch »seit vielen Jahren ist es mein sehnlichster Wunsch, für ihre Firma arbeiten zu dürfen«.

Der Orchideenkönig

Frederik Sander heißt eigentlich Friedrich Sander und ist in Bremen geboren. Der väterliche Großhandel mit Fässern und Tonnen verspricht nur dem ältesten Sohn eine Zukunft. Zwei Brüder wandern in die USA aus, während Friedrich eine Gärtnerlehre macht. Er arbeitet in Weimar, Erfurt und Hamburg, dann schlägt er, »mit einer halben Krone in der Tasche«, in England seine Zelte auf. Gerade 18 Jahre alt, kaum des Englischen mächtig, aber voller Energie, findet der Gärtnergeselle problemlos einen Job, zuerst bei London, dann in der Grafschaft Kent. Dort heiratet er Elisabeth Fearnley, die aus einer gediegenen und wohlhabenden Familie stammt und eine ansehnliche Mitgift in die Ehe einbringt – Startkapital für den ersten eigenen Betrieb: Er erwirbt eine traditionsreiche Samenhandlung bei London. Zwei Jahre später, 1878, kauft er Land dazu und baut mehrere Orchideenhäuser. Denn inzwischen hat der junge Mann den erfahrenen Pflanzenjäger Benedict Roetzl kennengelernt, der ihm den Handel mit

Der Orchideenhändler Frederik Sander (links)

Exoten schmackhaft gemacht und seine Leidenschaft für tropische Orchideen geweckt hat, eine Leidenschaft, die zur Besessenheit wird und Frederik Sander nie mehr losläßt.

Sein Faible für Orchideen verbindet den jungen Deutschen mit zahlreichen britischen Adeligen, unter denen seit geraumer Zeit das Orchideenfieber grassiert. Und da keine Heilung absehbar ist, beschließt der Samenhändler, sich auf den Import, die Zuchtung und den Verkauf von Orchideen zu spezialisieren. Daß ihm mehrere alteingesessene Betriebe dabei 40 Jahre an Erfahrung vorausheben, schreckt den selbstbewußten Jungunternehmer nicht. Er macht aus seiner Leidenschaft ein florierendes Geschäft, und ab 1885 steht in seinem Briefkopf: Frederik Sander, Orchid Grower, 21 George Street, St. Albans. Von hier aus steuert Friedrich San-

Micholitz' Konkurrenten Mau ...

der seinen rasanten Aufstieg zum weltweit größten Orchideenhändler, zum königlichen Orchideenzüchter – und zum Orchideenkönig, ein Titel, den ihm das Satiremagazin *Punch* verleiht.

Frederik Sander hat Europa niemals verlassen, einen echten Regenwald hat er nie gesehen. Die Vielfalt seines Sortiments, die vielen Raritäten und Neuentdeckungen, die ihn berühmt machen, und schließlich die schiere Menge der Handelsware Orchidee verdankt er seinen Orchideenjägern, die überall da arbeiten, wo Orchideen wachsen. Die einen stehen auf seiner Gehaltsliste, die anderen arbeiten als Freiberufler. Pausenlos jagt

... und Wilhelm Arnold

er sie von einem Sammelgebiet ins andere. » Glauben Sie, daß ich aus Eisen und nicht an Zeit und Raum gebunden bin?« klagt Micholitz, als ihm wieder einmal keine Verschnaufpause gegönnt wird: » Um die Pflanzen zu bekommen, müßte ich nochmals volle 250 Meilen reisen, und das zu einer Zeit, wo das ganze Land ein Backofen ist. Ich kann nur soviel sagen – für keinen Menschen in der Welt werde ich 250 Meilen laufen.«

Orchideenjäger, heißt es, verdienten gutes Geld, doch Sander ist knauserig. Als Micholitz um eine Gehaltserhöhung von 25 Pfund im Jahr bittet, lehnt Sander brüsk ab: » Das paßt gerade nicht, warten Sie bis zum nächsten Jahr«, wobei im folgenden Jahr überhaupt kein Gehalt mehr auf Micholitz' Konto verbucht wird. Ein anderes Mal ärgert sich der Sammler: »Wenn es darum geht, etwas zu wollen – ich will auch vieles und bekomme es nicht. Nehmen Sie zum Beispiel das eine Prozent Gewinnbeteiligung, das Sie mir in einem Brief vom 6. August 1891 versprochen haben. Sie wissen am besten, daß ich davon nie einen Penny gesehen habe.«

Am liebsten engagiert Sander junge Deutsche, die sich unabhängig von familiären Verpflichtungen abenteuerlustig und waghalsig in das Globetrotterleben stürzen: Arnold, Förstermann, Hennis, Kerbach, Mau, Riemann, Sandhack, Schröder – in der Blütezeit des Geschäfts sind 23 Orchideenjäger im Auftrag von Sander & Co. unterwegs – Abenteurer, Romantiker oder exzentrische Eigenbrödler, die dem bürgerlichen Leben den Rücken gekehrt haben, um die unerforschte, wilde Natur zu erkunden. Sie sind die eigentlichen Helden der Orchideengeschichte, bleiben aber unsichtbar – ihre Biographien sind nie geschrieben worden.

Orchideenjagd im Regenwald

Wilhelm Micholitz' Jagdrevier liegt in den Monsungebieten Südostasiens. Sein Hauptquartier ist Singapur. Von dort pendelt er zwischen den Ländern am Äquator und Assam am Himalaja. Er ist einer von Sanders besten und verläßlichsten Jägern und hält ihm 32 Jahre, bis zum bitteren Ende, die Treue. In dieser Zeit schreibt Micholitz mehr als tausend Briefe an seinen Chef, in denen er zunächst noch auf deutsch, dann auf englisch von seinen Erlebnissen in der Wildnis berichtet und von der Schönheit der Orchideen schwärmt. Andererseits bietet er seinem autoritären, oft nörgelnden und geizig-kleinlichen Arbeitgeber mit Ironie und Sarkasmus Paroli, beklagt sich aber auch bitter über die Strapazen seiner Reisen.

Komfortable Hotels gibt es nur in den Handels- und Verwaltungszentren der britischen Kolonien. Wenn Micholitz in die abgelegenen Landesteile reist, sind die Orte »gottverdammte Löcher«

und die Herbergen »bloße Hütten ohne Möbel und Komfort, eine Matte ist alles, worauf der Reisende ruhen kann«. In die eigentlichen Sammelgebiete geht es per Boot, oder Micholitz und seine eingeborenen Hilfskräfte müssen sich mit Axt und Machete schmale Pfade in die wuchernde Vegetation schlagen. Menschen und Maultiere, mit Kochgeschirr und Proviant beladen, arbeiten sich durch den Dschungel. Im Gebirge geht es steil bergauf, dann wieder quält sich die kleine Karawane auf einem halsbrecherischen Saumpfad bergab. Es ist heiß und gefährlich glatt. Auf einem Plateau wird ein Lager aufgeschlagen, und morgens schwärmen die Pflücker aus, um nach Orchideen Ausschau zu halten.

Unter dem dichten Baldachin aus Blättern und Schlingpflanzen herrscht ein diffuses Dämmerlicht. Wie soll man da die Luftwurzel von der Schlange unterscheiden, auf dem glitschigen Boden nicht auf beißende Ameisen und giftige Spinnen treten? Und vor allem: Wie soll man in dem dichten Geflecht von Lianen und Blattwerk hoch über dem Kopf die heißbegehrten Orchideen erkennen. Sie besiedeln die Stämme und Äste der Urwaldriesen bis in die Krone hinauf. Fest sind sie an der Rinde verankert, oben schweben sie schwerelos in luftiger Höhe.

Micholitz ist ein hervorragender Orchideenkenner. Er weiß, welche Art neu ist und welche Pflanzen es zu pflücken lohnt. Er ist ein guter Organisator, kann erfindungsreich improvisieren und kommt mit den Eingeborenen gut zurecht, auch wenn er sich häufig über deren Arbeitsmoral beklagt. Je höher die Urwaldriesen und je dicker die Stämme, desto weniger sind die Pflücker bereit hinaufzuklettern und desto eher wird der Baum gefällt. Aus dem vietnamesischen Dschungel schreibt Micholitz: »Es ist schwer, hier etwas von den Bäumen herunterzukriegen, denn die Stämme sind voller roter Käfer, die ganz fürchterlich beißen.« Auch das bedeutet: Baum ab, selbst wenn nur drei oder vier Pflanzen in der Baumkrone sitzen. Zu Tausenden fallen die Urwaldriesen der Orchideenjagd zum Opfer.

Zäh und ausdauernd verfolgt Micholitz sein Ziel, und auch angesichts von Naturkatastrophen behält er einen klaren Kopf – ob nun die Erde bebt, ein Vulkan Feuer speit oder sintflutartige

Regenfälle alles mit sich hinwegreißen. Dann wieder brennt die Sonne unbarmherzig herab, und Micholitz verflucht die Gluthitze und den fürchterlichen Staub »im verpesteten Birma« (heute Myanmar), wo die Trockenheit besonders schlimm sei: »Hier habe ich gelernt, Rudyard Kipling zu verstehen, wenn er schreibt, daß die Leute während der Trockenzeit in Indien einfach völlig irrsinnig werden.«

Im tropischen Regenwald wünscht er sich die trockene Hitze zurück, denn hier ist es stickig und schwül wie in einem türkischen Bad. Kein gesundes Klima! Insekten sind eine nicht endenwollende Plage, denn zielsicher finden sie auch das winzigste Stückchen nackte Haut und stechen erbarmungslos zu, während Zecken sich unter die Haut bohren. Den Fiebermücken (Anopheles) entkommt niemand, und auch Micholitz wird immer wieder von heftigen Malariaanfällen niedergestreckt. Sein Rezept: soviel Chinin, wie er vertragen kann, und vier Tage nichts essen.

»Hier im Osten ist es zur Zeit nicht sehr angenehm«, heißt es später aus Singapur, »überall wütet entweder die Cholera oder die Pest; und obwohl ich nicht ängstlich bin, wird man doch nervös.« Anderswo beunruhigen ihn Bürgerkriege und Revolutionen – oder Raubtiere: »Das größte Hindernis beim Sammeln und Erkunden ist, in diesem Land wimmelt es von Tigern«, schreibt er aus Vietnam: »Es ist zu unsicher, alleine und unbewaffnet auch nur einen Schritt zu tun. Nachts wagt sich keiner vor die Tür, es sei denn in Begleitung und mit ein paar brennenden Fackeln in der Hand.«

Sind die Orchideen gepflückt, beginnt ihre oft komplizierte Reise nach Europa. Zunächst werden die Pflanzen in Körbe verstaut und auf die Maultiere geladen. Im nächsten Ort erhalten die Pflücker ihr sauer verdientes Geld, und die Orchideen werden getrocknet, von alten Blättern und Wurzeln gereinigt und dann in der Packstation sorgfältig in Kisten verstaut. Lage um Lage werden sie weich zwischen Moos oder weniger wertvolle Orchideen gebettet.

Auf Maultieren oder Ochsen, auf Flußdampfern oder Eisenbahnen werden die Kisten schließlich in den nächstgelegenen Seehafen befördert. Das kann Tage dauern. Über Pässe und auf schma-

Orchideentransport im Urwald

len Urwaldpfaden schaukelt die kostbare Fracht durch unwegsames Gelände. Manche Kiste ist auf dem Weg zum Überseehafen verlorengegangen. Im Hafen angekommen, sind die Orchideen längst noch nicht in Sicherheit: Tausende vergammeln in den Lagerhäusern oder auf den Schiffen – die Ozeane, heißt es, sind die größten Pflanzenfriedhöfe.

Wettlauf auf Mindanao

Micholitz' erster Einsatzort sind 1882 die Philippinen. Auf der südlichsten Insel, auf Mindanao, soll er *Vanda sanderiana* und *Phalaenopsis sanderiana* suchen und in großen Mengen nach Hause schicken, denn beide Arten haben in London Furore gemacht und gute Preise erzielt. Der Orchideenjäger Carl Roebelin hatte zwei Jahre zuvor für Sander die bildschöne Vanda entdeckt, und ein Jahr danach die rote Phalaenopsis, die wegen ihrer elegant gebogenen, vielblütigen Rispen zu den edelsten Orchideen zählt. Jetzt braucht Sander dringend Nachschub, denn Roebelin hatte nur wenige Exemplare mitbringen können: Die meisten Vandeen waren bei einem Erdbeben verlorengegangen, und viele tausend Phalaenopsis in einem Wirbelsturm.

Da der Freiberufler Roebelin sich aber weigert zu verraten, wo auf Mindanao er die Pflanzen gefunden hat, soll Micholitz sie nun aufspüren. Dabei wissen Sanders Spione, daß auch die Konkurrenz ihre Sammler auf die beiden Orchideenarten angesetzt hat. Es ist ein Wettlauf gegen die Zeit, denn wird die Konkurrenz vor Micholitz fündig, dann wird nichts mehr aus dem traumhaften Geschäft für Sander.

»Ich fuhr mit dem Boot nach Maynit, einem großen Süßwassersee zwei Tagesreisen von Surigao entfernt«, berichtet Micholitz von seiner ersten Expedition in den Dschungel: »Bis zu den Knien im Matsch, zog ich meine Stiefel aus, und sofort waren meine Beine mit Blutegeln übersät. Als ich beim See ankam, saß da schon Boxall, der gar nicht erfreut war, mich zu sehen.« Verständlich, denn Boxall, Orchideenjäger der Londoner Konkurrenz, glaubte einen komfortablen Vorsprung zu haben. Aber, schreibt Micholitz nicht ohne Häme, »Krankheit hatte Boxall daran gehindert, schon viele Erkundungstouren zu machen. Ich habe viel mehr Phalaenopsis gefunden als er.«

Der Konkurrenzkampf unter den Orchideenjägern wird mit allen Mitteln, manchmal sogar bis aufs Messer geführt. Eifersüchtig bespitzeln sie sich; oft verfolgt ein Sammler den anderen Tage und Wochen, um ihm das Geschäft zu verderben oder einen Anteil an der Beute zu fordern. Verrate nie den Fundort deiner Schätze, lautet eine eiserne Regel, versuche statt dessen, deinen Gegner auf eine falsche Fährte zu locken. Überall Geheimniskrämerei und verschlüsselte Telegramme. Verschwiegenheit ist überlebenswichtig, Mißgunst an der Tagesordnung. Da der erfolgreiche Jäger auch dem später kommenden Konkurrenten keine einzige Orchidee gönnt, brennt er ganze Waldstücke ab. Gleichzeitig darf er die eigene Beute nie aus den Augen lassen, könnte doch ein hinterlistiger Gegner, noch kurz vor dem Verladen, auf seine Orchideen urinieren, damit sie auf der Schiffsreise kaputtgehen.

Micholitz beeilt sich, die auf Mindanao gesammelten Pflanzen Richtung London auf den Weg zu bringen: »Drei Tage bevor ich Manila verlassen habe, ist wieder die Cholera ausgebrochen. Einheimische und Chinesen starben wie die Fliegen. Konnte keine andere Insel besuchen. Man darf nur mit dem Dampfer reisen und muß dann 10 bis 15 Tage in Quarantäne verbringen, und das alles ist sehr teuer.« Der Epidemie fallen annähernd 30 000 Menschen zum Opfer. Der ehrgeizige Sammler aber sorgt sich mehr um die Behinderung seiner Arbeit als um seine Gesundheit. Doch statt Lob erntet er Tadel und ist entsprechend verärgert: »Es ist immer die gleiche Leier mit kleinen Variationen! Diesmal also verbrauche ich zu viel Geld und schicke zu wenig. Nun gut, glauben Sie, ich finde Neuheiten in den Straßen von Manila?«

Von der ersten bis zur letzten Reise bleibt Geld ein Streitpunkt zwischen Micholitz und Frederik Sander: »Es ist absolut albern, wie Sie die Geldangelegenheit behandeln«, wirft Micholitz seinem Boß vor. »In jedem Ihrer Briefe schreiben Sie: ›Ich brauche ein großes Bündel hiervon und ein großes Bündel davon.‹ Nun, ich bin bereit, mein Bestes zu tun, aber dafür brauche ich eine regelmäßige Belieferung mit Geld«, argumentiert der Reisende. Warum überweist Sander nicht jeden Monat eine Spesenpauschale? Warum läßt er seine Sammler bei jeder notwendigen Ausgabe bitten und betteln, während die Konkurrenten jederzeit mit Bargeld flüssig sind und frei disponieren können? Vor allem wurmt Micholitz das latente Mißtrauen seines Chefs, und er beschwert sich: »Hier riskiere ich mein Leben und meine Gesundheit, um Ihnen gute Ware zu liefern, aber in der Firma wird selbst der bescheidenste Wunsch, den ich äußere, als unredlich abgetan.«

Dabei ist Micholitz ehrlich und loyal, macht auch keine Nebengeschäfte mit anderen Firmen, sondern fiebert danach, für Sander & Co. möglichst viele unbekannte Orchideen zu entdecken. »Ich schicke ein rares Dendrobium«, heißt es in einem Brief. »Mir wurde ein neues Cypripedium angeboten«, in einem anderen. »Wollen Sie, daß ich auf die Inseln Palawau, Samar oder Mindoro fahre?« Ehrgeizig und fleißig sucht der Neuling ungeduldig eine Chance, auf den Philippinen seine ersten Sporen zu verdienen, zumal er sich neben den alten Hasen bewähren muß, die Sander im Wettkampf mit seinem Londoner Konkurrenten zusätzlich nach Mindanao geschickt hat.

Es ist der gnadenlose Wettkampf um Neuheiten und um möglichst viele Exemplare rarer Arten, der in einem gigantischen Raubbau gipfelt. »Diese modernen Sammler verschonen gar nichts«, klagt ein Schweizer Botaniker. »Das ist kein Sammeln mehr, das ist mutwilliger Raub.«[2] Einige philippinische Inseln werden völlig geplündert; riesige Orchideensendungen verlassen das Land. Selbst wenn die Pflanzen lebend in Europa ankommen, ist es eine gewaltige Verschwendung, denn zumeist droht den Orchideen in den englischen Gewächshäusern ein schneller Tod, weil keiner so recht weiß, wie die Exoten zu behandeln sind. Man stellt sich die Tropen feucht, schwül, vor allem aber übermäßig heiß vor, und deshalb werden die geschlossenen Gewächshäuser auf Temperaturen gebracht, in denen die Orchideen zu Tausenden ersticken. Joseph Hooker, Direktor des Botanischen Gartens von Kew, nennt England sogar »das Grab aller tropischen Orchideen«[3].

Orchidelirium – die Geschichte einer englischen Krankheit

Schwüle Tropenhitze, gefährliches Getier und dunkle Leidenschaften – wie keine andere Blume hat die Orchidee die sexuelle Phantasie der Menschen erregt. Schließlich hat die hodenähnliche Form der beiden Wurzelknollen einer Erdorchidee der gesamten Gattung ihren Namen gegeben: *orchis* bedeutet im Griechischen Hoden. Und da die frühen Mediziner glaubten, die Form der heilenden Pflanzenteile entspräche den zu behandelnden Körperteilen, hielt man Orchideenwurzeln für ein Aphrodisiakum. Sie galten als Lieblingsspeise der Satyrn. Zermahlen in heißer Milch und mit Ingwer gewürzt, waren sie der Lieblingstrank von Persern und Türken. Und in einem Kräuterbuch von 1557 heißt es, die »Knabenkrautwurtz« wirke gegen Gicht, Mundweh und Geschwülste und tauge zur Blutstillung und zu »ehelichem Werk«: »... deß Abends / so du schlaffen wilt gehan / gebraucht / macht dich dieselbige Nacht zum Beyschlaff mächtig und stark.«[4] Tatsächlich läßt sich die sexuelle Suggestion von Orchideen nicht leugnen, und vermutlich wurden sie gerade deshalb im prüden viktorianischen England so außerordentlich beliebt.

In das Jahr 1818 fällt ein Ereignis, das für die Popularisierung dieser Dschungelblumen ungeheuer wichtig ist: Im Gewächshaus des Mr. William Cattley von Barnet blüht eine Orchidee. Der Liebhaber exotischer Gewächse ist hingerissen von der »vielleicht schönsten [Pflanze] aus der Orchideenfamilie«, die eher durch einen Zufall in seinen Besitz gekommen ist. Ein Pflanzenjäger aus Brasilien hatte Orchideen genommen, um seine für Mr. Cattley bestimmte Beute in Transportkisten zu verpacken. Vielleicht ahnte der Empfänger, einer der ersten Orchideensammler in England, daß es sich bei dem Verpackungsmaterial um Orchideengewächse handelte. Jedenfalls bemühte er sich, sie wieder zum Leben zu erwecken. Mit Erfolg: Noch im gleichen Jahr blühte eine der Pflanzen, und es waren verlockend duftende Blüten, wie man sie vorher noch nie gesehen hatte.

Die überwältigende Schönheit der Cattleya genannten Orchidee und die spektakuläre Wirkung ihrer lilarosa Blüte mit der dunkleren trompetenförmigen großen Lippe, die ihr die Artbezeichnung *labiata* eingebracht hat, gab dem Interesse an Orchideen einen kräftigen Schub. Schon bald wurde in Kew Gardens ein Orchideenhaus gebaut; dann zog die Royal Horticultural Society nach, und Gärtnereien zeigten auf den neu aufkommenden Pflanzenschauen immer häufiger diese fremdartigen »air plants«. So nannte man die epiphytischen Orchideen, die sich an Baumstämmen verankern, ihre Ernährung aber über Luftwurzeln aufnehmen.

Zum modisch extravaganten Freizeitvergnügen für außerordentlich reiche Hobbygärtner wurde die Orchideenzucht allerdings

Tropenhaus des Duke of Devonshire auf Chatsworth

erst, nachdem der sechste Duke von Devonshire, William Spencer Cavendish, 1833 auf einer dieser neuen Blumenschauen einem *Oncidium papilio* begegnet war, dessen Blüten auf langen, fast unsichtbaren Stielen schweben, wie tropische Schmetterlinge mit langen Fühlern. Angesichts der reizend charmanten Schönheit dieser Schmetterlingsorchidee beschloß Cavendish, ab sofort Orchideen zu sammeln. Der Mann war taub, neigte zu Depressionen und wurde der Bachelor Duke genannt, weil er immer allein lebte. Doch seine kühnen und auch finanziell spektakulären gärtnerischen Extravaganzen lockten sogar die Queen auf seinen Landsitz Chatsworth, wo er ihr sein Tropenhaus mit der reichsten privaten Orchideensammlung Englands zeigte. Wenn hier eines der wertvollen Sammlerstücke blühte, dann war das ein gesellschaftliches Ereignis und gab Gesprächsstoff in den höchsten Kreisen.

Die Sammelleidenschaft des Duke wirkt ansteckend, und bald wetteifern Fürstenhäuser, Landadel und Großgrundbesitzer, Bankiers und Industrielle um die größten und kostbarsten Sammlungen. Jetzt werden professionelle Orchideenjäger in die Welt geschickt und entdecken neue, interessante Arten; Spezialgärtnereien etablieren sich, und an mehreren Tagen in der Woche werden in London bei Messrs. Protheroe & Morris Orchideen versteigert, Massenware für den Handel genauso wie einzelne Raritäten für die erlauchte Klientel von der Rothschild-Dynastie bis zur russischen Zarenfamilie.

Der Orchideenwahn treibt die Preise ins Phantastische: 17 Pfund Sterling für eine Pflanze ist nicht ungewöhnlich, aber es werden auch 700 Pfund für eine Rarität gezahlt. (Zum Vergleich: Das durchschnittliche Jahreseinkommen beträgt damals in Deutschland umgerechnet 39 englische Pfund.) Neuentdeckte Formen und Farben bekannter Arten gelten als Sensation, und schon geringe Abweichungen treiben den Preis in die Höhe. Bei solchen sogenannten Neuentdeckungen überbieten sich die berühmten Sammler, denn jeder hofft als Erstbesitzer seinen Namen in der botanischen Nomenklatur verewigt zu sehen. 1750 Pfund für ein *Odontoglossum crispum* ist der höchste Preis, den Sander je für eine einzelne Pflanze erzielt.[5] Dennoch übersteigt die kostspielige Liebhaberei zuweilen die finanziellen Möglichkeiten selbst vieler reicher Leute, und deshalb werden Orchideensammlungen zum Statussymbol der ganz Reichen. »Die Pflanze wurde eigens dazu geschaffen«, schreibt ein zeitgenössischer Journalist, »die auserwählten Menschen unseres Zeitalter zu erfreuen.«

Unter Kopfjägern in Neuguinea

Krasser kann man sich den Gegensatz gar nicht vorstellen: Hier schreiten Damen in langem Gewand und Herren in Gehrock plus Zylinder durch die überheizten künstlichen Paradiese ihrer Gewächshäuser und parlieren über die extraordinäre Schönheit ihrer Orchideen. Dort, am anderen Ende der Welt, gerät Micholitz im echten Urwald in ein »richtiges« Gefecht: »Aus 24 Kanus wurde von morgens 7 bis abends 7 geschossen. Alle haben Musketen. Aus unserem Dorf wurden zwei Männer getötet.« Bei den kriegerischen Papua von Neuguinea, die in dem Ruf stehen, die Köpfe ihrer Gegner als Trophäen zu sammeln, soll Micholitz einer ganz besonderen Orchidee auf die Spur kommen.

Dendrobium phalaenopsis

Ein Engländer hatte 1857 ein Exemplar dieser seltenen Schönheit mit Blüten in zarten Lilafarbtönen an den Botanischen Garten von Kew geschickt, doch niemand kann sich erinnern, wo sie gefunden wurde. Dreißig Jahre später gibt es in ganz England nur drei Abkömmlinge dieser wärmebedürftigen Pflanze, und alle drei sind mit der Zeit in den Besitz eines ganz eifrigen Orchideensammlers gelangt – Baron Schroeder, nach dem *Dendrobium phalaenopsis* var. *schroederianum* benannt worden ist.

Wenn nun seine Firma als erste diese verschollene Orchidee wiederfände? Frederik Sander wittert das große Geschäft, rekonstruiert in aller Heimlichkeit die Reiseroute des ursprünglichen Entdeckers und kommt zu dem Schluß, er müsse die Pflanze in Neuguinea suchen lassen.

Micholitz, der gerade seinen Vater in Sachsen besucht, wird alarmiert; er soll so schnell wie möglich nach Neuguinea zu den Kopfjägern reisen. Dort läuft alles wie am Schnürchen: Der gewiefte Reisende findet ein kleines Handelsschiff, dessen Kapitän die ersten Kontakte mit den Eingeborenen herstellt, und kurz darauf steigt Micholitz in ein Kanu voller Häuptlinge in Kriegsbemalung und rudert mit ihnen zu einem entlegenen Dorf.

Während die Männer den Stapellauf eines neuen Kriegsschiffs feiern, erkundet Micholitz die Umgebung und entdeckt tatsächlich das gesuchte großblumige Dendrobium. Da er den Inselbewohnern Geld für ihr »Unkraut« bietet, darf er die Orchideen abernten. Schon bald trocknen die Pflanzen auf dem Deck des kleinen Dampfers, der Micholitz in den nächsten größeren Hafen bringen soll, um die Pflanzen auf dem schnellsten Wege nach St. Albans zu befördern. Dort hat die telegraphische Nachricht von der wiederentdeckten *Schroederiana* lauten Jubel ausgelöst. Die angekündigten zwei- bis dreitausend Exemplare würden ein Vermögen einbringen!

Inzwischen ist Micholitz im Verladehafen eingetroffen. Die Kisten voller Orchideen stehen an Deck und sollen am nächsten Morgen auf einen Frachter Richtung London umgeladen werden. Micholitz ißt zu Abend und legt sich schlafen, bis ihn lautes Geschrei aus dem Schlaf reißt: Feuer! Schon steht alles in Flammen – keine Chance, seine kostbare Fracht zu retten: 3000 Orchideen vernichtet! Die Arbeit von Wochen – umsonst!

Das Telegramm mit der Katastrophenmeldung für Sander ist kurz: »Schiffsbrand. Was tun?« Die Antwort: »Umkehren. Noch einmal sammeln.« Micholitz darauf: »Zu spät. Regenzeit.« Doch seit wann kümmert einen Orchideenkönig das Wetter? Lapidar heißt es: »Umkehren! Sander«.

Orchideen von den Toten

Trotz mancherlei Bedenken kehrt Micholitz mit einigen gut bewaffneten Männern (»denn die Eingeborenen liegen mit ihren Nachbarn im Krieg«) nach Neuguinea zurück. Tatsächlich findet er Ersatz für die verbrannten Orchideen – sogar noch zahlreicher als beim ersten Besuch: »Sie standen in voller Blüte – eine unglaubliche Schönheit! Ich vergaß sofort alle Mühen, als ich die erste Pflanze auf einem Felsen in der Nähe des Dorfes sah, in dem ich mein Quartier aufgeschlagen hatte.« Bei näherem Hinsehen aber hat die atemberaubende Schönheit der Pflanzen auch eine makabre

Kehrseite: Das Dendrobium wächst »zwischen Totenköpfen und menschlichen Knochen« auf den Bestattungsplätzen der Dorfbewohner, die ihre Toten nicht begraben, sondern entlang der Küste – in eine Art Sarg gebettet – auf die Felsen stellen.

»Anfangs gefiel den Eingeborenen der Gedanke, die Orchideen von den Felsen zu holen, gar nicht. Sie glaubten, die Seelen der Toten, deren Knochen da in der Sonne bleichten, könnten etwas dagegen haben«, berichtet Micholitz. »Aber als sie die wunderhübschen Taschentücher, Brillen etc. sahen, die ich ihnen mitgebracht hatte, machten sie sich keine Sorgen mehr um die Seelen ihrer Ahnen, sondern zogen los und holten mir jede Pflanze, die sie finden konnten. Aber haben Sie keine Angst«, beruhigt Micholitz seinen Arbeitgeber, »ich werden Ihnen keine Knochen und keine Totenschädel mitschicken.«

Diese etwas degoutante, aber werbewirksame Geschichte von der Wiederentdeckung des *Dendrobium phalaenopsis* var. *schroederiana* spricht sich herum, so daß zur Versteigerung am 16. Oktober 1891 alle kommen, die im Orchideengeschäft Rang und Namen haben. Die Auktion wird eine Sensation, denn es gibt eine schauerlich schöne Attraktion: Eine Orchidee ist noch mit einen Totenkopf verwachsen und liegt neben einem Eingeborenenfetisch. »Mir haben sie gesagt«, schreibt Micholitz dazu, »die Figur würde die Pflanzen auf der Reise gut bewachen, und wer versuchen sollte, sie zu stehlen, würde bestraft.« Diese Vorstellung gefällt einem Walter de Rothschild so gut, daß er die kuriose Figur als Wächter für die eigene wertvolle Orchideensammlung ersteigert. Für Sander ist es der erfolgreichste Verkaufstag seit Jahren, denn die von Micholitz wiederentdeckten Dendrobiumpflanzen erzielen mehrere tausend Pfund Sterling.

Um diesen Erfolg zu wiederholen, soll Micholitz zwei Jahre später noch einmal die werbewirksamen Pflanzen auf Totenköpfen besorgen. Doch er weigert sich, »weil ich kein besonderes Verlangen verspüre, dort meinen eigenen Kopf zurückzulassen, um meine Rolle in der Sammlung eines Papua zu spielen. Ich hänge viel zu sehr an meinem Kopf, als daß ich ihn für die Erbauung im Verkaufsraum aufs Spiel setzen würde.«

In diesen Jahren boomt das Geschäft. Die Orchideenfarm der Firma Sander & Co. erlebt um 1890 ihre Glanzzeit. St. Albans wird zum Mekka der internationalen Orchideengemeinde: Botaniker, Gärtner, Sammler, die Fachpresse und viele, die einfach nur dazugehören wollen – der Strom der Besucher reißt nicht ab. Die Größe der Anlage, der Stand der Technik, vor allem aber die Menge und die Vielfalt der überwältigend schönen Orchideen lassen alle Besucher dieses Orchideentempels in Superlativen schwelgen.

Sechzig Gewächshäuser sind bis unters Dach voll mit Tausenden von Orchideen, darunter die wertvollsten Arten in prachtvollen Exemplaren: ein 150 Meter langes Gewächshaus nur mit Cattleyen, ein Haus voll mit Vandeen und ein anderes mit 20000 aus Samen gezogenen *Odontoglossum crispum* – das allein ist schon ein kleines Wunder, denn noch ist die Aufzucht von Orchideen Glücksache. Wem es gelingt, die Samen zum Keimen zu bringen, der hütet sein Rezept wie ein Staatsgeheimnis. Erst um die Jahrhundertwende kommen Forscher dahinter, daß die Saat nur verläßlich aufgeht, wenn der Wurzelpilz der Orchideen dabei ist.

Ein Besucher aus Deutschland schreibt, er habe eine Woche gebraucht, um die gesamte Farm zu besichtigen: temperierte Häuser, Warm- und Kalthäuser – so viele Orchideen in üppigster Blüte, so viele Arten in bester Verfassung hat sonst niemand zu bieten. Höhepunkt der Schauhäuser ist eine künstliche Felswand, die sich über einem sprudelnden Wasserbecken erhebt und über und über mit Orchideen bepflanzt ist, »Orchideen von ungeheurer Größe, die zehn, zwanzig, fünfzig Blütenrispen haben. Ich versuche erst gar nicht, das zu beschreiben.«[6]

Diese perfekte Inszenierung kostet Frederik Sander unendlich viel Geld. Doch für seine Orchideen ist ihm nichts zu teuer. Beheizung, Bewässerung und Luftbefeuchtung in den Gewächshäusern sind immer auf dem neuesten Stand der Technik. Anders als der Rest des Betriebs, wo zum Beispiel erst 40 Jahre nach ihrer Erfindung die erste Schreibmaschine Einzug hält und wo für alle Telefongespräche nur ein einziger Apparat zur Verfügung steht.

Trotzdem klappt die Logistik, ein wahres Kunststück bei der Masse der eingeführten Orchideen: 80 Kisten aus Birma, 50 aus Mexiko und 60 aus Kolumbien – die Sendungen aus den Tropen werden immer größer. »Die Kisten kommen zu 50 und 100, Woche für Woche aus jedem Teil der Orchideenwelt«, berichtet ein Besucher aus dem Importraum: »Überall Orchideen! In dichten Bündeln hängen sie von der Decke. In 30 cm dicken Lagen liegen sie auf den Stellagen, darunter [auf dem Boden] sogar doppelt so hoch...«[7] Mehr als 100 Leute sind damit beschäftigt, die Pflanzen auszupacken. Jede einzelne wird untersucht, faule oder beschädigte Stellen werden herausgeschnitten, bevor sie in die Gewächshäuser kommen, wo Wärme und Feuchtigkeit ihnen neue Triebe entlocken. Zeitweise befinden sich zwei Millionen Orchideen auf dem Gelände von St. Albans.

1894 gründet Sander einen Betrieb in Belgien; ein paar Jahre später expandiert er in die USA. St. Albans ist die größte Orchideengärtnerei der Welt. Sander & Fils im damals schon wichtigen Gartenbauzentrum Brügge soll noch größer werden und die Märkte in Deutschland, Frankreich und Dänemark erschließen. In über hundert Gewächshäusern wachsen jetzt auch Azaleen, Palmen und Blattpflanzen aller Art. 30 000 Lorbeerbäume sind der Stolz der Firma, und Jahr für Jahr keimen Millionen importierter Orchideensamen in 30 dafür vorgesehenen Gewächshäusern – vor allem Phalaenopsis, aber auch Vanda und Odontoglossum.

Reise nach Vietnam

Je länger der Orchideenwahn andauert, desto mehr verlangt der Markt nach Sensationen, extravaganten Überraschungen oder wenigstens Neuheiten. Im Oktober 1903 meldet Micholitz sich aus Saigon, »ein sehr schöner Ort, und die Hotels sind ganz gut und nicht zu teuer«. Er ist auf dem Weg ins Annam-Gebirge – wenig erkundetes Terrain in Vietnam, wo er hofft, abseits der ausgetretenen Pfade endlich wieder eine gewinnbringende Superorchidee zu entdecken. Sander hat ihm in Paris eine Landkarte besorgt, und »wohl wissend, daß die Leute hier sehr gerne eine lange Reihe von Titeln an ihre Namen hängen«, hat er sich mit einer eindrucksvollen Visitenkarte ausgestattet:

W. Micholitz
voyageur naturaliste
de la Maison Sander et fils
St. Albans, Angleterre, Burges, Belgique,
et New York

Was genau Micholitz in den Bergen von Vietnam sucht, bleibt sein Geheimnis. »Zu meiner großen Freude habe ich ein paar tote Cymbidium gefunden, das müssen die Dinger sein, hinter denen ich herjage.« Genaueres weiß er wohl selbst nicht: »Ich habe das Cymbidium immer noch nicht gefunden«, schreibt er Ende November an Sander. »Es ist auch zu dumm, daß Sie mir nie die geringste Vorstellung gegeben haben, wie die Pflanze eigentlich aussieht.«

Neun einheimische Sammler schleppen ihm Orchideen heran, und schließlich sind zwei dabei, von denen Micholitz meint, »sie sehen *Cymbidium lowi[anum]* ähnlich und könnten sein, was wir suchen«. Eine Woche später meldet er frustriert, daß er nicht mehr als zwölf Exemplare dieser mysteriösen und seltenen Pflanze gefunden hat. »Gestern war ich den ganzen Tag unterwegs«, hält er seinen Chef auf dem laufenden. »Ich sage Ihnen, es ist alles andere als eine angenehme Freizeitbeschäftigung, hier in den Schluchten herumzuklettern, ständig mit dem Gewehr in der Hand, weil man jeden Augenblick einem Tiger begegnen kann. Als ich zurückkam, war ich so müde, daß ich kaum noch gehen konnte.«

Aber Micholitz' professioneller Ehrgeiz ist unerschütterlich. Mit Genugtuung stellt er fest, daß er offenbar der erste Orchideenjäger in dieser Gegend ist, denn Vielfalt und Pflanzenreichtum sind noch erstaunlich. Enthusiastisch berichtet er Sander von einer »ganz besonders aussehenden Vanda«, ein paar Tage später von einem Cymbidium »mit langen Blütenrispen und offenbar sehr großen roten Blüten«. Und weiter: »Die Eingeborenen haben mir ein wunderschönes Coelogyne gebracht, von dem ich eine Beschreibung beilege. Bis jetzt habe ich nur eine Pflanze, und die Männer sagen, sie können nicht mehr finden. Wie immer sind die guten Sachen rar.«

Außerdem beklagt er sich über die einheimischen Hilfskräfte: »Sie haben gar kein Interesse, Geld zu verdienen. Sie arbeiten nur, wenn die Autoritäten es anordnen, und wie oft ich ihnen auch zeige, welche Pflanze ich haben will, immer bringen sie mir einen Haufen Schrott.« So werden viele Orchideenarten ausgerottet, schreibt Micholitz, »es sind nicht die tatsächlichen Exporte, sondern die vielen tausend Pflanzen, die man vernichtet, weil sie zu klein oder zu schäbig sind. Aber es ist ziemlich nutzlos, den Leuten zu sagen, daß man die gar nicht haben will.«

Noch hat er das gesuchte Cymbidium nicht in den gewünschten Mengen gefunden, und er beschwert sich, »das Klima ist tierisch. 23 Tage war ich hier, und nur an fünf Tagen war das Wetter gut. Jeden Tag bläst ein fürchterlicher Wind, und jetzt wütet ein Sturm. Während ich schreibe, wackelt die Hütte manchmal so sehr, daß ich aufhören muß.«

Bevor Micholitz aufbricht, um weiter oben in den Bergen zu sammeln, kommt Post von Sander: »Irgendwo muß es da eine weiße Vanda geben. Halten Sie die Augen offen!« Ob Sander wieder einen Tip bekommen hat? Micholitz jedenfalls antwortet: »Es gibt hier eine weiße Vanda, die mir anfangs wie eine *kimballiana* aussah, aber sie ist kräftiger und standfester, mit dickeren Wurzeln.« 400 dieser weißen Orchideen kann Micholitz losschicken, bevor er Mitte Dezember 300 Meilen weiter nach Norden zieht: »Vielleicht liege ich falsch, aber ich habe so ein Gefühl, daß ich auch das Cymbidium an den Hängen auf der anderen Seite von Mount Attopeu finden werde.«

Die Reise dorthin dauert zehn Tage: »Ich wollte keine Zeit verschwenden, deshalb waren wir täglich von Sonnenaufgang bis Sonnenuntergang unterwegs, mit nur einer Stunde Pause, um zu kochen und Mittag zu essen.« Dennoch schreibt er einen unterhaltsamen Reisebericht: »Die Beamten waren sehr freundlich und stellten mir zwei Kanus zur Verfügung, eins mit einer Kabine, so daß ich es ganz bequem hatte. Trotzdem war die Reise sehr ermüdend, und ich habe Schwielen an einem Körperteil, über das man normalerweise nicht spricht. Die zahllosen Stromschnellen sind nicht ungefährlich, aber die Männer haben gut gearbeitet, und wir kamen durch, ohne naß zu werden. Nachts kampierten wir immer auf einer Sandbank, und obwohl jeden Morgen die Tatzenspuren zu sehen waren, haben die Tiger uns keinen Besuch abgestattet. Ich habe mir aber für solche Besuche eine Winchester und Munition gekauft. Das Schießen war gar nicht schlecht. Es gab viele Truthähne und anderes Federvieh. Es ist schmerzlich zuzusehen, wie fünf oder sechs Truthähne auf einer Sandbank umherspazieren, ohne daß man ihnen nahekommen kann. Trotzdem ist es mir gelungen, vom Kanu aus drei anständige Puten und fünf Dschungelhühner zu schießen − eine willkommene Ergänzung auf unserem Speiseplan. Was die Orchideen angeht, habe ich nie eine langweiligere und trostlosere Reise gemacht. In der Mittagspause bin ich immer landeinwärts gegangen − aber nichts war zu sehen.«

Am 18. Februar erreicht Micholitz den Mount Attopeu. Die Hänge des Zweitausenders sind mit Dschungel bedeckt, und schon bald macht der Orchideenjäger eine erfreuliche Entdeckung: »Ich habe zwei Cypripediumarten [Frauenschuh] gefunden, eine kommt häufig vor und ist nichts besonderes; die andere aber ist sehr schön und eine besondere Variante von *insigne*. Sie ist selten. Ich habe bislang erst 5−600 Pflanzen zusammen. Fünf Wasserfälle rauschen hier zu Tal − in der Regenzeit muß das ein grandioser Anblick sein. *Insigne* haben wir in der Gischt gefunden. Keiner der Eingeborenen kannte die Pflanze. Deshalb glaube ich, daß sie sehr rar ist.«

An anderer Stelle findet er große Mengen an Coelogyne, Bulbophyllum und Vandeen: »Für mich ist es ein Wunder, wie diese Orchideen die entsetzliche Hitze und Trockenheit hier aushalten. Sogar meine Männer beschweren sich. Der Sand auf der Straße ist so furchterregend heiß, daß sie mit ihren nackten Füßen kaum darauf laufen können.« Trotz dieser Strapazen erfüllt Micholitz Sanders Wunsch nach Schmetterlingen für seine Frau: »Ich habe eine schöne Sammlung – über 200. Ich mußte sie selber fangen, und hätten Sie nicht betont, wie sehr Ihnen daran liegt, hätte ich dafür nicht meine Gesundheit und mein Leben in Gefahr gebracht.« Die Hitze nimmt noch zu, und Micholitz hat einen Malariaanfall. Er beschließt, so schnell wie möglich nach Singapur zurückzukehren, um die mühsam erbeuteten Pflanzen in Sicherheit zu bringen – auch wenn er nicht, wie erhofft, noch größere Mengen von *Cymbidium parishii* gefunden hat.

Anfang April kommt Micholitz erschöpft und von der Malaria ausgelaugt zurück nach Singapur. Ein halbes Jahr ist er unterwegs gewesen, und doch erwartet ihn eine neue Anweisung aus St. Albans: »Nach Malang. 300 Phalaenopsis von Rimstead kaufen.« Micholitz' Antwort: »Das ist nicht Ihr Ernst. Die Reise wird drei Wochen dauern und 300 Gulden kosten.« Trotzdem – Micholitz macht sich wieder auf den Weg.

Frederik Sander und seine Frau um 1890

Nur eine der von Micholitz aus Vietnam geschickten Pflanzen hält nicht, was er versprochen hat: Sie ist nicht neu. Dagegen erhalten das bezaubernd schöne, reinweiße *Coelogyne mooreana* sowie *Cymbidium parishii* die höchsten Auszeichnungen der Royal Horticultural Society und verkaufen sich entsprechend gut. Die weiße *Vanda watsoni,* von der Sander auf geheimnisvolle Weise Wind bekommen hatte, wird zwar keine Sensation, aber er kann 4000 Stück verkaufen und damit einen ansehnlichen Gewinn erzielen. Eigentlich könnte Frederik Sander mit dem Ergebnis der Micholitz-Reise zufrieden sein, doch die Firma steckt in einer Krise.

Absturzgefahr

Seit Anfang des neuen Jahrhunderts klingt das Orchideenfieber ab. Kaum werden noch spektakuläre Neuheiten entdeckt. In den Auktionsräumen herrscht Langeweile. Einige Aristokraten sammeln zwar noch, aber der Zauber ist gebrochen. Orchideen sind kein zugkräftiges Statussymbol mehr. Massenware überschwemmt den Markt. Jetzt können sich auch weniger Betuchte die Pflanzen leisten. Die Exklusivität ist dahin. Auch der Gartengeschmack wandelt sich: Landschaftsarchitektur und Farbgärten kommen in Mode, Rhododendren werden populär – das viktorianische Zeitalter geht zu Ende.

Besucher in St. Albans stellen fest, daß längst nicht mehr alle Gewächshäuser Orchideen beherbergen, sondern Fuchsien, Begonien und andere gängige Ware. Auch Frederik Sander kann die Veränderungen nicht mehr ignorieren: Die Preise für Orchideen fallen, während die Beschaffungskosten steigen. Aber der Firmenchef kann und will nicht akzeptieren, daß seine heißgeliebten Orchideen endgültig nicht mehr so hoch im Kurs stehen. Vielmehr hofft er, durch einen großen Coup das Ruder noch einmal herumreißen zu können. Deshalb beschäftigt Sander als einziger Orchideenimporteur noch zwei Pflanzenjäger (einer davon ist Micholitz), auch wenn er sich die Kosten eigentlich gar nicht mehr leisten kann.

Ein guter Finanzmann war der alte Sander nie; schließlich hat er zu lange die Augen vor den finanziellen Problemen verschlossen. Jetzt steht er unter ungeheurem Erfolgsdruck. Rücksichtslos jagt er Micholitz hin und her, schickt ihn auf kostspielige, strapaziöse und letztlich sinnlose Reisen: Auf den Tenimbar-Inseln, irgendwo zwischen Neuguinea und Australien, gerät der Sammler in einen Bürgerkrieg: »Eine ganze Woche kam ich nicht aus den Kleidern, und beim Einpacken der Pflanzen hatte ich das Gewehr immer in Reichweite.« Auf Sumatra ist es zwar friedlich, aber es gibt keine unbekannten Orchideen mehr; in Kolumbien herrscht Aufruhr, schlimmer noch, überall tauchen bewaffnete Räuberbanden auf: »Sammeln ist unmöglich, denn jeder, der ein Gewehr halten kann, wird eingefangen und ins Militär gesteckt.« Micholitz gerät zwischen die Fronten und wird so lange auf einem Schiff festgehalten, bis seine unter Mühen erbeuteten Orchideen vertrocknet sind.

Auch Micholitz spürt, daß die guten Zeiten vorbei sind, doch er bleibt loyal und setzt alles daran, um *seiner* Firma wieder auf die Beine zu helfen. Dabei stößt er auf ein neues Dendrobium. Begeistert schildert er dem alten Sander seine Entdeckung. Doch der winkt bloß ab, nein, damit sei kein Geschäft zu machen. Micholitz tobt und läßt nichts unversucht, Sander davon zu überzeugen, daß diese Pflanze der Knüller ist, auf den er seit langem wartet. Aber Sander bleibt stur, und als er seine fatale Fehleinschätzung einsieht, ist es zu spät – die Konkurrenz hat von der neuen Orchidee Wind bekommen, und das Geschäft mit *Dendrobium sanderae* wird ohne Sander & Co. gemacht.

Nach diesem finanziellen Debakel mehren sich die Zeichen für einen Kollaps. Sander findet kein gutes Wort mehr für seinen Sammler. Mal schickt Micholitz zu viele, mal zu wenige Pflanzen; mal sind es die falschen, mal kommen sie in schlechtem Zustand an; mal will Sander gar keine Orchideen mehr, mal setzt er, ohne Micholitz davon zu informieren, 1000 Pfund Belohnung aus für den, der ihm *Cyprepedium fairieanum* bringt – die Zusammenarbeit mit dem Mutterhaus wird für Micholitz immer schwieriger.

Auch die Bedingungen vor Ort verschlechtern sich. Umfangreiche Regenwaldgebiete fallen der Plantagenwirtschaft der Kolonialherren oder der Landgewinnung der einheimischen Bevölkerung zum Opfer. Auch deshalb wird es immer schwieriger, erstklassige Ware in ausreichenden Mengen zu erhalten. Bestrebungen der Kolonialbehörden, den Raubbau einzudämmen, erschweren die Arbeit zusätzlich. Es werden Gebühren erhoben, Sammelverbote oder andere Schutzmaßnahmen erlassen. Wo die Blumen knapp werden und es immer aufwendiger wird, sie zu beschaffen, da klettern die Preise, und wenn man den Einheimischen nicht zahlt, was sie verlangen – beschwert sich Micholitz –, dann wollen sie einfach nicht arbeiten.

Für den leidenschaftlichen Orchideenjäger sind diese Jahre frustrierend, zumal er einen Mißerfolg nach dem anderen hat: Auf einem Transport von den Philippinen gehen 3000 wertvolle *Vanda sanderiana* ein. Bei einer erneuten Reise nach Vietnam hat Carl Roebelin, sein Erzrivale, schon alle bekannten Fundorte von *Coelogyne mooreana* abgeerntet, als Micholitz eintrifft. Ein Schlag, der seinen Verdacht verstärkt, ein Spion in der Firma verrate dem Rivalen seine Pläne. Die weite Reise zu den Marshall-Inseln lohnt sich nicht, denn vom pupurrosenroten *Dendrobium superbiens* findet er längst nicht die erhofften 5000 bis 10 000 Exemplare. Auch ein ganz neues Sammelgebiet im östlichen Birma ist eine Enttäuschung: »Hier gibt es zwar viele Orchideen, unglücklicherweise sind sie fast alle bekannt. Vorgestern bin ich auf einen nahe gelegenen Berg geklettert, und wenn man 58 Jahre auf dem Buckel hat, dann werden die Beine doch etwas steif.« Micholitz verliert den Mut und will sich zur Ruhe setzen. Erstmals wird der robuste Mann ernsthaft krank, was ihn darin bestärkt, bald aufzuhören: »Am 15. dieses Monats war es genau 30 Jahre her, daß ich auf meine erste Reise gegangen bin, und ich denke oft, daß ich nun vom Reisen genug habe.«

»Wir müssen das Beste hoffen. Gebe Gott, daß alles gut geht!«
Mit diesem Stoßgebet geht Micholitz 1913 auf seine letzte Reise.
Wieder ist es ein Wettlauf gegen die Zeit. In Vietnam soll er
Samen von *Phoenix roebellini* sammeln, und zwar soviel er kriegen
kann – und bevor Roebelin eintrifft. Doch wie so oft war der
schon vor ihm da. Dennoch ist Micholitz »guter Hoffnung, auch
noch eine ansehnliche Menge zu finden. Natürlich werden die
Samen, die ich Ihnen zu schicken hoffe, etwas kleiner sein, aber
ich werde mein Bestes tun. Ich nehme zwei Kanus und zwei sehr
gute Leute mit, dann kann ich auf beiden Ufern sammeln.«

Am 27. Oktober hat Micholitz etwa 400 000 Samen zusammen,
»noch sind nicht alle gesäubert, aber ich beeile mich«. Am 5. November schickt er die Kisten los, am 18. Dezember trifft das Schiff
in London ein. Wieder zu spät – Roebelins Sendung ist zwei
Wochen früher angekommen.

Genau 378 000 Samen sind in St. Albans eingetroffen, aber Sander hatte in seiner Not vorab fast die doppelte Menge verkauft.
378 000 Samen, das sei ja gar nichts, poltert er los, Micholitz hätte
viel mehr versprochen, er solle sofort umkehren und weitersam-
meln. Es folgt eine heftige Auseinandersetzung. Sander ist starr-
köpfig wie eh und je. Micholitz ist gekränkt: »Ich hätte gedacht,
daß Sie mich nach 32 Jahren gut genug kennen, um zu wissen,
daß ich weder Salomon noch ein Narr bin. Sie kabeln, daß Sie
eine halbe Million Samen haben wollen, ich sage, das geht nicht,
und trotzdem scheinen Sie zu glauben, es handele sich um einen
Willkürakt meinerseits.« Außerdem fühlt Micholitz seine Arbeit
nicht genügend gewürdigt, weil Sander die Samen unter Wert
verkaufe: »Warum verteilen Sie sie nicht gleich als Geschenk.
Wenn ich an die Strapazen denke, die ich dafür auf mich genommen habe, und an Ihre ständigen Klagen, daß sich die Pflanzenjagd nicht mehr lohnt, kommt mir die Galle hoch.«

Trotz seines Ärgers und der wachsenden Ungeduld, nach
Hause zu kommen, läßt Micholitz sich im Januar 1914 noch einmal zu einer Reise überreden. In Birma soll er *Dendrobium bensoni*

sammeln. »Ich kann nicht behaupten, daß ich besonders dankbar bin, daß Sie mich zu dieser Jahreszeit hinter diesem verdammten Dendrobium herjagen«, schreibt er vorwurfsvoll. »Sobald ich hier fertig bin, komme ich nach Europa zurück«, tröstet Micholitz sich am 30. März, doch die Realität sieht anders aus: »Bislang habe ich keine einzige Pflanze gefunden.« Häufig klingt er jetzt resigniert und bitter: »Nun, ich habe keinen Grund, Ihnen Böses zu wünschen, aber ich sähe Sie wirklich gerne hier, damit Sie mal am eigenen Leib spüren, was es heißt, hier zu arbeiten. Ich habe getan, was ich konnte, komme aber nicht voran. Es ist ärgerlich und macht mich halb verrückt. Natürlich, irgendwo gibt es die Pflanze, aber wo, das ist die Frage.«

Micholitz kämpft verzweifelt. Sechs Tage klettert er durchs Gebirge, doch das *Dendrobium bensoni* bleibt verschwunden. Nach diesem neuerlichen Mißerfolg gibt Micholitz endgültig auf: »Ich habe alles getan, um dieses verdammte Ding zu finden«, schreibt er am 11. April, »und Sie können mir glauben, daß ich meine 32 Reisejahre ungern mit einen Trip beende, der unter einem so schlechten Stern steht. Aber es hilft nichts.« Das ist Micholitz' letzter Brief aus Asien. Der Orchideenjäger kehrt 1914, kurz bevor der Erste Weltkrieg seiner Karriere ein Ende gesetzt hätte, in seine Heimat Sachsen zurück. Sein Gespartes hat er in festverzinslichen Papieren angelegt, um in einer Kleinstadt ohne finanzielle Sorgen einen ruhigen Lebensabend zu verbringen. Doch der Krieg frißt sein kleines Vermögen auf: Die Staatsanleihen, die ihn im Alter ernähren sollten, sind nach Kriegsende wertlos.

Auch die weltberühmte Firma des Orchideenhändlers Frederik Sander liegt 1918 am Boden: Die Gewächshäuser in Scherben, die Orchideen erfroren – wer wollte schon während des Krieges Orchideen kaufen? Das Orchideenfieber ist endgültig vorbei. Mit 74 Jahren stirbt Frederik Sander am 23. Dezember 1920.

Wilhelm Micholitz gibt nach dem Krieg Englischunterricht, um zu überleben, und sammelt wieder Pflanzen: Pilze zum Verkauf auf dem Markt und botanische Raritäten für Museen. 1932, mit 77 Jahren, stirbt der Jäger des Orchideenkönigs – arm wie eine Kirchenmaus.

Postscriptum

London, 26. Dezember 2000

Orchideenjäger wieder auf freiem Fuß. Neun Monate wurden zwei junge Briten im kolumbianischen Dschungel von marxistischen Guerilleros festgehalten; für ihre Eltern und Freunde waren sie wie vom Erdboden verschwunden. Erst zu Weihnachten kamen sie wieder frei. Tom Hart Dyke, 24, Spitzname Indiana Jones der Orchideenwelt, und sein Freund Brian Winter suchten in den feuchten Mangrovenwäldern nach unbekannten Orchideen. Dyke, von Beruf Baumchirurg, ist seit seiner frühesten Kindheit der Orchidee verfallen. Fand er sie damals auf den Wiesen in Kent, so brachte ihn seine Sammelleidenschaft inzwischen nach Thailand, Sumatra, Japan, Mexiko, Honduras, nach Guatemala, Panama und Belize. Und obwohl Kolumbien als sehr gefährlich für Ausländer gilt, trieb es ihn, die dort heute noch vorkommenden großen Orchideenschätze zu entdecken. Er will bald wieder aufbrechen. In noch entlegenere Zonen. » Mein ganzes Leben dreht sich um Orchideen«, sagt er. Heute gibt es über 30 000 Orchideenarten, die einen Jahresumsatz von mehr als 10 Millionen Euro erzielen.

In stacheliger Wildnis

Curt Backeberg
1894–1966

Am Kaktus scheiden sich die Geister: Für die einen ist er ein langweiliger grüner Knubbel mit unangenehmen Stacheln; für die zigtausend Liebhaber und Sammler in aller Welt ist er ein blühendes Wunder. Kakteen lösen Emotionen aus: Man liebt sie, oder man haßt sie!

Curt Backeberg hat Kakteen geliebt und ihnen sein Leben verschrieben. Sie sind seine »Sirenen der Tropen« und entführen ihn in ferne, unbekannte Welten, bescheren ihm Abenteuer und intellektuelle Herausforderung, Anerkennung und Niederlagen – und schließlich sichern sie seinen Lebensunterhalt. In seiner Kakteenleidenschaft erfüllen sich alle seine Träume.

Erst als Erwachsener verfällt er den stacheligen Gesellen. Zwar haben irgendwann einmal ein paar Exemplare auch auf der Fensterbank seines Luneburger Elternhauses gestanden, doch er »verläßt die Schule, um Kaufmann zu werden«[1]. In einer »Japanfirma« (vielleicht zwickt ihn ja schon das Reisefieber) lernt er das Exportgeschäft. Doch zunächst schickt ihn der Erste Weltkrieg in die Ukraine, dann an die Front vor Verdun und nach einer Kriegsverletzung zum Einsatz beim Wiederaufbau im damaligen Ostpreußen nach Wilna.

Kurz nach dem Krieg heiratet Backeberg; seine Frau Emma kommt auch aus Lüneburg. In Hamburg arbeitet er bei verschiedenen Überseefirmen und macht sich 1925 als Exportkaufmann selbständig. Seine Spezialität: der Handel mit Südamerika. Häufig hat er deshalb im Hafen zu tun, und dort begegnet er zwei Jahre später einem etwas abgerissenen »seltsamen Menschen« – eine Begegnung, die sein Leben verändern wird: Der Mann »war von langer, hagerer Gestalt und in eine alte Lederjacke gehüllt; sein ganzes Gepäck bestand aus zwei Fiberhandkoffern und einem Käfig mit Meerkatzen. Das faltige, tropenzerknitterte Gesicht blickte humorvoll in das feuchte Schmuddelwetter. Er wußte in der Stadt nicht gut Bescheid, so war ich ihm in einigen Dingen behilflich, und zum Schluß landeten wir in einer gemütlichen alten Bierstube. «[2]

Im Lauf der Unterhaltung stellt sich heraus, der Fremde ist Kakteenjäger, kommt aus Prag, heißt Alberto Vojtěch Frič (1882–1944) und liefert die meisten mexikanischen Kakteen für den wachsenden deutschen Markt. Beim Bier stimmt Frič eine Hymne auf das freie Abenteurerleben in Südamerika an. Er schwärmt von »dem unerhörten Erlebnis einer Jagd auf Riesenkakteen«, von dem »herrlich wilden Schauer, wenn die gewaltigen Gewitter um die Zackensilhouetten der Fünftausender toben« oder wenn man dort im Schneesturm »dem weißen Tod durch die kalten Finger schlüpft«[3].

Raus aus dem Kontor, aus der bürgerlichen Zwangsjacke! Das ist so recht nach Backebergs Geschmack. Sein Interesse für die stacheligen Pflanzen ist geweckt. Noch häufig trifft er sich mit dem »glücklichen Wanderer«, mehrmals reist er nach Prag und läßt sich in die Geheimnisse der Kakteen und der Kakteenjagd einweihen. Durch Frič lernt Backeberg auch Walther Haage in Erfurt, den wichtigsten Kakteenhändler in Deutschland, kennen. Währenddessen reift in dem 33jährigen Kaufmann der Entschluß, Kakteen zu importieren, zumal ein Kakteenjäger – welch günstige Begleiterscheinung dieses exotischen Berufs – in den Sommer fährt, wenn in Hamburg das sprichwörtliche Schmuddelwetter beginnt: Der europäische Winter ist die beste Zeit für eine Sammelreise, denn » während bei uns alles Pflanzenleben ruht, beginnt in Südamerika mit dem Regenfall der Sommer, zu dem der Kakteenjäger nach drüben fährt, weil er dann Samen sammeln und für die Bestimmung der Arten auch die Blüten beobachten kann«[4].

Im tropischen Südamerika

Die erste Reise führt Curt Backeberg auf die karibischen Inseln Trinidad und Curaçao sowie ins nördliche Südamerika – nach Kolumbien und Venezuela. Die erste Begegnung mit der überwältigenden Schönheit der lateinamerikanischen Landschaften versetzt den Handlungsreisenden in eine Art Fieber: » Ich entfliehe dem Lärm der Ankunft [im Hafen] im Auto, hinauf in die Berge nach Caracas. Das Erlebnis dieser Fahrt wird zum Rausch; in hohlen Klüften knallt der Motor, Berge explodieren, Fernen tun sich auf, das Meer ertrinkt in einem Traum von Bläue, zwischen gespaltenen Felswänden gähnt Tiefe ohne Ende, die Welt wankt, kreist, überschlägt sich im Wirbel der sich überschneidenden Kurven, dann sind wir oben. «[5]

Die Zeit für die Kakteenjagd ist knapp bemessen, denn noch reist Backeberg als Exportkaufmann und hat in den Städten vordringlichere Geschäfte zu erledigen, als in der Wildnis Kakteen zu suchen. Damit der Jäger weiß, wo er gezielt seine Beute suchen soll, hat er studiert, wo die Sammler vor ihm welche Kakteen gefunden haben. Schnell wird er in Venezuela fündig, trifft zum Beispiel auf einen » putzigen« *Melocactus*: » Er stülpt sich später eine rötliche Wollmütze auf, aus der lustig kleine rosa Blütchen blitzen. «[6] Zu Tausenden wächst in den Kakteenwäldern am Meer *Neolemaireocereus griseus*[7], und zu seiner großen Verwunderung trifft Backeberg auf Mammillarien (Warzenkakteen), er glaubt sogar, eine neue Art mit hellbraunen Stacheln entdeckt zu haben.

Mit der » Kalypso«, eher » ein verrosteter Blechsarg mit Schraubenantrieb«[8] als ein zünftiger Küstendampfer, gelangt Backeberg in zwei Tagen nach Puerto Cabello, dem Zentrum der venezolanischen Kakteenflora. » Brennend vor Jagdeifer mietete ich mir

Backeberg im karibischen Küstenbusch

ein Auto, kaufte in einem der kleinen Häuser des Marktes Brot, Orangen und Pampelmusen, nahm eine große Flasche Wasser mit, und dann ging's los.« Diesmal hat er es auf den Säulenkaktus *Pilocereus moritzianus* abgesehen: »Fieberhaft suchte mein Auge die Hänge vor mir ab, dort stehen viele Säulen, wird › er ‹ es sein? Er ist es. Nicht einer, nein Hunderte, Tausende, herrliche Bäume weißhäuptigen Säulengewirrs, ringsherum, hügelauf, hügelab. Lasso her, Machete heraus – ich stürze davon. Verdutzt schaut mir der Chauffeur nach. Immer tiefer wühle ich mich in das Dickicht, rekognosziere, begrüße mit einem Freudengebrüll drei, vier neue unbekannte Arten und – komme am nächsten Tag mit einer Mulakarre wieder.«[9]

Die Jagd kann beginnen.« Pfeifend fliegen zwei Lassos von oben und unten über einen mächtigen abnormen Moritzianusstamm, dessen bizarres Haupt ich als Trophäe meines Jagdzuges mitschleppe. Seil in die Höhe. Lederhandschuhe an, und schon schaukele ich zum Entsetzen meines farbigen Begleiters auf stachelig schlankem Ast einer zerbrechlichen Kaktusgerte.«[10]

Im Dickicht des Kakteendschungels und bei höllischen Temperaturen ist das Ernten der Früchte besonders anstrengend,» weil man sie mit einer langen Bambusangel von den Triebenden herunterholen muß. Auf freiem Gelände schneidet man einfach Frucht um Frucht mit dem kleinen Angelmesser ab und sammelt sie nachher am Boden auf. Im Dickicht würde man ohne Fangsack nicht eine einzige wiederfinden. Das Gewicht des Beutels aber erschwert das Arbeiten mit dem langen, an der Spitze ziemlich dünnen Bambusstabe so sehr, daß es viel Schweiß kostet, die hohen Kakteenäste vorsichtig abzuernten.«[11] Um ein Haar entgeht Backeberg einem Hitzschlag, doch zurück in der Stadt warten im Hotel ein erfrischendes Bad, saubere Kleidung und die Hotelbar:» Dort bestelle ich mir ein Glas eisgekühlte Kokosmilch mit Whisky, das Göttergetränk der Tropen.«[12]

Auf Curaçao ist es noch ein bißchen schwüler.» Ihr werdet hoffentlich nur Whisky bestellen«, sucht ein pfiffiger Hamburger das Gespräch,» und ich nehme doch an, daß ihr für mich einen ausgebt.«[13] Bei Whisky pur wird Freundschaft geschlossen. Carl, so heißt der Hamburger, transportiert normalerweise mit einem kleinen Schiff Benzin in die Häfen des Festlands, doch ist sein Segler vor einigen Wochen in die Luft geflogen. Ganz vergnügt wartet er jetzt auf die Auszahlung der Versicherungssumme, um sich ein neues Schiff zu kaufen. Carl hat also Zeit, den Kakteenjäger als Dolmetscher zu begleiten, schwört aber,» die Dinger« um kein Geld in der Welt anzufassen.

Auch die Einheimischen wundern sich, wie denn einer der sonst so vernünftigen Deutschen soviel Aufhebens von dem » Unkraut« machen kann? Dennoch ist der Kakteenjäger meist willkommen, bringt er doch Abwechselung in das ereignislose Leben der gottverlassenen Nester. So berichtet Backeberg über

Curaçao, wo er Samen von Säulenkakteen sammelt: »In das Innere der Insel kommt selten jemand; ich war eine Sensation und hatte mehr Hilfe, als ich brauchen konnte. Freigiebig wie Montezuma dem Cortez sein Gold schenkte, holte man mir die Früchte mit dem seltenen Samen hinunter.« Die Samenkörner werden aus dem Fruchtfleisch geklaubt, gewaschen, getrocknet und in Beutel verpackt. »Als man aber sah, daß ich das Fleisch wegwarf und nur die schwarzen Körner behielt, während doch sonst jeder umgekehrt verfährt, war alles platt.«[14]

Wenngleich man sich überall über die seltsame Leidenschaft des Weißen wundert, so bietet der Gringo doch auch die Möglichkeit, ein paar Pesos zu verdienen: Er braucht ein Auto mit Chauffeur; wo die Straßen enden, kann man ihm Maultiere als Transport- und Reittiere vermieten; außerdem benötigt er Treiber, Karawanenführer und Hilfskräfte, die ihn bei der Ernte, beim Verpacken und Abtransport der Kakteenbeute unterstützen.

Die beste Erntezeit ist »jeweils zum Beginn der Wachstumsperiode, wenn schon eine ganze Anzahl Pflanzen blühen und fruchten, aber die Körper noch nicht so stark [mit Wasser] angefüllt sind, daß man Gefahr läuft, einen großen Teil von ihnen beim Transport durch Fäulnis zu verlieren«[15]. Daß aber die Ernte nicht ungefährlich ist, erlebt Backeberg am eigenen Leib. Mal droht er abzustürzen, mal wird er beinahe von einem Riesenkaktus erschlagen, und auf Curaçao fällt ihm ein abgeschnittener Kaktustrieb auf den Kopf. Doch die schmerzhaft spitzen Stacheln und die blutenden Wunden sind vergessen, sobald das kolumbianische Küstenpanorama auftaucht. »Was ist das? Oben im blauen All erscheint langsam, wie ein geisterhaftes Trugbild, eine strahlende Eiskappe, eine überirdisch schöne Bergspitze. Losgelöst von aller Erdenschwere schwimmt sie in der Unendlichkeit des Firmamentes über dem Dunst, der die Küste verhüllt.« Es ist die Sierra Nevada de Santa Marta, »der Vorposten der mächtigen Kordillere, des steinernen Rückgrates Südamerikas!«[16]

Da verspürt Backeberg zum ersten Mal Lust, in die Anden zu reisen, um auch dort die Kakteen an ihren natürlichen Standorten kennenzulernen. Doch zunächst will er den tropischen

Urwald und die Sümpfe am Rio Magdalena erkunden. Auch dies wieder eine abenteuerliche Reise, die auf einem Motorboot beginnt, wo eine »halbschwarze, ganz niedliche« Señorita ausgiebig von Puderdose und Lippenstift Gebrauch macht, um dem Gringo zu gefallen. Sie erntet ein Lächeln − mehr nicht. An Land geht es dann zu Pferde weiter. Bis zum Bauch im Wasser tasten sich die Tiere durch einen Teppich »von hyazinthenähnlichen, blaßlila Blüten der Eichhornias [Wasserhyazinthen]«[17]. Hingerissen schwelgt der Pflanzenjäger in der Schönheit des Tropenwaldes: »Leuchtende Schlingranken blühen vor dem Dunkel des Hintergrundes, kleine Lichtungen schimmern wie Traumbilder unter dem hauchfeinen, silberweißen Schleier lang herabwallender Tillandsienvorhänge.«[18] Andererseits plagt ihn eine unbestimmte Furcht, als winzige Kreatur »einer hemmungslos wachsenden Vegetation« ausgeliefert zu sein, ein Gefühl, das noch stärker wird, als Backeberg sich einmal ganz allein aufmacht, um nach Blattkakteen (Phyllokakteen) zu suchen, und sich verirrt − »verfluchter Leichtsinn, so aufs Geratewohl in diesem Dschungel herumzubotanisieren!«[19]

Der Lohn der Angst ist dann aber die Begegnung mit einem »König der Phyllokakteen«: Über »einem zarten Teppich von Wasserhyazinthen« erheben sich schlanke Palmen. »Von der Höhe des grünen Doms aber hängt über der Tiefe an meterlangem Wurzelgehänge ein riesiger Kronleuchter: Mit seinen zackigen grauen Armen leuchtet ein gewaltiger Phyllocactus aus unzähligen feuerroten Blütenschalen«[20] − für den Pflanzenjäger ein unvergeßlicher Abschiedsgruß aus dem Land zwischen Sierra Nevada und Magdalenastrom.

Die Kakteenfarm

Spätestens als er von dieser ersten Reise nach Hamburg zurückkehrt, ist Backeberg rettungslos mit dem Kakteenvirus infiziert. Diese ungeheuer anpassungsfähigen und genügsamen, variantenreichen und üppig blühenden Pflanzen in den unterschiedlichsten Stachelkleidern faszinieren ihn über alle Maßen. Er beginnt sich für die Entwicklung der Arten in den verschiedenen Klimazonen zu interessieren. Sein wissenschaftliches Interesse ist geweckt. Schon bald wird er unterwegs in Notizbüchern die Blüten, Stacheln, Früchte, Samen und Wuchsformen der Kakteen beschreiben sowie ihre Fundorte samt Bodenbeschaffenheit und Klima notieren. Darüber hinaus ist der Norddeutsche berauscht von den südamerikanischen Landschaften, vernarrt ins naturnahe, abenteuerliche Leben in der Wildnis und angerührt vom entbehrungsreichen Dasein der Indiobevölkerung, die noch ganz in ihren Traditionen lebt. Die erste Schnupperreise auf den Spuren des Kaktus hat ihm eine neue Welt eröffnet: Backeberg wird professioneller Kakteenjäger.

Die nächste Reise, die ihn auch nach Mexiko führt, macht Backeberg noch in Eigenregie und auf eigene Kosten. Danach sucht er sich finanzkräftige Auftraggeber: 1931 sammelt er in den Andenländern für Kakteen-Haage, die renommierte Erfurter Firma, die es bis heute gibt. Mehrmals reist er für den passionierten amerikanischen Sammler Victor Morawetz, der ein Vermögen investiert, um seinen Kakteengarten in South Carolina mit großen alten Exemplaren zu bestücken, kreuz und quer durch Südamerika. Schließlich wird Backeberg 1938 von der Hansestadt Hamburg beauftragt, aus Mexiko Kakteen zu beschaffen, die ihrem städtischen Vorzeigepark zu neuem Glanz verhelfen sollen. Insgesamt sieben Mal fährt Backeberg in zehn Jahren überall dahin, wo in Mexiko, in Mittel- und Südamerika Kakteen wachsen. Bald aber gedeihen »die stacheligen Wunder« auch in Hamburg-Volksdorf.[21]

Hier, Im Sorenfeld 15, wohnt der Kaufmann mit seiner Frau Emma, genannt Emmy, in einem geräumigen Einfamilien-Klinkerhaus. Auf den 1200 Quadratmetern hinterm Haus baut er mit der Zeit eine Kakteengärtnerei auf. »Backebergs Farm ließe sich bequem in einem gewöhnlichen Kleingarten unterbringen«, schreibt ein Reporter des *Hamburger Anzeigers*: »Drei kleine Gewächshäuschen, drei oder vier Reihen von Mistbeetfenstern, ein Gärtnermädchen und zwei prächtige Wolfshunde zum Schutz gegen nächtliche Sammler, nein, von außen sieht man diesem kleinen Gartengrundstück die Sensation nicht an.«

Die Sensation, das ist die Vielfalt der auf kleinem Raum untergebrachten Kakteen. Ein Gewächshaus ist für ausgesucht schöne Exemplare reserviert, die als »Schau- und Mutterpflanzen unentbehrlich und unverkäuflich« sind. Insgesamt gibt es 700 verschiedene Arten, darunter alle seltenen Kakteen als Pflanzen und als Samen. »Backeberg bedeutet für den Kakteenhandel, was Hagenbeck für den Tierhandel ist. Backebergs Kakteenfarm verdiente die gleiche Aufmerksamkeit wie Hagenbecks Tierpark. Keine andere Farm, kein botanischer Garten der Welt verfügt über eine auch nur annähernd so vollkommene Sammlung aller

Emma Backeberg in der Kakteengärtnerei

seltenen Arten.« Der Berichterstatter ist erstaunt über die Preise, kann doch ein seltenes, wenn auch unscheinbares Exemplar leicht 200 oder 300 Mark kosten! Mit einem ordentlichen Schuß Lokalpatriotismus fährt er fort: »In Volksdorf bestellen die großen botanischen Gärten der Welt, bestellen die Sammler aus allen Ländern der Erde. Volksdorf ist der Weltmittelpunkt des Handels mit seltenen Kakteen.«[22]

Der Gärtner selbst annonciert seinen florierenden Betrieb 1935 als »weltbekannten Kakteengarten« mit »botanischen Seltenheiten und Neuheiten für Anfänger und Spezialsammler« aus eigenen Expeditionen. Ist Backeberg länger unterwegs, sorgt seine Frau für das Wohlergehen der Pflanzen. Unterstützt wird sie dabei von Hildegunde Stein, einer jungen Frau aus Schlesien, die das Ehepaar als »Elevin«, soll heißen als Lehrling für Sekretariats- und Gärtnerarbeiten, eingestellt hat. Da die Ehe der Backebergs kinderlos bleibt, nehmen sie Hildegunde Stein später als »Pflegetochter« an. Sie wird nach dem Tod des Ehepaars Alleinerbin und Verwalterin des Nachlasses, der nach ihrem Tod gerade noch vor dem Müllcontainer gerettet werden kann, weil aufmerksame Nachbarn das Botanische Institut der Universität informieren, als das Haus leergeräumt wird.[23]

Auf Humboldts Spuren in Peru

»Peru und die Kakteen! Es wäre unmöglich, bei den Kakteen nicht vom Land Peru zu reden«, schreibt Backeberg nach einem längeren Aufenthalt, »und jede Landschaftsschilderung wäre unvollkommen, wenn man nicht dieser Pflanzen Erwähnung täte, die ein gut Teil seiner seltsamen Erscheinungen ausmachen und die vielerorts aus der pittoresken, wenn auch öden Bergwelt erst ein hochinteressantes Stückchen Erde schaffen.«[24] Schon Alexander von Humboldt hatte 100 Jahre zuvor in dem Andenland mehrere Neuentdeckungen gemacht: »Der berühmte Weltenwanderer«, sagt Backeberg, »entdeckte ... in den Anden die schönsten säuligen Arten, die wir kennen.«[25] Doch lebende Exemplare der peruanischen Kakteengattungen sind so gut wie nie nach Europa gekommen. Nun will Backeberg den Liebhabern daheim die »unbekannte Kordillere« erschließen, doch bevor er den herrlich blühenden *Cereus sepium* wiederentdeckt, den Humboldt am Fuße des Chimborazo fand, oder auch »Humboldts herrlichste Entdeckung«, die weißhaarige *Espostoa lanata,* hat der Kakteenjäger Backeberg noch einiges vor sich.

Die Durchquerung der unbewohnten Wüste im Nordwesten Perus beispielsweise – eine unwirtliche Gegend, wo es noch zu den geringeren Übeln gehört, wenn das Auto auf der Sandpiste steckenbleibt. Viel gefährlicher sind die Banditen, die die Gegend unsicher machen. Da liegt die Waffe immer griffbereit im Wagen, und es ist besser nachts als am Tag zu fahren, selbst wenn das die Gefahr birgt, in einen Abgrund zu stürzen, weil der Fahrer im Dunkeln nicht erkennen kann, daß ein Unwetter die Brücke weggespült hat. Aber der Reisende hat Glück.

Banditen hin, Banditen her – als Backeberg eine wuchtige Gruppe Cereen entdeckt, hat er nur noch Augen für die als neue Neoraimondia-Art identifizierte Pflanze. Er zückt seine Trinkflasche und bespritzt den Cereus mit kaltem Kaffee: »Ich taufe dich *Neoraimondia gigantea!*«[26] Typisch Backeberg! Doch diese spontanen Namensgebungen, verbunden mit der vorschnellen Klassifizierung seiner Funde als *neue Arten,* werden ihm noch viel Ärger und Verdruß bereiten, denn oft halten sie einer wissenschaftlichen Überprüfung nicht stand, was Backeberg wiederum nicht zugeben mag. Zunächst aber kümmert das den selbstbewußten Kakteenjäger noch nicht. Wichtiger ist, daß viele Neuentdeckungen ihn bekannt machen und sich lukrativ verkaufen lassen.

Am Morgen ist endlich die Quebrada Verde erreicht, die grüne Schlucht mit ihren schwindelerregend steilen Hangen. »Ringsum rieseln kleine Wasseradern, saftiges Gras bedeckt die freien Flächen, orchideenbedeckte Bäume erheben sich mit breiten Wipfeln über dem üppigen Bergbusch, und in der reinen Luft spürt man den Wohlgeruch der Orangenblüten. Obwohl ich nur wenige Tage in der Wüste gewesen bin, betrachte ich das paradiesische Stückchen Erde mit glücklichen Augen.«[27]

Im angewehten Humus haben sich an den Steilwänden der Schlucht Kakteen niedergelassen. Angeseilt bewegt sich der Jäger über dem Abgrund und versucht mit der Kakteenangel die Früchte zu erwischen. Beinahe wäre er abgerutscht, doch die Indios halten ihn – und wieder verbucht er einen Neuling: *Cereus microspermus,* den kleinsamigen Cereus.

Autostraßen und Eisenbahnen führen längst nicht überallhin; über weite Strecken ist das Maultier das einzige Fortbewegungsmittel. Ein Ritt auf dem alten Karawanenweg vom Tiefland über die Waldkordillere nach Huancabamba ist schon bei gutem Wetter nicht ohne Schwierigkeiten zu bewältigen; bei Nebel, Sturm und Regen aber ist das ein lebensgefährliches Unterfangen. »Burro! Mula!« – unter den ständigen Rufen der

Besteigen einer Neoraimondia gigantea

Indios bewegt sich die Karawane vorwärts. Dann endlich nach fast 18 Stunden tauchen die Lichter des Andenortes Huancabamba auf.» Gespannt starre ich in das Dunkel. Da erscheinen am Hang gespenstisch bleiche Riesenkerzen. Ich halte die Mula an und klettere mit meiner Taschenlampe zu ihnen hinauf. Zwischen den Felsen stehen große Gruppen ziemlich kräftiger, weißhaariger Cereen mit langen Wollbahnen an der Seite. Humboldts herrlichste Entdeckung, die *Espostoa lanata,* ist wiedergefunden!«[28]

Die nächsten Tage vergehen in fieberhafter Arbeit. Die Triebe des Kaktus werden mit Hilfe der Bambusangel geerntet. Bis vor kurzem, so erzählen die Indios, hätten sie die üppigen Wollstränge mit der Machete herausgebohrt, um damit ihre Matrat-

Backeberg »angelt« einen Trieb der Espostoa lanata

Cereus giganteus mit seltener Kammform

zen zu stopfen. Ganz in der Nähe wachsen noch andere Humboldt-Kakteen: goldgelbe Gruppen des *Cereus icosagonus*, der rotstachelige kriechende *Cereus humboldii* und der schlangenartige *Cereus serpens*.

Eines Morgens stößt Backeberg auf eine Kakteengruppe mit der außergewöhnlichen und deshalb sehr wertvollen Kammbildung, die man Cristate nennt. »Die herrlichste Cristatenerscheinung, die mir jemals in den Weg gekommen ist«, jubelt der Kakteenjäger,

» ich war sprachlos!« So reich an großen Arten ist die Umgebung von Huancabamba, daß Backeberg noch viele Raritäten findet. Doch zu seinem großen Ärger kann er längst nicht alles mitschleppen – zum einen gibt es nicht genug Holz, um entsprechend große Kisten zu bauen, und wie sollte er diese schwere Fracht den langen Weg zurück über die Anden abtransportieren?

Er beschließt, irgendwann wiederzukommen, und organisiert den Rückmarsch. »Ich bezahle pro Tier und Treiber drei Mark bis zur Küste.« Das ist ein Schnäppchen, räumt der gewiefte Kaufmann ein, denn die Karawane, die Salzblöcke nach Huancabamba heraufgebracht hat, müßte sonst leer zurückgehen. Da sind drei Mark für die Treiber besser als gar nichts. »Tags drauf schaukeln unsere Maulesel wieder vorsichtig über die gefährlichen Bergpfade zurück, biegen sich bedächtig unter der Last der beiderseitigen Pflanzenkisten und – rutschen zuweilen kurze Strecken auf dem Hinterteil hinunter, denn es regnet, was vom Himmel runter will. Schweigsam traben wir hintennach, ponchobedeckt, mißvergnügt, denn wir sind klitschnaß und kommen vor vierzehn Stunden nicht aus dem Sattel!«[29]

Lektüre für Liebhaber

Szenenwechsel: In Deutschland ist der Kaktus auf dem Balkon zu Hause. Als erster hat ihn der Maler Carl Spitzweg mit dem biedermeierlich braven »Kakteenfreund« dorthin gestellt. 1934 singen die Comedian Harmonists »Mein kleiner grüner Kaktus steht draußen am Balkon ...« und hinterlassen damit einen Ohrwurm, als sie noch im gleichen Jahr Deutschland den Rücken kehren, um dem Auftrittsverbot durch die Nazis zuvorzukommen. So wie Spitzwegs Bilder auf die erste Kakteenmode in Deutschland verweisen, greifen die flotten Sänger kalauernd die neuerliche Vorliebe für den stacheligen Knubbel auf, eine Welle, auf der auch Backeberg schwimmt: Kakteensamen für Leute mit kleinem Geldbeutel, pflegeleichte Massenware, die von jedermann auf dem Balkon oder der Fensterbank gehalten werden kann, und populäre

Lektüre für den Kakteenliebhaber – Backeberg tut viel, damit die Mode anhält.

1930 erscheint sein erstes Buch – ein rasanter, hochemotionaler Reisebericht über die *Kakteenjagd zwischen Texas und Patagonien*. Nur ein Jahr später kommt *Neue Kakteen* auf den Markt. Der Mann kann schreiben und tut es ausgiebig: Zahlreiche Kurzgeschichten, einige Romane, ein Hörspiel und Gedichte finden sich in seinem Nachlaß – das meiste allerdings unveröffentlicht.

Gefragter ist Backeberg als Kakteenspezialist, der es versteht, die »stacheligen Wunder« von allen Seiten zu beleuchten: die Azteken und der Kaktus; der Kaktus als Lebensmittel und Droge; Kakteen in der Literatur und Karikatur und immer wieder sein Lieblingsthema – Abenteuer Pflanzenjagd. Zu zahlreichen Büchern gesellen sich weit mehr als 300 Aufsätze in den einschlägigen Liebhabermagazinen[30], und da der Autor Hunderte von Kakteen fotografiert und seine Reisen von Anfang an auf Fotos dokumentiert hat, kann

Mit Kaktusfleisch stillen Mexikaner Hunger und Durst

er all seine Publikationen – egal ob Reisebericht, Abenteuer-, Sach- oder Handbuch – attraktiv mit Bildmaterial ausstatten. Alles, was mit den Kakteen und der Kakteenjagd zu tun hat, fließt doppelt und dreifach und vielfach recycelt aus seiner fleißigen Feder. Immer weiß er sich selbst wirkungsvoll in Szene zu setzen, wobei er in Wort und Bild den in jenen Jahren beliebten Typ des kernigen deutschen Mannes verkörpert, der allen Widrigkeiten zum Trotz mutig und willensstark fremde Welten erobert. Zu diesem Selbstbild paßt es, daß er seiner geplanten Autobiographie den markigen Titel *Wille, Wagnis, Weg* geben möchte.

In diesem Sinne bricht Backeberg 1938 zu einer abenteuerlichen Reise nach Mexiko auf. Nur knapp ein Jahr vor Beginn des Zweiten Weltkriegs hat er einen Auftrag erhalten, der seine schönsten Träume erfüllt: Finanziert von der Stadt Hamburg soll Backeberg nach Mexiko reisen, um Riesenkakteen für Planten un Blomen, den populären Volkspark der Hansestadt, heranzuschaffen.

Riesenkakteen in Mexiko

»Fröhlich und sorglos« verläuft die Überfahrt auf der »Orinoco«. Ein Zwischenstopp im Hafen von Havanna, »der weißen Stadt am Meer«, fordert indes die schwierige Entscheidung, »ob man sich schon im Habana Club mit Hilfe von altem Baccardi-Rum, einer Anzahl Daiquirí und anderen guten Cocktails einen netten kleinen Schwips holen soll oder erst draußen in dem schönen botanischen Garten der Tropical Brauerei, was allerdings auf dasselbe hinauskommt«[31]. Danach noch ein »letztes wohliges Nichtstun im Deckchair«, bevor die Arbeit in Mexiko beginnt.

Dort gilt es zunächst in der Hauptstadt einiges zu regeln. Mexiko hat seine Kakteenflora unter Naturschutz gestellt, und man braucht eine offizielle Genehmigung zum Pflanzensammeln für den Export. Zwar hat Backeberg sich schon in Hamburg diese Erlaubnis besorgt, doch zusätzlich droht noch ein Ausfuhrzoll; Gewerkschaftsvorschriften komplizieren den LKW-Transport; die Polizei schreibt einen Sonderausweis vor, um mit einem Personenwagen die Stadt verlassen zu dürfen – kurz: Schon 1938 fordert die mexikanische Bürokratie ihren Tribut.

Unerschütterlich vom Gelingen seiner Mission überzeugt, treibt Backeberg zwischen den Behördengängen die Reisevorbereitungen voran: Beim Tischler bestellt er fünf Meter lange Holzkisten zum Verpacken der auf zehn Tonnen kalkulierten Kakteenfracht; er mietet einen Lagerschuppen, auch ein Lastwagen wird mit Hilfe der Behörden organisiert, und schließlich verläßt der Kakteenjäger wie geplant in einem Mietauto mit Chauffeur die Hauptstadt.

Zuerst steuert er das Senilistal an, einen der spektakulärsten Kakteenstandorte überhaupt. Dieses »Tal der Greisenhäupter« verbirgt sich zunächst in der Schlucht von Venados, die Backeberg ein »Weltwunder« nennt. Schon auf dem Weg dorthin offenbart sich Mexiko als Eldorado für Kakteenliebhaber. Häufig muß der Fahrer anhalten, denn immer wieder erspäht der Jäger irgendeine seltene Art. »Plötzlich kommt eine scharfe Linkskurve, und dann hält man unwillkürlich den Atem an. Steilabstürzend durchzieht ein mächtiger Riß das Hochland«: die Barranca Venados! »Der ganze unter uns liegende Hang ist von einem wahren Wald des *Isolatocereus dumortieri* bedeckt.« Die Äste der Säulenkakteen tragen an der Spitze »viele weiße, engröhrige Blüten. Sie sitzen so nahe beieinander, daß es aussieht, als habe man den Trieben kleine Mützen übergestülpt.«[32]

In der Greisenhauptschlucht

Ein schmaler Weg führt links an der Felswand entlang und windet sich langsam durch den Kakteenwald in die Tiefe – ins eigentliche Senilistal. Es wird wärmer. Die rote Erde geht in weißgelben Kalkboden über – »und jetzt tauchen vor uns Hunderte von dicken, schneeweißen Kerzen auf: dort wachsen die *Cephalocereus senilis*! Soweit der Blick reicht, besiedeln sie, dicht zusammenstehend, die beiden Seiten der Quebrada bis zu einer bestimmten Höhe, wo ihr Vorkommen wie abgeschnitten aufhört. Sie bevorzugen offenbar die steileren Hänge, weil deren Boden durch den schnellen Wasserablauf trockener ist, denn sie lieben keine Nässe.«[33] Prächtig ist ihre fellartige Kopfbedeckung, die viele Beobachter an die Bärenfellmützen der Wächter vor dem Londoner Tower erinnert. Ihrem Namen machen die Greisenhäupter alle Ehre – die stärksten Säulen, so schätzt Backeberg, sind ein Jahrtausend alt. Genaue Daten gibt es nicht, doch heutige Forscher schätzen die Greisenhäupter auf 100 bis 200, maximal auf 250 bis 300 Jahre.

Auch die riesigen Kugelkakteen *(Echinocactus ingens),* die zwischen den Greisenhäuptern wachsen, sind uralt. Fast zu Tausenden treten sie »an den kalkweißen Flanken der Barranca auf. Manche sind nahezu zwei Meter hoch; sie haben wegen des abschüssigen Untergrunds eine Pfeifenform angenommen. In allen Größen hocken zwischen den Alten die Jungen, frischgrün, breit und behäbig.«[34]

Amerikanische Forscher gehen davon aus, daß diese stacheligen Riesen pro 100 Kilogramm Gewicht etwa 100 Jahre auf dem Buckel haben. Da bereits mittlere Exemplare 200 bis 300 Kilogramm wiegen, rechnet Backeberg, daß manch eine dieser Kugeln bereits zur Zeit der Azteken dort gestanden habe. Damit hat er ihr Alter aber wohl stark überschätzt. Enttäuschend für den Jäger ist, daß alle größeren Exemplare wertlos für ihn sind: Da sie unten die pfeifenförmige Biegung haben, würden die Kolosse beim Aufstellen im Schauhaus umfallen.

Immerhin bleiben die Greisenhäupter! So mager der Boden an den Steilhängen der Schlucht auch ist, unten im Senilistal ist die Erde fruchtbar, es gibt Wasser, und Menschen wie Señor Chavez leben in einem gewissen Wohlstand. Er besitzt einen kleinen Laden und eine Pflanzung von Orangen, Limonen und Zitronen; er baut die zu jeder Mahlzeit gehörenden schwarzen Bohnen an und mag obendrein noch Kakteen. Für Backeberg genau der richtige Mann, um mit ihm ins Geschäft zu kommen: Er soll 25 geradegewachsene Greisenhäupter von zweieinhalb bis drei Meter Höhe – teils Wurzel-, teils Kopfstücke – herbeischaffen lassen.

Die Landarbeiter beginnen ihren Arbeitstag mit einem halben Becher Zuckerrohrschnaps als Teil ihres mageren Lohns. Sie kalkulieren einen Tag Arbeit, bis solch ein großer »Viejito« (Alterchen) im Hof der Finca liegt. Damit der abgehauene Trieb nicht herunterfällt und zerschellt, wird er mit Lassos und Stützstäben gesichert. »Nun klettern zwei der Männer in den Hang hinauf und ziehen die am Scheitel befestigten Leinen an, während sich drei andere, mit Säcken auf dem Nacken, gegen den Cereus stellen und ihn an den unteren Lassos halten. Darauf wird der Stamm durchgeschlagen und von den fünf Peonen langsam umgelegt; zuletzt erhält er mehrere Schutzringe aus Sisalmatten, um beim Hinabschaffen geschützt zu sein.«[35]

Danach müssen die leicht verletzbaren weichfleischigen Säulen vorsichtig abgeseilt werden – »das schlimmste Stück Arbeit!« Und wie werden die Kolosse unten abtransportiert? »Auf Leitern«, lautet die Antwort. Im Hof von Señor Chavez müssen dann die Schnittflächen abtrocknen, damit die Cereen auf ihrer langen Reise nach Deutschland nicht anfangen zu faulen. Als Backeberg sieht, daß er die Greisenhäupter den geübten Arbeitern des Señor Chavez überlassen kann, reist er weiter – im Senilistal gibt es vorläufig für ihn nichts mehr zu tun.

Noch drei Kakteengegenden steuert Backeberg in Mexiko an, macht jeweils reichlich Beute und trifft zu guter Letzt auch auf zwei ohne Krümmung gewachsene Riesenkugeln des *Echinocactus ingens*. Ganz zum Schluß geht es erneut ins Senilistal, um bei Señor Chavez die 25 starken Greisenhäupter, 40 fehlerlose schneeweiße Gruppen von *Mammillaria bicolor* und fünf dicke grüne Kugelkakteen abzuholen.

Im Lagerschuppen in der Hauptstadt stapeln sich die Kakteen. Säckeweise werden Holzwolle und Sägespäne als Polstermaterial herangeschafft. Fast zwei Wochen dauert es, bis die gesamte Fracht verpackt ist – die Greisenhäupter lagern auf Holzwolle in ihren langen Kisten und »zuletzt kommen die beiden Riesenkugeln an die Reihe, die unförmige fest verschnürte Ballen ergeben«[36]. Geschafft! Etwas über 10 Tonnen Kakteen verschwinden in einem Waggon der mexikanischen Eisenbahn und ein paar Tage später im Laderaum der »Orinoco«. Zuallerletzt packt Backeberg sein persönliches Gepäck – »Bambusangel, Pickel und Seil, die wichtigsten Werkzeuge des Kakteenjägers«[37].

Mit mexikanischer Folklore wird 1939 in Planten un Blomen die Ausstellung der Riesenkakteen eröffnet. »Überrascht und nachdenklich drängen sich die Besucher vor den eigentümlichen und fremdartigen Gewächsen«, schreibt Backeberg. »Alle kennen Kakteen; wer von ihnen hat aber wohl geahnt, daß sie so gewaltige Körper zu entwickeln vermögen?«[38] Drei der fünf Kakteenhäuser des Parks sind für die mexikanischen Kolosse reserviert. An den Wänden – Großfotos von der Jagd auf die Stachelträger. Der Kakteenjäger ist ungeheuer stolz auf seinen Erfolg und genießt die offizielle Anerkennung, während Hamburg mit Backebergs Werk noch kurz vor Kriegsbeginn als »Tor zur Welt« Weltoffenheit demonstrieren kann.

Kakteenpropaganda

Nach dem Vorbild großer Tierfangexpeditionen, die gefilmt werden, »um dem Beschauer ein lebendiges Bild von den Mühen und dem« Verlauf derartiger Reisen zu vermitteln«[39], hat Backeberg bei seinen Pflanzenexpeditionen seit Anfang der dreißiger Jahre eine Schmalfilmkamera im Gepäck. Er filmt die Jagd und den Jäger, die imposanten Landschaften, die Indios und ihre Sitten und Gebräuche. Zimperlich ist er dabei nicht, wer nicht gefilmt werden will, wird überlistet.

Mit diesen »Kulturfilmen« ist Backeberg ab Mitte der dreißiger Jahre sogar bis nach England auf Tournee gegangen. Neben der Kakteenjagd hat er auch Streifen wie »Die Tierwelt des Humboldtstroms« oder »Das Leben unserer Auslands- und Volksdeutschen am Pazifik« im Angebot. Als der Zweite Weltkrieg abrupt seine Karriere als Kakteenjäger beendet, kann der Hamburger als »Filmvortragsreisender und Kaufmann« seinen Lebensunterhalt verdienen.

Der Film über die Jagd auf die Giganten der Kakteenwelt ist »in vielen deutschen Städten gezeigt und überall mit großem Beifall aufgenommen«[40] worden – auf »Wehrmachts- und Werksveranstaltungen, die KdF [Kraft durch Freude] durchführte, und weitere längere Vortragsreisen dieser Art sind geplant«[41]. Tatsächlich wird Backeberg während des Kriegs zur »Truppenbetreuung der NS-Gemeinschaft Kraft durch Freude« eingesetzt und reist, unterstützt von seiner Frau Emma, zu Vorträgen vor im besetzten Frankreich stationierten Einheiten: »Ich kann wohl sagen, daß es der schönste Lohn für soviel Mühe und Arbeit war, mit dem Film unseren Soldaten Abwechselung zu bringen, und es hat mir viel Freude gemacht zu sehen, mit welcher Anteilnahme sie dieser abenteuerlichen Reise durch die Wunder einer fernen Erde folgten.«[42]

Wer zur Truppenbetreuung entsandt wird, der grüßt auch mit »Heil Hitler!« Anders hätte Backeberg auch nicht noch 1938 den offiziellen Auftrag zur Kakteenjagd in Mexiko erhalten. Offensichtlich hat er sich mit den Nazis arrangiert, und so halten die Filmvorträge und die Bücher ihn und seine Frau über Wasser. Auch seine Kakteensammlung kann Backeberg über den Krieg retten, denn neben den Stachelpflanzen wächst Tabak in den Gewächshäusern. Nicht nur zur Selbstversorgung des passionierten Pfeifenrauchers, sondern als begehrtes Tauschprodukt. Als eines Tages Bombensplitter die Verglasung der Gewächshäuser zerstören, sollen selbstgedrehte Zigarren ihre baldige Reparatur bewirkt haben. Die Kakteenhäuser in Planten un Blomen kommen nicht so glimpflich davon. Sie werden 1943 von Bomben getroffen. Dabei werden auch die mexikanischen Riesenkakteen unwiederbringlich zerstört.[43]

Kakteenforschung

1951 wird Backeberg ein reizvoller Job an der französischen Riviera geboten: Monsieur Marnier-Lapostolle, Hersteller des Orangenlikörs Grand Marnier, sucht einen Kustos für seinen damals weithin berühmten Sukkulentengarten Les Cèdres. Backeberg zieht auf das feudale Anwesen bei Cap Ferrat, das früher einmal dem belgischen König gehört hat. Bis er sich 1955 mit seinem Arbeitgeber überwirft, wohnt er dort in einem hübschen Gartenhaus und findet Muße, mit der Arbeit an seinem Lebenswerk, *Die*

Backeberg im Sukkulentengarten » Les Cèdres « an der französischen Riviera

Cactaceae, zu beginnen. Geleitet von einem neu erwachten wissenschaftlichen Interesse und dem Ehrgeiz des Autodidakten, als Botaniker wissenschaftliche Lorbeeren zu ernten, stürzt er sich in die Mammutaufgabe, eine vollständige Bearbeitung der Kakteenfamilie abzuliefern.

Unermüdlich hat er auf seinen Reisen die Kakteen und ihre Fundorte beschrieben. Mit ungeheurem Fleiß trägt er nun die wissenschaftliche Literatur zusammen und wertet sie aus. Er untersucht das peruanische Kakteenmaterial des renommierten Heidelberger Botanikers Werner Rauh sowie die umfangreiche Opuntiensammlung, die der Spanier F. Rivière de Caralt in seinem privaten botanischen Garten Pinya de Rosa zusammengetragen hat. Alles fließt in das Handbuch der Kakteenfamilie ein, das schließlich von geplanten drei auf sechs Bände anwächst, die in schneller Folge zwischen 1958 und 1962 erscheinen. Lange Jahre ist es mit den reichhaltigen Abbildungen die einzige fast vollständige neuere Bearbeitung der Familie, und noch heute darf das Nachschlagewerk in keiner wissenschaftlichen Bibliothek fehlen, wie auch das *Kakteenlexikon* als handliches Nachschlagewerk bei jedem Liebhaber der stacheligen Exoten im Regal stehen muß.[44]

Trotzdem ist Backeberg als Wissenschaftler heftig umstritten. Seine Klassifikation der Kakteenfamilie, mit der er unzählige Kleingattungen geschaffen hat, wird schon zu seinen Lebzeiten von vielen, heute nahezu einhellig abgelehnt. Mit fast allen namhaften Kakteenforschern, selbst mit langjährigen Freunden und Weggefährten, legt Backeberg sich an. In öffentlich ausgetragenen Fehden wird mit harten Bandagen gekämpft. »So nicht, Herr Backeberg!« schimpft beispielsweise der namhafte Kakteenforscher Franz Buxbaum (1900–1979) und nennt ihn einen »pseudowissenschaftlichen Dilettanten«, der mit einem »totalen Mangel an Sorgfalt und Literaturkenntnis« zu Werke geht, der wortreich spekuliert, Kollegen verdächtigt und verunglimpft, »um sich selber als den ›Unfehlbaren‹ hinzustellen«[45]. Und immer wieder kommt der Vorwurf, aus Eitelkeit habe Backeberg zahlreiche Kakteenfunde fälschlicherweise als neue Arten deklariert, um auf diese Weise einer Kaktusart seinen Namen geben zu können. Auch kaufmännische Überlegungen nach dem Motto »Neue Arten bringen Umsatz« werden ihm unterstellt.

In der Tat hat er bei der Namensgebung vielfach die Regeln des internationalen Codes der botanischen Nomenklatur (ein Regelwerk für die Benennung von Pflanzen) mißachtet.[46] Zahlreiche Namen werden auch deshalb für ungültig erklärt, weil Backeberg sich stur weigert – wie vorgeschrieben –, Typenmaterial als dauerhaft haltbare Belege zu konservieren und in einem Herbarium zu hinterlegen. Er argumentiert, seine Fotos müßten als »photographisches Typenmaterial« ausreichen.[47]

»Backeberg war ein Augenmensch«, sagt Joachim Thiede, Kakteenliebhaber und Sukkulentenspezialist am Botanischen Institut in Hamburg: »Nach dem Motto ›Nur was ich sehe, zählt‹ hat er seine Kakteensystematik entwickelt. Für detaillierte Untersuchungen etwa unter dem Mikroskop hat er sich nie interessiert.« Während seine Kontrahenten beispielsweise die sehr vielfältigen Oberflächenstrukturen der Kakteensamen zur wissenschaftlichen Bestimmung und Verwandschaftsgliederung der

Backeberg im Anden-Hochland

Arten und Gattungen heranziehen, bleibt Backeberg beim Augenschein. Thiede ergänzt: »Backeberg hätte gesagt ›Der Samen ist braun und einen Millimeter groß. Und damit basta!‹ – genauer wollte er es gar nicht wissen, und genauer interessierte es damals auch seine Klientel, die Kakteenliebhaber, gar nicht.«

Für diese Enthusiasten hat er geschrieben, photographiert, gefilmt und geforscht. Für die hat er posiert und einen anderen Typ des Kakteenliebhabers propagiert, als Spitzweg ihn auf seinen Bildern dargestellt hat. Er hat sein Publikum mitgerissen und mit seiner eigenen Begeisterung für »die stacheligen Wunder Gottes« angesteckt. Dabei hat er die Kakteen so populär gemacht wie wohl kein anderer vor und nach ihm.

Am 14. Januar 1966 ist Curt Backeberg nach einem überraschenden Herzanfall gestorben.

Literatur und Anmerkungen zu den einzelnen Kapiteln

Allgemeine Literatur zum Thema »Pflanzenjäger«

Allan, A., *Plants that changed our gardens*; London, Vancouver 1974
Anderson, A.W., *The Coming of the Flowers*; New York, o. J.
Biller, J. H., »Über den deutschen Pflanzenjäger«, in: Whittle, Tyler M.: *Pflanzenjäger. Die abenteuerliche Suche nach dem Grünen Gold*; München 1971
Coats, Alice M., *The Plant Hunting*; New York 1969
Dies., *Garden Shrubs and their History*; New York 1992
Flitner, Michael, *Sammler, Räuber und Gelehrte. Die politischen Interessen an pflanzengenetischen Ressourcen 1895–1995*; Frankfurt am Main, New York 1995
Gothein, M. L., *Geschichte der Gartenkunst*, 2 Bde.; Jena 1926
Healey, B. J., *The plant hunters*; New York 1975
Hepper, F. N., *Plant hunting for Kew*; London 1989
Hobhouse, H., *Fünf Pflanzen verändern die Welt. Chinarinde, Zucker, Tee, Baumwolle, Kartoffel*; München 1992
Hobhouse, P., *Illustrierte Geschichte der Gartenpflanzen vom alten Ägypten bis heute*; Bern, München, Wien 1999
Jellicoe, G. u. S., Goode, P., Lancaster, M., *The Oxford Companion to Gardens*; New York 1986
Lemmon, K., *The golden age of plant hunters*; New York 1969
Lyte, C., *The Plant Hunters*; London 1983

243

Musgrave, T., Gardner C., Musgrave, W., *Pflanzensammler und -entdecker. Zweihundert Jahre abenteuerliche Expeditionen*; München 1999

Rousseau, J.-J., *Zehn botanische Lehrbriefe für eine Freundin* (Hrsg. und Übers.: Schneebeli-Graf, R.); Frankfurt am Main 1978

Stadt Frankfurt am Main (Hrsg.), » Grünes Gold. Abenteuer Pflanzenjagd «; *Sonderheft des Palmengartens* Nr. 35; Frankfurt am Main 2001

Whittle, Tyler M., *Pflanzenjäger. Die abenteuerliche Suche nach dem Grünen Gold*; München 1971

Wimmer, C. A., *Geschichte der Gartentheorie*; Darmstadt 1989

Einleitung

Anmerkungen

1 Hentig, Wolf-Uwe von, » Die › Pflanzenjagd ‹ heute – am Beispiel der australischen *Ptilotus exaltatus* «; in: Stadt Frankfurt am Main (Hrsg.) 2001: 107ff.

2 Nach Musgrave 1999: 8.

3 *CITES: Convention on International Trade in Endangered Species of Wild Fauna and Flora*

4 Schneckenburger, Stefan, » Das Sammeln von Pflanzen heute «; in: Stadt Frankfurt am Main (Hrsg.) 2001: 103.

5 Häusler, Thomas, » Schnuppertour im Regenwald «; in: *Die Zeit* 52/2001.

6 Flitner 1995: 251.

7 Pauly, Christoph, » Grünes Gold «; in: *Der Spiegel*, 10/2002.

8 Die 1992 in Rio de Janeiro verabschiedete Biodiversitätskonvention (CBD – Convention on Biological Diversity) gibt den Herkunftsländern das Recht, ihre Pflanzen- und Tierwelt zu nutzen und über deren Nutzung zu bestimmen. Weiterhin sollen sie an Gewinnen aus der kommerziellen Nutzung beteiligt werden. Allerdings hat kaum ein westliches Industrieland die CBD bislang in nationales Recht umgesetzt.

Paul Hermann

Literatur

Botter, Rottraud, *Leben und Verdienst des Botanikers Paul Hermann 1646–1695*; Diss., Halle an der Saale 1949

Karsten, Mia C., »Heurnius and Hermann, the Earliest Known Plant Collectors at the Cape«; in: *Journal of South African Botany* 33/1967; S. 117ff; 161ff.

Dies., *The Old Company's Garden at the Cape*; Kapstadt 1951

Kraus, Gregor, *Der Botanische Garten der Universität Halle*; 2. Heft, Leipzig 1894

Linné, Carl von, *Flora Zeylanica*; Uppsala 1748

Rauschert, S., »Das Herbarium von Paul Herman (1746–1695) in der Forschungsbibliothek Gotha«; in: *Hercynia* N. F. 7, S. 301ff.

Rice, A. L., *Der verzauberte Blick. Das Naturbild berühmter Expeditionen aus drei Jahrhunderten*; München 1999

Schweitzer, Christoph, *Reise nach Java und Ceylon, 1675–1682*; 1688 (Reprint den Haag 1931)

Tergit, Gabriele, *Kaiserkron und Päonien rot. Kleine Kulturgeschichte der Blumen*; München, Zürich 1963

Thunberg, Karl Peter, *Reise durch einen Theil von Europa, Afrika und Asien hauptsächlich in Japan in den Jahren 1770 bis 1779*, Berlin 1792 (Reprint Heidelberg 1991)

Trimen, H., »Hermann's Ceylon Herbarium and Linnaeus's ›Flora Zeylanica‹«; in: *Journal of the Linnean Society*, Bd. 24, 1888, S. 129ff.

van der Walt, J. J. A., *Pelargonien des südlichen Afrika*; Hillscheid (2.Aufl.) 1979

van Ooststroom, S. J., »Hermann's collection of Ceylon plants in the Rijksherbarium at Leyden«; in: *Blumea*, Suppl. 1: 193-209

Ders., »On an 18th Century Oil-Painting of Botanical Interest«; in: *Blumea*, Suppl. III 1946: 120-121

Anmerkungen

1 Wenn nicht anders gekennzeichnet, sind alle Zitate der Dissertation von Rottraud Botter, *Leben und Verdienst des Botanikers Paul Hermann 1646–1695* entnommen. Die im Original vielfach in lateinischer Sprache verfaßten Texte hat R. Botter übersetzt.

2 Nach Karstens 1967: 120.

3 Nach Karstens 1967: 120.
4 Tergit 1963: 71.
5 Kraus 1894. 101.
6 Schweitzer 1931: 54.
7 Ebd.: 120.
8 Das Herbarium befindet sich
   heute in der Gothaer Forschungsbibliothek.

9 Das Herbarium lagert heute im
   Institut de France in Paris.
10 Schweitzer 1931: 121.
11 Nach Karstens 1967: 125f.
12 Nach Karstens 1967: 127.
13 Nach Karstens 1967: 162.
14 Krauss 1894: 117, 120.
15 www.nhm.ac.uk

Alexander von Humboldt

Literatur

Baron, Robert C. (Hrsg.), *The Garden and Farm Books of Thomas Jefferson*; Colorado 1987

Biermann, Kurt-R., *Alexander von Humboldt*; Leipzig 1983

Botting, Douglas, *Alexander von Humboldt, Biographie eines großen Forschungsreisenden*; 5. Aufl. München 1993

Bouvier, R. und Maynial, E., *Der Botaniker von Malmaison*; Berlin 1949

Foner, Philip S. (Hrsg.), *Alexander von Humboldt über die Sklaverei*; Berlin 1984

Hagen, Victor Wolfgang, *South America called them, Explorations of the Great Naturalists: La Condamine, Humboldt, Darwin, Spruce*; New York 1945

Humboldt Alexander von, *Ansichten der Natur*; Hrsg. Beck, Hanno: *Alexander von Humboldt*, Studienausgabe in 7 Bänden; Bd. 5; Darmstadt 1989

Ders., *Autobiographische Bekenntnisse*; Hrsg. Biermann, Kurt-R.; Leipzig 1987

Ders., *Aus meinem Leben*; Hrsg. Biermann, Kurt–R.; München 1987

Ders., *Reise in die Aequinoctial-Gegenden des neuen Continents*, Band 1 und 2; Übers. Hauff, Hermann; Stuttgart 1874

Ders., *Reise in die Äquinoktial-Gegenden des Neuen Kontinents* (2 Bände); Bearb. Ette, Ottmar; Leipzig 1991

Ders., *Reise auf dem Rio Magdalena, durch die Anden und Mexico*, Teil II; Übers. und Bearb. Faak, Margot, Berlin 1990

Ders., *Kosmische Naturbetrachtung*; Bearb. Zaunick, Rudolph; Stuttgart 1958

Krätz, Otto, *Alexander von Humboldt – Wissenschaftler, Weltbürger, Revolutionär*; München 1997

MacIntyre, Loren Alexander, *Die amerikanische Reise. Auf den Spuren Alexander von Humboldts*; Hamburg 1982

Moheit, Ulrike (Hrsg.), *Alexander von Humboldt. Briefe aus Amerika 1799–1804*, Berlin 1993
Scurla, Herbert, *Alexander von Humboldt. Eine Biographie*; Frankfurt am Main 1984
Ders., *Alexander von Humboldt. Sein Leben und Wirken*; Berlin 1955
Ders. (Hrsg.), *Entdeckungen auf vier Kontinenten. Georg Forster, Alexander von Humboldt, Ludwig Leichhardt, Hermann Schlagintweit, Heinrich Barth*; Berlin 1963

Anmerkungen

1 Moheit 1993: 41–42.
2 Nach Scurla 1984: 117.
3 Nach Hagen 1945: 88, Übers. Hielscher.
4 Hauff 1.Bd.1874: 193.
5 Moheit 1993: 53.
6 Ebd.: 65.
7 Nach Scurla 1955: 134.
8 Hauff 1.Bd. 1874: 231.
9 Botting1993: 147.
10 Nach Foner 1986: 19.
11 Moheit 1993: 124–129.
12 Ebd.: 124–129.
13 Ebd.: 149.
14 Nach Scurla 1955: 154/155.
15 Faak 1990: 107.
16 Ebd.: 130.
17 Ebd.: 162.
18 Ebd.: 172.
19 Nach Scurla1955: 190.
20 Faak 1990: 185.
21 Ebd.: 206.
22 Moheit 1993: 229.
23 Baron 1987: 90.
24 Nach Biermann, München1987: 179.
25 Scurla1955: 239.
26 Ebd.: 373–378.

Adelbert von Chamisso

Literatur

Chamisso, Adelbert von, *Peter Schlemihls wundersame Geschichte*; Stuttgart 1993
Ders., *Reise um die Welt – Bemerkungen und Ansichten*; Hrsg.: Sydow, Max, *Chamissos Werke in fünf Teilen*; Bd. 4; Berlin 1907
Ders., *Übersicht der nutzbarsten und der schädlichsten Gewächse, welche wild oder angebaut in Norddeutschland vorkommen. Nebst Ansichten von der Pflanzenkunde und dem Pflanzenreiche*; Berlin 1827

Chamisso, Dorothea von/Timler, Friedrich Karl, »Chamissos Berliner Zeit. Vom Pagen zum Direktor des Botanischen Gartens: Der Dichter Adelbert von Chamisso«; *Berliner Forum*, Heft 4; Berlin 1982

Feudel, Werner, *Adelbert von Chamisso, Leben und Werk*; Leipzig 1971

Feyl, Renate, »Adelbert von Chamisso, Botaniker und Poet dazu«, in: *Wochenpost* 20/1975

Fischer, Robert, *Adelbert von Chamisso, Weltbürger, Naturforscher und Dichter*; Berlin 1990

Fulda, Karl, *Chamisso und seine Zeit*; Leipzig 1881

Hitzig, Julius Eduard (Hrsg.), *Leben und Briefe von Adelbert von Chamisso*, Bd. 1 und 2; Leipzig 1839

Lahnstein, Peter, *Adelbert von Chamisso. Der Preuße aus Frankreich*; München 1984

Menzel, Gisela, *Adelbert von Chamissos »Reise um die Welt mit der Roman-zoffschen Entdeckungs-Expedition in den Jahren 1815-1818«, Versuch einer Bestimmung des Werkes als Dokument des Überganges von der Spätromantik zur vorrealistischen Biedermeierzeit*; Frankfurt/M. 1978

Schleucher, Kurt, *Adelbert von Chamisso*; Berlin 1988

Schneebeli-Graf, Ruth (Hrsg.), *Adelbert von Chamisso ... Und lassen gelten, was ich beobachtet habe – Naturwissenschaftliche Schriften mit Zeichnungen des Autors*; Berlin 1983

Dies. (Hrsg.), *Adelbert von Chamisso, Illustriertes Heil-, Gift-und Nutzpflan-zenbuch*; Berlin 1987

Dies., »Chamissos Botanischer Weg«, in: »Grünes Gold, Abenteuer Pflan-zenjagd«; *Sonderheft des Palmengartens* Nr. 35; Frankfurt am Main 2001

Anmerkungen

1 Hitzig,1839 Bd.1: 391.

2 Schneebeli-Graf 2001: 49.

3 Hitzig 1839 Bd.1: 325.

4 Lahnstein 1984: 82.

5 Ebd.: 117.

6 Nach Schleucher 1988: 126.

7 Chamisso/Sydow1907: 50.

8 Botting 1993: 91
   (vgl. Lit., S. 246).

9 Chamisso/Sydow 1907: 50.

10 Ebd.: 51.

11 Ebd.: 90.

12 Chamisso/Sydow 1907: 226.

13 Schneebeli-Graf 2001: 55.

14 Chamisso/Sydow 1907: 154.

15 Ebd.: Teil I 1907: 236.

16 Ebd.: 250.

17 Ebd.: 250.

18 Ebd.: 256.

19 Nach Schneebeli-Graf 1983: 16.

20 Nach Schleucher 1988: 144.

21 Feyl: 1975.

22 Nach Chamisso/Timler 4/82.

23 Ebd.: 53.
24 Hitzig. Bd. 2 1839: 140.
25 Chamisso 1827: 95–97.
26 Lahnstein 1984: 222;
    Fischer1990: 166.
27 Hitzig, Bd. 2 1839: 135.
28 Schneebeli-Graf 2001: 60.
29 Fischer 1990: 202.

30 Hitzig Bd. 2 1839: 148.
31 Ebd.: 155.
32 Ebd.: 162.
33 Ebd.: 165.
34 Chamisso/Timler 4/82: 62.
35 Hitzig Bd. 2 1839: 186.
36 Nach Schneebeli-Graf 2001.

Philipp Franz von Siebold

Literatur

Buschbom, Uwe, »› Siebold–Pflanzen‹ aus Ostasien, Schmuckstücke unserer Gärten und Grünanlagen. In Erinnerung an den Japanforscher aus Würzburg Philipp Franz von Siebold«, *Schriftenreihe Botanischer Garten Würzburg*, Heft 11; Würzburg 1994

Deutsch-Japanische Gesellschaft in Bayern (Hrsg.), *Philipp Franz von Siebold, Gedenkschrift zur 100. Wiederkehr seines Todestages am 18. Oktober 1966*; München 1966

Friese, Eberhard, *Philipp Franz von Siebold als früher Exponent der Ostasien-Wissenschaften*; Hamburg 1986

Körner, Hans, *Die Würzburger Siebold*; Leipzig 1967

Kure, Shúzô, *Philipp Franz von Siebold*; München 1996

Noever, Peter (Hrsg.), *Das alte Japan – Spuren und Objekte der Siebold-Reisen*; München 1997

Seemann, Heinrich, *Spuren einer Freundschaft, Deutsch-Indonesische Beziehungen vom 16.–19. Jahrhundert*; Jakarta 2000

Siebold, Philipp Franz von, *Nippon. Archiv zur Beschreibung von Japan und dessen Neben- und Schutzländern Jezo mit den südlichen Kurilen, Sachalin, Korea und den Liukiu-Inseln*, 2 Bd.; Würzburg u. Leipzig 1897

Ders., *Flora Japonica*; Tokio 1835, Reprint 1976

Siebold, Werner, *Ein Deutscher gewinnt Japans Herz: Lebensroman des Japanforschers Philipp Franz von Siebold 1796–1866*; Leipzig 1943

Thomas, Graham Stuart, *The Graham Stuart Rose Book*; London 1994

Anmerkungen

1 Nach Körner 1967: 375.
2 Ebd.: 376.
3 Siebold 1897: 69.
4 Ebd.: 70.
5 Ebd.: 177.
6 Nach Körner 1967: 382.
7 Ebd.: 398.
8 Ebd.: 402.
9 Ebd.: 410.
10 Ebd.: 411.
11 Ebd.: 405.
12 Siebold 1897: 123.
13 Nach Körner 1967: 432.
14 Ebd.: 488.
15 Ebd.: 454.
16 Ebd.: 466.
17 Ebd.: 469.

Amalie Dietrich

Literatur

Bischoff, Charitas, *Amalie Dietrich. Ein Leben*. Mit einem Nachwort herausgegeben von Günter Wirth; Berlin 1977 (Originalausgabe 1909)

Dies., *Mein Leben in Bildern*; Berlin 1912

Enderlein, Gertraud, *Die Frau aus Siebenlehn. Aus Amalie Dietrichs Leben und Werk*; Berlin 1955

Feyl, Renate, *Der lautlose Aufbruch. Frauen in der Wissenschaft*; Darmstadt 1983

Hertz, Richard, *Das Hamburger Seehandelshaus J. C. Godeffroy und Sohn 1766–1879*; Hamburg 1922

Hoffmann, Gabriele, *Das Haus an der Elbchaussee. Die Godeffroys – Aufstieg und Niedergang einer Dynastie*; Hamburg 1988

Journal des Museum Godeffroy: Geographische, ethnographische und naturwissenschaftliche Mitteilungen; 6 Bände, Hamburg 1873–1910

Lumholtz, Carl, *Unter Menschenfressern. Eine vierjährige Reise in Australien*; Hamburg 1892

Mägdefrau, Karl, *Geschichte der Botanik. Leben und Leistung großer Forscher*; Stuttgart 1973

Museum Godeffroy, *Catalog IV–VII*; Hamburg 1869–1879

Petzsch, Hans, »Eine Frau erforscht Australien«; in: *Natur und Technik* Nr. 10, 1948

Scheps, Birgit, *Amalie Dietrich zum 175. Geburtstag. Leben und Werk. Eine Laudatio*; Sonderdruck Leipzig 1996

Dies., »Amalie Dietrich Leben und Werk (1821–1891)«; in: *Blätter aus dem Naumann Museum*, Heft 19; 2000, S. 59–77

Schmack, Kurt, *J. C. Godeffroy & Sohn. Kaufleute zu Hamburg. Leistung und Schicksal eines Welthandelshauses*; Hamburg 1938

Schott, Lothar, »Amalie Dietrich (1821–1891) – ein Leben im Dienste wissenschaftlicher Sammeltätigkeit«; in: *Mitteilungen der Berliner Gesellschaft für Anthropologie, Ethnologie und Urgeschichte*, 12, 1991, S. 43–47

Schramm, Percy Ernst, *Kaufleute zu Haus und Übersee*; Hamburg 1949

Sumner, Ray, *A Woman in the Wilderness: The story of Amalie Dietrich in Australia*; Kensington New South Wales 1993

Dies., *Amalie Dietrich (1821–1891). German Biologist in Australia*; Stuttgart, 1988

Dies., »Photographs of Aborigines of North-East Australia: A Collection of Early Queensland Aboriginal Photographs, made by Amalie Dietrich for the Museum Godeffroy«; in: *Aboriginal History* 1986, 10: 2, S. 157–170

Weck, Ursula, »Von Siebenlehn nach Australien. Die Geschichte der Naturforscherin Amalie Dietrich«; *Feature im SFB. ORB 2001*

Weidner, Herbert, *Geschichte der Entomologie in Hamburg*; Hamburg 1967

Wirth, Günter, »Von Siebenlehn nach Australien«; Nachwort zu Charitas Bischoff, *Amalie Dietrich. Ein Leben*; Berlin 1977

Anmerkungen

1 Alle Zitate sind, wenn nicht anders vermerkt, dem Buch von Charitas Bischoff, *Amalie Dietrich. Ein Leben* entnommen. Ich zitiere aus der DDR-Ausgabe von 1977.

2 Wirth 1977: 316.

3 Vgl. Sumner 1993: 77.

4 Sumner 1993: 22.

5 Wirth 1977: 321.

6 Ebd.

7 Ebd.: 326.

8 Nach Charitas Bischoff 1977: 249 teilt J. C. Godeffroy dies Amalie Dietrich persönlich mit. Für die Angabe einiger Biographen, daß es sich um eine Goldmedaille auf der Pariser Weltausstellung handelte, konnte ich keine Belege finden.

9 Sumner 1993: 44.

10 Diese Episode ist vermutlich eine Erfindung von Ch. Bischof mit dem realen Hintergrund, daß Amalie Dietrich am 17. September 1876 die 49. Versammlung deutscher Naturforscher und Ärzte in Hamburg besucht hat. In der Teilnehmerliste steht sie als »Amalie Dietrich, Arzt«. Diesen Hinweis verdanke ich Birgit Scheps vom Völkerkunde-Museum in Leipzig.

11 Wirth 1977: 305.

12 Sumner 1993: 5.

13 Die Stadt Siebenlehn hat 2002 in ihrem Rathaus ein kleines Amalie-Dietrich-Museum eröffnet.

Georg Schweinfurth

Literatur

Botanischer Garten und Botanisches Museum Berlin Dahlem, »Sonderausstellung 1998 – Die grüne Schatzkammer der Freien Universität Berlin, Georg Schweinfurth«; www.bgbm.org/BGBM/pr/museum/expo/1998/schweinf.htm

Guadalupi, Gianni, *The Discovery of the Nile*; Cairo 1997

Guenther, Konrad, *Georg Schweinfurth, Lebensbild eines Afrikaforschers, Briefe von 1857–1925*; Stuttgart 1954

Henze, Dietmar, *Enzyclopädie der Entdecker und Forscher der Erde*; Graz 2001

Keimer, Ludwig, *Die Gartenpflanzen im Alten Ägypten*; Berlin 1924, Reprint Hildesheim 1967

Kosciuszko, Bernhard, »›In meiner Heimat gibt es Bücher‹ – Die Quellen der Sudanromane Karl Mays«, www.karlmay.uni-bielefeld 1981

Schweinfurth, Georg, *Im Herzen von Afrika, Reisen und Entdeckungen im zentralen Äquatorial-Afrika während der Jahre 1868–1871*; Leipzig 1918

Ders., *Auf unbetretenen Wegen in Aegypten – Aus eigenen verschollenen Abhandlungen und Aufzeichnungen*; Hamburg/Berlin 1922

Ders., *An der Küste des Roten Meeres*; Berlin 1925

Ders., *Afrikanisches Skizzenbuch, Verschollene Merkwürdigkeiten*; Berlin 1925

Ders., »Über Pflanzenreste aus alt-aegyptischen Gräbern«, in: *Berichte der Deutschen Botanischen Gesellschaft*, Band 2; Berlin 1884

Wickens, G. E., »Dr. G. Schweinfurth's journeys in the Sudan«, in: *Royal Botanical Gardens: Kew Bulletin*, Bd.. 27, Nr. 1; London 1972

Anmerkungen

1 Guenther 1954: 17.
2 Ebd.: 19.
3 Ebd.: 27.
4 Ebd.: 39.
5 Ebd.: 259.
6 Ebd.: 97.
7 Schweinfurth Skizzenbuch 1925: 10.
8 Guenther 1954: 78.
9 Schweinfurth 1918: 2.
10 Ebd.: 9.
11 Ebd.: 444.
12 Ebd.: 100.
13 Guenther 1954: 256.
14 Ebd.: Vorwort.
15 Ebd.: 93.
16 Ebd.: 87.
17 Ebd.: 76.
18 Schweinfurth 1918: 243.
19 Ebd.: 70.

20 Ebd.: 16.
21 Guenther 1954: 142.
22 Schweinfurth 1918: 523.
23 Guenther 1954: 135.
24 Schweinfurth 1918: 435.
25 Ebd.: 22.
26 Ebd.: 174.
27 Ebd.: 382.
28 Guenther 1954: 227.
29 Schweinfurth 1918: 385.
30 Guenther 1954: 130.
31 Ebd.: 236.

32 Schweinfurth 1918: 115.
33 Ebd.: 234.
34 Guenther 1954: 127.
35 Ebd.: 81.
36 Schweinfurth 1918: 511.
37 Guenther 1954: 300.
38 Schweinfurth 1884: 351
39 Ebd.: 356.
40 Guenther 1954: 282 ff.
41 Ebd.: 16.
42 Schweinfurth 1922: 1.

Wilhelm Micholitz

Literatur

Boyle, Frederick, » The Story of Dendrobium Schroederianum «; in: *Orchid Review*, Bd. 41, Nr. 483, September 1933, S. 267–271

Baumann, Peter; Baumann, Karlheinz, *Das Geheimnis der Orchideen*; Hamburg 1988

Deutschmann, Ernst, *Orchideen*; Hamburg 1998

Ottmann, Victor, *Der Orchideenjäger. Erlebnisse und Abenteuer im tropischen Amerika*; Dresden 1922

Orlean, Susan, *The Orchid Thieve. A true story of Botany and Obsession*; New York 1998

Reinikka, Merle A., *A History of the Orchid*; Coral Gables 1972

Richter, Walter, *… die schönsten aber sind Orchideen*; Melsungen, Basel, Wien o. J.

Schlechter, Rudolph, *Die Orchideen*; 3. Aufl. Berlin, Hamburg 1985

Sander, F. K., » Wilhelm Micholitz «; in: *Orchid Review*, Bd. 41, Nr. 476, Februar 1933, S. 49–51

Stein's Orchideenbuch, Breslau 1892

Swinson, Arthur, *Frederik Sander – The Orchid King*; London 1970

Whittle, Tyler M., *Pflanzenjäger. Die abenteuerliche Suche nach dem Grünen Gold*; München 1971

Anmerkungen

1 Alle Zitate aus dem Briefwechsel zwischen Wilhelm Micholitz und Frederik Sander sind dem Buch von Arthur Swinson, *Frederik Sander – The Orchid King;* entnommen. (Sie wurden von der Autorin ins Deutsche übersetzt.)

2 Zit. nach Orlean 1998: 66.

3 Zit. nach Orlean 1998: 75.

4 Schlechter, Bd. 2 1985: 4.

5 Die Konkurrenz Stuart Low & Co. kauft 1910 in den USA die erste reinweiße *Cattleya gigas* (später *C. warczewiczii*) für exorbitante 10 000 Dollar – ein Höchstpreis, der unübertroffen bleibt. Ein Detektiv der Firma Pinkerton begleitet die Pflanze nach England.

6 Zit. nach Swinson 1970: 19.

7 Zit. nach Swinson 1970: 17.

Curt Backeberg

Literatur

Backeberg, Curt, *Kakteenjagd zwischen Texas und Patagonien,* Berlin 1930

Ders., *Die Cactaceae. Handbuch der Kakteenkunde,* Band I-VI; Jena 1958–1962

Ders., *Das Kakteenlexikon. Enumeratio diagnostica Cactacearum;* 3. Aufl. Stuttgart 1976

Ders., *Wunderwelt Kakteen,* Jena 1966

Ders., *Stachelige Wildnis. 80 000 Kilometer durch die Urwelt Amerikas;* Melsungen 1942

Ders., *Stachelige Wildnis. 80 000 Kilometer durch die Urwelt Amerikas;* Radebeul, Berlin 1951 (= 3. Aufl. der um den wissenschaftlichen Teil gekürzten Originalausgabe)

Ders., *Amerikas Kakteen. Die stacheligen Wunder Gottes;* Bleckede a. d. Elbe, 1948

Ders. zus. mit F. M. Knuth, *Kaktus ABC;* 1935

Ders. zus. mit E. Werdemann, *Neue Kakteen;* 1931

Ders. zus. mit E. Yale Dawson, »Some Results of Twenty Years of Cactus Research«; in: *Cactus and Succulent Journal of the Cactus- und Succulent Society of America;* Heft 22-24, 1950–1951

Buining, Albert F. H., in: *Succulenta;* Bd. 45, Heft 2, 1966, S. 19

Buxbaum, Franz, »Und Friedrich Feddes Mahnungen verhallten im Winde ...!«; in: *Sukkulentenkunde,* 3, 1949, S. 38–40

Ders., »Die phylogenetische Stellung der Gattung Corryocactus Britt. &

Rose einschließlich Erdisia Britt. & Rose«; in: *Sukkulentenkunde*, 7/8, 1963, S. 6–17

Ders., »Die Entwicklungslinien der Tribus Pachycereae«; *Botanische Studien*, 12, 1961, S. 1-107

Eggli, Urs, »Curt Backberg und die Erforschung der Kakteen«; in: *Kakteen und andere Sukkulenten*, Bd. 38, Heft 5 + 6, 1987; S. 112–116 und S. 140–143

Eggli, Urs, »Backeberg's Invalid Cactus Names«; in: *Bradleya*, Heft 3, 1985, S. 97–102

Gartenbauverein Hamburg, Hrsg., *Jahresbericht 1939*; Hamburg 1940

Haage, Walter, *Kakteen von A bis Z*; Leipzig, Radebeul 1982

Hansestadt Hamburg, Hrsg., *Ratgeber für den Garten. Wegweiser durch Planten un Blomen, Niederdeutsche Gartenschau*; Hamburg 1935

Hansestadt Hamburg, Hrsg., *Planten un Blomen. Hamburgs Blühender Garten. Ein Wegweiser durch den »Park der 1000 Freuden «;* Hamburg o. J.

W. K., »Kakteen in Volksdorf«; in: *Hamburger Anzeiger*, 1. Oktober 1932

Liste der veränderten Kakteennamen

bei Backeberg:	heute:
Neolemaireocereus griseus	*Stenocereus griseus*
Pilocereus moritzianus	*Pilosocereus lanuginosus*
Cereus sepium	*Cleistocactus / Borzicactus sepium*
Neoraimondia gigantea	*Neoraimondia arequipensis*
Cereus microspermus	*Browningia microsperma*
Cereus icosagonus	*Cleistocactus / Borzicactus icosagonus*
Cereus humboldii	*Cleistocactus / Borzicactus icosagonus*
Cereus serpens	*Cleistocactus / Borzicactus serpens*
Isolatocereus dumortieri	*Stenocereus dumortieri*
Echinocactus ingens	*Echinocactus platyacanthus*
Mammillaria bicolor	*Mammillaria geminispina*

Anmerkungen

1 Eggli 1987: 112.
2 Backeberg 1930: 12.
3 Ebd.: 13f.
4 Backeberg 1942: 7.
5 Backeberg 1930: 17.
6 Ebd.
7 Viele der von Backeberg benutzten Kakteennamen haben sich inzwischen geändert (s. oben).

8 Backeberg 1942: 15.

9 Backeberg 1930: 20.

10 Ebd.: 22.

11 Backeberg 1942: 17.

12 Ebd.: 22.

13 Ebd.: 29.

14 Backeberg 1930: 27f.

15 Backeberg 1942: 7.

16 Ebd.: 38.

17 Ebd.: 56.

18 Backeberg 1930: 38.

19 Backeberg 1942: 59.

20 Backeberg 1930: 40.

21 Volksdorf ist damals noch eine eigenständige Gemeinde, wird aber 1937 durch das Großhamburg-Gesetz der Hansestadt zugeschlagen.

22 *Hamburger Anzeiger*, 1. Oktober 1932.

23 Fast der gesamte Nachlaß ist heute im Besitz der Städtischen Sukkulentensammlung in Zürich. Dr. Urs Eggli hat vor Jahren die Papiere und Fotos gesichtet. Ihm verdanke ich wertvolle Hinweise für diese Arbeit.

24 Backeberg/Werdemann 1931: 34.

25 Backeberg 1942: 79.

26 Ebd.: 129.

27 Ebd.: 136.

28 Ebd.: 147.

29 Backeberg/Werdemann 1931: 43f.

30 Vgl. Backeberg/Dawson 1951; es werden 334 Veröffentlichungen zwischen 1930 bis 1950 aufgeführt.

31 Backeberg 1942: 324.

32 Ebd.: 346.

33 Ebd.: 347.

34 Ebd.

35 Ebd.: 351.

36 Ebd.: 395.

37 Ebd.: 396.

38 Ebd.: 400.

39 Hansestadt Hamburg, o. J.: 41.

40 Ebd.

41 Gartenbauverein, 1940: 33.

42 Ebd.

43 Vermutlich ist auch fast alles, was diese Ausstellung in Wort und Bild dokumentiert, dem Krieg zum Opfer gefallen.

44 Backeberg hat den Erfolg des Lexikons nicht mehr erlebt. Er starb 1966, während das Werk in Druck war.

45 Buxbaum, 1940: 40; 1961: 5; 1963: 16.

46 Vgl. Eggli 1985.

47 Eggli 1987: 142.

Danksagung

Wir bedanken uns bei allen Institutionen, die uns bei der Beschaffung von Illustrationen sowie bei der Erstellung von Druckvorlagen geholfen und uns die Möglichkeit der Publikation von Reproduktionen gegeben haben. Zu nennen sind hier die Staats-und Universitätsbibliothek Hamburg Carl von Ossietzky, das Herbarium Hamburgense der Hamburger Universität sowie die Städtische Sukkulentensammlung in Zürich. Dr. Urs Eggli und Dr. Norbert Kilian stellten unbürokratisch Bildmaterial zur Verfügung, Rolf Marquardt bibliophile Raritäten. Engagierten Bibliothekarinnen und Bibliothekaren mehrerer Universitäts- und Institutsbibliotheken verdanken wir wertvolle Hinweise bei der Recherche. Denkanstöße von Dr. Hans Helmut Poppendieck waren unverzichtbar. Seine botanische Beratung und das Fachwissen von Ulrike Brunken und Dr. Joachim Thiede, von Birgit Scheps und Ruth Schneebeli-Graf haben uns weitergeführt. Ein Dank geht auch an unsere Ehemänner. Sie haben mit Geduld und Humor das Werden unseres Buches begleitet.

Namensregister

Bildnachweis

Autorinnen und Verlag haben sich bemüht, alle Abbildungen korrekt nachzuweisen. Wir bitten um entsprechende Hinweise und Informationen, sollte dies nicht in jedem Fall gelungen sein.

akg-images, Berlin: S. 180
Backeberg Archiv in der Sukkulenten-Sammlung, Zürich: S. 220, 225, 239, 241
Backeberg, Curt, *Kakteenjagd zwischen Texas und Patagonien*; Berlin 1930: S. 230
Ders., *Stachelige Wildnis*; Melsungen 1942: S. 228, 229, 232
Bildarchiv Preußischer Kulturbesitz/bpk, Berlin: S. 49, 52, 61, 99
Bischoff, Charitas, *Amalie Dietrich. Ein Leben*; Berlin 1918: S. 144
Blumea Supplement III, 1946: S. 21
Botanischer Garten der Universität Leiden: S. 32/33
Botanischer Garten und Botanisches Museum Berlin-Dahlem, Freie Universität Berlin: S. 76, 79, 81, 88, 92, 94
Breyne, Jacob, *Exoticarum aliarumque minus cognitarum plantarum centuriam prima*; Gedani 1678 (mit freundl. Genehmigung der Gothaer Forschungsbibliothek): S. 25
Deutsche Orchideengesellschaft, Schloß Holte-Stukenbrock und Frankfurt am Main: S. 202
Deutsches Museum, München: S. 50, 73
Deutschmann, Fritz, Hamburg: S. 210

Foto Gundermann (mit freundl. Genehmigung des Mainfränkischen Museums Würzburg): S. 18

Herbarium Hamburgense der Universität Hamburg: S. 132, 149, 155, 158

Hermann, Paul, *Horti Academici Lugduno Batavi catalogus...*; 1687 (mit freundl. Genehmigung der Universitätsbibliothek Bremen): S. 23, 36

Journal des Museum Godeffroy (mit freundl. Genehmigung der Staats- und Universitätsbibliothek Hamburg Carl von Ossietzky): S. 141, 152

Lemmon, K., *The Golden Age of Plant Hunters*; London 1968: S. 200

The Natural History Museum (The Picture Library), London: S. 28, 40/41

Ottmann, Victor, *Der Orchideenjäger*; Dresden 1922: S. 195

Palmengarten der Stadt Frankfurt am Main: S. 84

Redouté, Pierre Joseph, *Les Roses*, Paris 1817: S. 69

Schweinfurth, Georg, *Im Herzen von Afrika*; Leipzig 1918: S. 165, 168, 170, 171, 172, 175, 176

Siebold, Philipp Franz von, *Flora Japonica*; Tokio 1835 (Reprint 1967)(mit freundl. Genehmigung der Staats- und Universitätsbibliothek Hamburg Carl von Ossietzky): S. 122, 123

Ders., *Nippon*; Würzburg und Leipzig 1897 (mit freundl. Genehmigung der Staats- und Universitätsbibliothek Hamburg Carl von Ossietzky): S. 106, 108, 112/113

Siebold-Archiv, Mittelbiberach/ Burg Brandenstein: S. 104, 125, 128

Stadt Siebenlehn (mit freundl. Genehmigung): S. 156

Swinson, Arthur, *The Orchid King*; London 1970: S. 189, 190, 191

Wegweiser nach und in Australien; Potsdam 1854: S. 142

Daniel Blajan

Happy Gardening

Erlebnisse eines leidenschaftlichen Gärtners. Aus dem
Englischen von Birgit Brandau und Hartmut Schickert.
192 Seiten mit Vignetten. Gebunden

Grün ist Trend, Gartenarbeit eine Lust! Ein entzückendes
Buch für alle, die die Leidenschaft für den eigenen Garten, für
Blumen und Pflanzen teilen. Bei Daniel Blajan war es Liebe
auf den zweiten Blick, die zunächst ganz im verborgenen
blühte: Als überzeugten Großstädter, der niemals Ungeziefer
mit bloßen Händen angefaßt hätte, verschlug es ihn aufs Land.
Wie er sich langsam, aber sicher in einen überzeugten Hobbygärtner und Liebhaber der ländlichen Tier- und Pflanzenwelt
verwandelte, schildert er in seinen Bekenntnissen – zauberhaf-
ten Anekdoten rund um Bienen und erblühende Osterglocken,
Nachtkerzen, knisternde Kiefernzapfen und hüpfende Wald-
mäuse ...

03/1005/01/R

Helmut Kaiser
Maria Sibylla Merian
Eine Biographie. 203 Seiten mit 17 Abbildungen. Serie Piper

Maria Sibylla Merian (1647–1717), hochbegabte Kupferstecherin, Malerin und Naturforscherin, Tochter des berühmten Kupferstechers Merian, zeichnete Pflanzen, Früchte und Insekten in ihren verschiedenen Entwicklungsstadien nach der lebenden Natur wie kein Wissenschaftler und Künstler vor ihr. Ihre Forschungsarbeit, gepaart mit grenzenloser Neugier und nicht zu erschöpfender Tatkraft, war ebenso unkonventionell und ungewöhnlich wie ihr Privatleben: Sie trennte sich von ihrem Ehemann, lebte zeitweise in einer pietistischen Glaubensgemeinschaft und wechselte häufig ihren Wohnsitz. Ihre Forschungsreise nach Surinam 1699 krönte ihre Lebensleistung. Nach ihrer Rückkehr veröffentlichte sie 1705 ihr naturwissenschaftliches Meisterwerk, die kolorierten Kupferstiche »Metamorphosis Insectorum Surinamensium«.

Sylvia Jurewitz-Freischmidt
Die Herrinnen der Loire-Schlösser
Königinnen und Maitressen um den Lilienthron. 288 Seiten mit 16 Abbildungen. Serie Piper

Die Geschichte der Schlösser an der Loire ist untrennbar verbunden mit den bedeutenden Frauen Frankreichs vom Ende des 14. bis zum Ende des 16. Jahrhunderts. Die Lebensgeschichten von Isabeau de Bavière über Jeanne d'Arc bis zu Catherine de Medici spiegeln die farbenprächtige Epoche der Valois, die in den Loire-Schlössern residierten. Architektur, Kunst, Literatur, Wissenschaft, aber auch das Handwerk erlebten während der französischen Renaissance einen ungeahnten Aufschwung, und das Leben am Hof gewann eine nie dagewesene Bedeutung. Dabei waren die Frauen, die den König umgaben, keineswegs nur schmückendes Beiwerk, ganz im Gegenteil – manche von ihnen bestimmten die Geschicke Frankreichs. Kenntnisreich und spannend erzählt die Historikerin Sylvia Jurewitz-Freischmidt von den Königinnen und Maitressen an der Loire.

05/1307/01/L

05/1598/01/R

SERIE PIPER

Edward O. Wilson

Der Wert der Vielfalt

Die Bedrohung des Artenreichtums und das Überleben des Menschen. Aus dem Amerikanischen von Thorsten Schmidt. 512 Seiten mit 18 Farbtafeln und 42 Abbildungen. Serie Piper

Jede Stunde, so schätzt Edward O. Wilson, sterben irgendwo auf dem Globus drei Arten aus. Dabei sind als Ursache nicht wie in früheren Zeiten Meteoriten-Einschläge oder Vulkanausbrüche auszumachen. »Die Krone der Schöpfung«, der Mensch, droht mit seiner Intelligenz und seinem technischen Vermögen zur Naturkatastrophe zu werden. In seinem Buch schildert Wilson in verständlicher Sprache und mit einer Fülle plastischer Beispiele, wie die Vielfalt der Arten entstanden ist, warum sie immer wieder von Katastrophen reduziert wurde, warum sie für den Fortbestand der Menschheit überlebenswichtig ist und was getan werden muß um die Artenvielfalt und das ökologische Gleichgewicht zu sichern. Dazu bietet Wilson konkrete Aktionsprogramme, die in einer Versöhnung von Ökologie und Ökonomie gipfeln.

Peter D'Epiro, Mary Desmond Pinkowish

Sieben Weltwunder, drei Furien

Und 64 andere Fragen, auf die Sie keine Antwort wissen. Aus dem Amerikanischen von Thorsten Schmidt. 443 Seiten mit 8 Abbildungen. Serie Piper

Kennen Sie die 3 Hauptsätze der Thermodynamik, die 3 Instanzen der Psyche und die 3 Furien? Wer sind die 4 apokalyptischen Reiter, und was sind die 5 Säulen des Islam? Können Sie die 10 Gebote aufsagen und die Namen der 12 Ritter der Tafelrunde nennen? Dieses Lexikon gibt, nach der Zahl geordnet, unterhaltsam und fundiert Antwort auf 66 Fragen, die man einmal wußte, inzwischen wieder vergessen hat – und nun in diesem Buch nachschlagen kann.

»Eine amüsante Tour de force durch den klassischen Bildungsfundus.«
Die Presse Wien

05/1249/01/L   05/1252/01/R

Pam Houston

Wildnis im Herzen

Aus dem Amerikanischen von Ulrike Wasel und Klaus Timmermann. 284 Seiten. Serie Piper

Pam Houston ist süchtig nach Abenteuern. Kein Fluß ist ihr zu reißend und kein Berg zu hoch auf ihrer Suche nach den extremen Seiten des Lebens. Stets zieht es sie in die entlegensten und unberührtesten Gegenden der Erde: in die Berge Colorados, auf die Stromschnellen wilder Flüsse oder in die Einsamkeit Alaskas. Sie fühlt sich dort am wohlsten, wo nur noch Steinböcke, Bären, Kojoten und Krokodile leben. Packend, unerschrocken und voller Humor erzählt sie von der Faszination der Wildnis, die sie in ihrem Herzen trägt.

»Das Buch liefert tiefenscharfe Erkundungen einer passionierten Beobachterin. Es sind Botschaften aus dem Herzen einer romantisierten Wildnis, die sich unterm Strich als kaum verstellte Liebesgeschichten einer Erotikerin des Natürlichen offenbaren.«
Facts

Anke Richter

Zweihundert Tage in Tokelau

Bericht aus einem sinkenden Südseeparadies. 277 Seiten mit 8 Seiten farbigem Bildteil. Serie Piper

Der winzige Staat Tokelau inmitten der Südsee ist ein echtes Paradies: keine Autos, kein Fernsehen, keine Touristen. Sieben Monate verbringt eine deutsche Familie auf dem kleinen Atoll Atafu, abgeschnitten vom Rest der Welt. Die Journalistin Anke Richter erlebte mit Mann und Sohn eine nie gekannte Idylle. Doch die polynesische Kultur mit ihren streng christlichen Sitten wird zur Herausforderung. Die Prügelstrafe etwa macht Anke Richter zu schaffen, und als sie sich einmischt, bricht sie ein ungeschriebenes Gesetz …

»Anke Richter erzählt so leicht und dicht, spannend und amüsant vom Leben auf ihrer Tropeninsel, zeichnet nuancierte Porträts der Insulaner und weiß ihren Text so sicher und effektvoll zu strukturieren, dass man als Leser bedauert, als nach sieben Monaten die Abschiedsstunde für die Familie des Inseldoktors schlägt.«
Süddeutsche Zeitung

SERIE PIPER

05/1343/01/L

05/1795/01/R

SERIE PIPER

Ryszard Kapuściński

Die Welt im Notizbuch

Aus dem Polnischen von Martin Pollack. 336 Seiten. Serie Piper

Kaum ein Mensch hat so viel von der Welt gesehen wie Ryszard Kapuściński, einer der bedeutendsten Journalisten der Gegenwart. In »Die Welt im Notizbuch« beobachtet er globale Entwicklungen wie mikroskopische Details, stellt sie nebeneinander, verbindet oder reflektiert sie, bezieht sie in verblüffender Weise aufeinander. Aus Gedankensplittern, Reportagen, Fragmenten und Essays vieler Jahre formt sich eine Welt, die wir zu kennen meinten, die wir so aber noch nie gesehen haben.

»Manchmal ist Ryszard Kapuściński mehr als ein Reporter, sicher kein Soziologe, aber ein erzählender, reisender, phantasierender Geschichtsdenker.«
Frankfurter Allgemeine Zeitung

Deborah Copaken Kogan

Das Abenteuer leben

Mit der Kamera um die Welt. Aus dem Amerikanischen von Andrea Fischer und Antje Kaiser. 397 Seiten mit 26 Fotos. Serie Piper

Deborah Kogan lebt und liebt das Abenteuer. Und so findet sie sich auf der Spur von Wilderern im afrikanischen Dschungel wieder, zwischen brennenden Barrikaden in Moskau oder in Gesellschaft von islamischen Kriegern im Hinterland Afghanistans. Sie ist immer auf der Suche nach dem richtigen Motiv – und der großen Liebe. Leidenschaftlich, selbstironisch und erfrischend direkt erzählt sie von ihren Erfahrungen als Fotojournalistin: von Kriegsverletzungen und Waisenkindern, von Enttäuschungen, aber auch von der Liebe und von ihren Träumen.

»Die faszinierende Reportage einer jungen Frau und ihrer Reisen durch die Minenfelder der Liebe und des Fotojournalismus.«
Time

05/1420/01/L 05/1464/01/R

Tim Flannery

Dschungelpfade

Abenteuerliche Reisen durch Papua-Neuguinea. Aus dem australischen Englisch von Thomas Bertram. 397 Seiten mit 31 Farbfotos und 8 Karten. Serie Piper

Ob riesige Pythons, Baumkänguruhs oder Krokodile, Riesenspinnen oder bunt gefiederte Papageien – auf seinen Streifzügen zu Fuß durch den faszinierenden Dschungel von Neuguinea hat der berühmte Zoologe und Abenteurer Tim Flannery jede Menge atemberaubender Begegnungen. Humorvoll und packend schildert er die Erlebnisse auf seiner ungewöhnlichen Reise ins letzte unerforschte Paradies der Erde.

»Flannery ist der Indiana Jones der Wissenschaft.«
Robyn Williams

Jamie Zeppa

Mein Leben in Bhutan

Als Frau im Land der Götter. Aus dem Englischen von Karina Of. 367 Seiten mit 15 Farbfotos. Serie Piper

Bhutan – das ist das geheimnisvolle »Land des Donnerdrachens« im Himalaja zwischen Tibet, Indien und Sikkim. Aus purer Abenteuerlust beschließt die Kanadierin Jamie als 24jährige, für zwei Jahre in Bhutan Englisch zu unterrichten. Dort begegnet sie einer vom Tourismus noch unberührten Welt. Sie entdeckt die sensationelle, wilde Schönheit der Natur, die faszinierende buddhistische Religion, die traditionsreiche Kultur mit ihren überwältigenden Klosterburgen und uralten mystischen Bräuchen. Mehr und mehr erliegt sie dem Zauber dieses einzigartigen Landes. Jamies tiefe Zuneigung zu den einheimischen Kindern und ihre Liebe zu dem Bhutaner Tshewang führen schließlich dazu, daß sie für immer bleiben möchte – gegen alle Widerstände ... Eine mitreißende Reportage einer mutigen jungen Frau und das bewegende Zeugnis einer großen Liebe zwischen den Kulturen.

SERIE PIPER